夏 海 著

国学溯源

中 华 书 局

图书在版编目（CIP）数据

国学溯源/夏海著. —北京：中华书局，2020.7（2021.8重印）
ISBN 978-7-101-14617-2

Ⅰ.国… Ⅱ.夏… Ⅲ.先秦哲学–研究 Ⅳ.B22

中国版本图书馆 CIP 数据核字（2020）第 112380 号

书　　名	国学溯源	
著　　者	夏　海	
责任编辑	吴麒麟	
出版发行	中华书局	
	（北京市丰台区太平桥西里 38 号　100073）	
	http://www.zhbc.com.cn	
	E-mail：zhbc@zhbc.com.cn	
印　　刷	北京市白帆印务有限公司	
版　　次	2020 年 7 月北京第 1 版	
	2021 年 8 月北京第 4 次印刷	
规　　格	开本/920×1250 毫米　1/32	
	印张 10¾　插页 2　字数 260 千字	
印　　数	11001–15000 册	
国际书号	ISBN 978-7-101-14617-2	
定　　价	49.00 元	

目　录

自　序

　　德国思想家雅斯贝斯提出著名的"轴心时代"概念，认为在公元前800年至公元前200年之间，人类文明取得了重大突破，在精神领域出现了前所未有的张力，发生了"终极关怀的觉醒"，开始以理智方式和道德规范来面对人类社会。轴心时代的各个文明，都出现了伟大的精神导师，他们提出的思想原则造就了不同的文化传统，一直影响着人类的生存和生活。在中国，春秋战国时期正好与轴心时代重合，奏响了中华文明的辉煌乐章。

　　春秋战国时期，中华文明的天空群星璀璨，其中最明亮的一颗星是孔子，孔子是道德大师；最耀眼的一颗星是老子，老子是智慧大师；还有儒家的孟子、荀子，道家的庄子，法家的韩非，墨家的墨子。他们的思想滋养哺育了中华民族，塑造了中国人的集体人格。对于这些伟大的精神导师，我们只能顶礼膜拜。

　　仰望先秦的天空，尽管不同的星宿有着不同的光芒，甚至互相冲淡，墨子要《非儒》，道家要绝仁弃义，孟子要"闲先圣之道，距杨墨，放淫辞，邪说者不得作"（《孟子・滕文公下》）。然而，先秦诸子的思想文化渊源却是同一的。他们都仰慕同样的先圣，这就是尧、舜、禹、汤、文、武。孔子赞誉唐尧不吝溢美之词，代表了先秦社会的共识，"大哉尧之为君也！巍巍乎！唯天为大，唯尧则之。荡荡乎！民无能名焉。巍巍乎其有成功也，焕乎其有文章！"（《论语·泰伯》）他们都引用同样的典籍，这就是"六经"。一般认为"六经"为儒家经典，实则不然，"六艺，非孔氏之书，乃《周官》之旧典也。《易》掌太卜，《书》藏外史，《礼》在宗伯，《乐》隶司乐，《诗》领于太师，《春秋》存乎国史"（章学诚《校雠通议》）。他们都使用同样的概念，这就是道、德、仁、义、圣人和君子。先秦诸子都喜欢道的范畴，老子把道看作是天下万事万物的本原，"道生一，一生二，二生三，三生万物"（《老子·第四十二章》）。孔子认为道是至理，"朝闻道，夕死可矣"（《论语·里仁》）。墨子常论"圣王之道"，孟子喜谈"圣人之道"，韩非著有《主道》。荀子则认为："道者，进则近尽，退则节求，天下莫之若也。"（《荀子·正名》）中华文明在春秋战国时期已经相当成熟，先秦诸子生活在同样的文化氛围中，自然而然地继承同样的文化传统，汲取同样的文化养分。

秦汉之后，中华文明的天空失去了往日的热闹，再也没有重现先秦时期的灿烂辉煌；中华文明的天空清静了许多，不同的星宿遭遇了不同的命运。汉武帝"罢黜百家，表章六经"，统一了传统社会的思想意识形态，儒家之星更加明亮光大，历史地占据了文化的主导地位。道家之星悬而不坠，依然闪烁不已，与儒家形成了阴阳互补的文化结构。老子阴柔，称颂水德，"上善若水，水善利万物而不争，处众人之所恶，故几于道"（《老子·第八章》）。孔子阳刚，要求君子"可以托六尺之孤，可以寄百里之命，临大节而不可夺也"（《论语·泰伯》）；寄情自然界是"岁寒，然后知松柏之后彫也"（《论语·子罕》）。法家之星隐而不显，似无实有，与儒家形成了外儒内法的政治结构。汉宣帝指出："汉家自有制度，本以霸王道杂之。"（《汉书·元帝纪》）真实地道出了儒家与法家的本质关系，绵延传统社会两千多年，"自汉以来，学者虽鄙申、韩不取，然世主心悦其言而阴用之；小人之欲得君者，必私习其说，或诵言称举之，故其学至于今犹行也"（苏轼

《东坡书传》）。儒道法或阴或阳，或内或外，互补协同，和谐相生，共同铸就了中华民族的灵魂，"万物负阴而抱阳，冲气以为和"（《老子·第四十二章》）。只有墨家之星突然消失在历史的天空中，消失得神秘而离奇。

法国思想家帕斯卡尔认为："人的全部尊严就在于思想。"[①]儒道法墨之所以能相继闪耀在先秦的天空，就在于他们提出的伟大思想。儒家是仁，"樊迟问仁。子曰：'爱人。'"（《论语·颜渊》）深刻地揭示了人类生存的真理。道家是道，"反者，道之动；弱者，道之用。天下万物生于有，有生于无"（《老子·第四十章》），理性地叩问了自然界运行的规律。法家是法，"明主之国，无书简之文，以法为教；无先王之语，以吏为师"（《韩非子·五蠹》），冷峻地提供了政治治理的有效模式。墨家是兼，"今天下之君子，忠实欲天下之富而恶其贫，欲天下之治而恶其乱，当兼相爱、交相利。此圣王之法，天下之治道也，不可不务为也"（《墨子·兼爱中》），深情地反映了社会大众的平等诉求。儒道法墨既是中华民族的精神家园，也是中华文明的思想资源，取之不尽，用之不竭，永远值得人们去探寻和挖掘，从而为现代社会和现实人生贡献智慧与力量。

这本《国学溯源》就是在探寻和挖掘先秦思想文化资源。全书十章，分为五个部分。第一部分即第一章，概述先秦诸子百家，认为百家争鸣实为儒、道、法、墨四家，而真正对传统社会产生巨大影响的只有儒家和道家。儒、道两家的思想精华集聚在《老子》《论语》《孟子》《大学》《中庸》五本经典，内敛于道、仁、义、礼、智、信、忠、孝、廉、耻十个概念。第二部分包括第二、三、四、五章，阐述儒家思想，归纳为孔子之仁、孟子之义和荀子之礼，指出儒家以仁为核心，仁、义、礼相辅相成，从

---

① 〔法〕帕斯卡尔著：《思想录》（上），吉林大学出版社2005年版，第173页。

而构筑起宏伟的思想大厦。第三部分包括第六、七、八章，阐述道家思想，升华为老子之道和庄子之游，认为道家以道为逻辑预设，建构起本体哲学、政治哲学和人生哲学。第四部分即第九章，阐述法家思想，概括为韩非之法，指出法家以法为前提，法、术、势三位一体，致力于筑牢中央集权和君主专制的思想基础。第五部分即第十章，阐述墨家思想，概括为墨子之兼，认为墨家以兼爱为主旨，兼与别相对立，爱与利相结合，搭建起反映平民百姓诉求的思想体系。墨家思想放在最后阐述，主要是因为墨家在秦汉之际已经中绝，于传统社会的影响微乎其微。如果按照先秦时期的显学，墨家思想是应该放在儒家之后阐述的，相信读者能够给予理解。

《国学溯源》是笔者长期坚持和从事传统文化研究的又一成果。在解读儒道法墨思想的过程中，笔者秉持一以贯之的原则，即注重思想的系统性，努力把散见在诸子经典中的各种观点和资料梳理清楚，归纳提炼，集中成章，使诸子的思想形成体系。在建构诸子思想体系时，坚持以经注经，绝不自由发挥，也不随意附会。注重解读的现实性，努力观照社会问题，但不一定是当下社会的问题。所观照的都是社会长期存在的重要问题，只不过在过去、现在和未来有着不同的表现形式而已，进而追求学术研究更长久的生命力。注重语言的通俗性，努力做到雅俗共赏，用人们看得懂的文字和熟悉的思维方式解读经典和诸子思想，在学术与普及之间尽量保持平衡，避免进入象牙之塔，让人望而却步。

雅斯贝斯高度评价轴心时代，认为"人类一直靠轴心期所产生、思考和创造的一切而生存，每一次新的飞跃都回顾这一时期，并被它重燃火焰"①。对于个体也是如此，"个体自然的每一次

---

① 〔德〕卡尔·雅斯贝斯著，魏楚雄、俞新天译：《历史的起源与目标》，华夏出版社1989年版，第14页。

伟大的提高，都源于古典世界的重新接触"①。是啊！欧洲的文艺复兴，就是在回顾古希腊和古罗马文化之后，冲决中世纪神学的罗网，使欧洲重新焕发勃勃生机。中国历史上的改革，大多追踪先秦时期，呈以"托古改制"的面目。托古改制不仅是为改革提供依据，更是为改革寻找思想指导和智慧启示。当今世界正处于大变局之中，人类社会是否需要再一次回到轴心时代，向先贤圣哲们请益，请先贤圣哲们赐教。《国学溯源》不是为了回顾而溯源，而是为了重燃而溯源。但愿重读儒道法墨经典，能够探求解决人类面临问题的良方，寻觅促进国家现代化的动力；能够提升个体生存质量，照亮人生的前行之路。

作者谨记于己亥年冬月

①　〔德〕卡尔·雅斯贝斯著，王德峰译：《时代的精神状态》，上海译文出版社 1997 年版，第 114 页。

第一章 源头活水

国学和传统文化的源头在哪里？当然在春秋战国时期！

春秋战国是中国的轴心时代；春秋战国是一个伟大的时代，既有社会大动乱、大变革，又有百家争鸣、思想激荡。"在中国，孔子和老子非常活跃，中国所有的哲学流派，包括墨子、庄子、列子和诸子百家，都出现了"[①]，进而汇集为中华文明和思想学术的源头活水，浩浩荡荡，奔向远方。迄今为止，中国人仍在饮用着春秋战国的思想学术之泉，春秋战国的文化文明之水仍然滋养哺育着中华民族。让我们抱有崇敬的心情向春秋战国时期的先贤圣哲们致礼，怀着谦恭的心理去学习研究春秋战国时期先贤圣哲们的思想学术。

一、春秋战国

春秋战国开启于公元前770年周平王东迁，落幕于公元前221年秦始皇统一中国。周平王东迁是中国上古史的一件大事。对于周王朝而言，东迁区分了西周与东周，表明西周的灭亡以及

[①] 〔德〕卡尔·雅斯贝斯著，魏楚雄、俞新天译：《历史的起源与目标》，华夏出版社1989年版，第8页。

东周的启程。西周时期，周天子是天下宗主，能够约束诸侯的行为，保持天下太平，"溥天之下，莫非王土；率土之滨，莫非王臣"（《诗经·小雅·北山》）。东周时期，周天子逐步丧失了宗主地位，王室衰弱，无力控制诸侯的力量；天下无道，社会进入动乱纷争的年代。孔子为此感慨："天下有道，则礼乐征伐自天子出；天下无道，则礼乐征伐自诸侯出。"（《论语·季氏》）对于中国历史而言，"东迁"意味着奴隶社会开始向封建社会过渡。经济上是贵族制向地主制过渡：西周时期，实行宗子世袭不得买卖的宗族土地所有制；东周时期，逐步演变为个人私有可以买卖的家族土地所有制。政治上是分封制向郡县制过渡：西周时期，天子是"封建亲戚，以藩屏周"，巩固周王朝的统治，"武王克商，光有天下。其兄弟之国者十有五人，姬姓之国者四十人，皆举亲也"（《左传》昭公二十八年）；东周时期，分封制逐渐瓦解，废除了"世卿世禄"，演变为中央集权的郡县制，地方官僚选贤任能，不必再由贵族担任。

春秋战国分为春秋和战国两个时期。关于区分的界线，一般认为是公元前476年，即周敬王四十四年，"冬，叔青如京师，敬王崩故也"（《左传》哀公十九年）。有人认为是"三家分晋"，即公元前403年，还有人认为是韩、赵、魏三家灭掉智氏，即公元前453年。无论哪一条分界线，都认为此前为春秋时期，此后为战国时期。春秋之名源于鲁国史官的记录，后来孔子整理修订为《春秋》。《春秋》记录了鲁隐公元年（前722）至鲁哀公十四年（前481）之间的大事，大体与春秋的年代相当，学界就把史书之名"春秋"作为一个时代的名称。春秋时期，是"礼崩乐坏、瓦釜雷鸣"的年代。周王室虽然衰弱，但尚能在形式上维持宗主地位，诸侯已经坐大，纷纷割据称霸，不再朝见周王，实际上是与周王室共主天下。春秋是以霸主的形式治理天下，先后形成了齐桓公、晋文公、宋襄公、秦穆公和楚庄王五位霸主。会盟是诸侯称霸的主要方式，也是与周王室共主天下的基本做法。所谓会盟，是指诸侯间会面和结盟的仪式。比较著名的会盟有公元前656年，齐桓公带领8个诸侯国军队，以优势兵力迫使楚国称臣，订立了召陵之盟，进而建立霸主会盟制度，使齐桓公成为春秋五霸之首。另一次是弭兵会盟，公元前579年和前546年先后两次由宋大夫倡导，以承认晋、楚两大国的利益为前提，在宋国订立休兵和平盟约。弭兵会盟有着重要意义，给春秋社会带来了相对长时间的和平，为诸侯国发展生产、安定百姓生活以及诸侯之间、族群之间的往来融合创造了条件。

战国名称原指当时连年参加战争的强国，"冠带战国七，而三国边于匈奴"（《史记·匈奴列传》）。作为一个时代的名称，则源于刘向编辑的《战国策》，"万乘之国七，千乘之国五，敌侔争权，盖为战国"。战国时期，是周王室灭亡、诸侯争雄的年代。公元前403年，韩、赵、魏三家分晋而位列诸侯，形成了秦、魏、赵、韩、齐、楚、燕战国七雄的局面，周王室共主地位已经丧失。顾炎武指出："春秋时，犹尊礼重信，而七国则绝不言礼与信矣。春秋时，犹宗周王，而七国则绝不言王矣。春秋时，犹严祭祀，重聘享，而七国则无其事矣。春秋时，犹论宗姓氏族，而七国则无一言及之矣。春秋时，犹宴会赋诗，而七国则不闻矣。春秋时，犹有赴告策书，而七国则无有矣。邦无定交，士无定主，此皆变于一百三十三年之间。"（《日知录·周末风俗》）公元前221年，秦始皇横扫六国，一统天下，建立了中国历史上第一个封建制王朝。

春秋战国是一个社会大动荡时期，"社稷无常奉，君臣无常位"（《左传》昭公三十二年）。具体表现在战争频仍，据史书记载，春秋时期有大小战争480多次，其中36位君王被臣下或敌国杀死，52个诸侯国被消灭；战国时期有大小战争230多次，而且规模不断扩大，双方动辄出动几万甚至几十万人，长平之战秦军斩首坑杀赵军达45万人。战争是社会政治经济的集中展示，实质上反映了社会政治结构的剧烈变动。在社会结构方面，西周建立的血缘宗法制度，主要是分封制和立嫡之制。根据宗法制度，周天子依据血缘区分大宗、小宗和远近亲疏，对各级贵族分封统治地区，授予世袭官职，从而建立各级政权和血缘大家族。"故天子建国，诸侯立家，卿置侧室，大夫有贰宗，士有隶子弟，庶人、工、商，各有分亲，皆有等衰。"（《左传》桓公二年）春秋战国时期，血缘宗法制逐步解体，地缘社会结构应运而生。地缘社会缘于编户齐民制度，形成一家一户的小家庭，既削弱了血缘社会的根基，又奠定了地缘社会的基础。"管子于是制国，五家为轨，轨为之长；十轨为里，里有司；四里为连，连为之长；十连为乡，乡有良人焉。"（《国语·齐语》）商鞅变法时，"令民为什伍，而相牧司连坐"（《史记·商君列传》）。

伴随地缘社会的形成，政治结构也发生了深刻的变化，最高权力由原来的君王、贵族等级分封制转变为中央集权和君主专制，"事在四方，要在中央；圣人执要，四方来效"（《韩非子·扬权》）。官吏选拔由原来的世卿世禄制转变为以荐举、军功为特色的选贤任能制，产生了依靠食禄而不是依靠分封土地的官僚阶层，"子张学干禄。子曰：'多闻阙疑，慎言其余，则寡尤；多见阙殆，慎行其余，则寡悔。言寡尤，行寡悔，禄在其中矣。'"（《论语·为政》）地方政制则由贵族分封制转变为郡县制。最早推行郡县制的是秦国，秦武公"十年，伐邽、冀戎，初县之。十一年，初县杜、郑"（《史记·秦本纪》）。春秋战国时期，社会大动荡，诸侯连年征战，固然给老百姓带来了沉重的负担和痛苦，却也给思想文化的繁荣创造了条件。统治者忙于军事，放松了对思想文化的管控，而诸侯争霸，战国并立，也给读书人和思想者带来了机遇。

春秋战国是一个经济大发展的时期，"千丈之城、万家之邑相望也"(《战国策·赵策三》)。首先表现在科技和生产力的发展，铁器的广泛使用。如果说青铜器是商周王朝科技发展的标志，那么，铁器则是春秋战国时期科技发展的标志。《诗经·秦风·驷骥》中有"驷骥孔阜"之语，"驷骥"亦作"驷铁"，形容马色如铁，说明在春秋初期已经有了铁器。《国语·齐语》记载了青铜与铁在社会生活中的不同功用，青铜用于制造兵器，铁用于制造农业和手工业的工具，"美金以铸剑戟，试诸狗马；恶金以铸鉏、夷、斤、斸，试诸壤土"。意思是，青铜用来铸造剑戟，然后用狗马来试验，看它是否锋利；铁用来铸造农具，然后用土壤来试验，看它是否合用。铁器最重要的意义在于与农业生产相结合，产生了铁犁牛耕的生产方式，这是农业生产领域的一场重大革命。由于铁器的使用，加大了开垦荒地的力度，扩大了耕地面积。铁器还推动了农业生产从粗放经营向精耕细作方式的转变，提高了农作物单位面积的产量，能够养活更多的人，"上农夫食九人，上次食八人，中食七人，中次食六人，下食五人"（《孟子·万章下》）。

同时还表现为经济制度的变革，原先的井田制被破坏，公田变为私田，土地由贵族所有制转变为地主私有制。西周时期，土地为国家所有，不得转让和买卖，"天子在上，诸侯不得以地相与也"（《穀梁传》桓公元年）。春秋战国时期，诸侯、贵族与周天子争夺公田，进而把公田转为私田。公元前645年，"晋于是乎作爰田"（《左传》僖公十五年）。唐孔颖达注疏："爰，易也，赏众以田，易其疆畔。"杨伯峻认为："晋惠既以大量田土分赏众人，自必变更旧日田土所有制。"[1]土地所有制的变化，必然带来税收制度和国家管理方式的改变。管仲相齐时，实行"相地而衰征"（《国语·齐语》），就是土地不分公田、私田，一律按田地数量

---

[1] 杨伯峻著：《春秋左传注》，中华书局1990年版，第362页。

或亩产多少分等纳税。鲁国则实行"初税亩",无论公田、私田一律按田亩收税,"初者何?始也。税亩者何?履亩而税也"(《公羊传》宣公十五年)。在当时的历史条件下,土地私有制是经济基础与生产关系领域的巨大进步,改变了农民与统治者之间的关系,调动了农民和地主阶级的积极性。土地私有制,与铁器一起共同促进了经济和生产力的发展,为人类社会的分工,尤其是体力劳动与脑力劳动的分工,奠定了坚实的物质基础。

春秋战国是一个文化大繁荣时期,百家争鸣,星光灿烂。文化繁荣集中表现在士人的出现,为文化学术的发展夯实了基础。没有士人阶层的形成和成熟,就不可能出现诸子百家,也不可能形成中国的轴心时代。西周时期,士属于贵族的一部分,处于贵族的最底层,受到较多约束,不得有僭越之举。春秋战国时期,士的地位下降,被称为士人,已经成为老百姓的一部分,"士农工商四民者,国之石民也"(《管子·小匡》)。士由贵族变成百姓,意味着社会结构中产生了一个特殊的知识分子阶层,不仅使学术研究、思想创造和文化发展由潜在的可能变成了生动的实践,而且成为统治者手中的一张王牌,谁重视人才,谁就能治平天下。诸侯王普遍重视士人的作用,养士成为风气。齐桓公争霸,养游士80人,给予车马衣裘财币,号召天下贤士来齐国。战国"四公子"礼贤下士,广招宾客,演绎了毛遂自荐、鸡鸣狗盗、窃符救赵等历史典故。最为典型的是齐国的稷下学宫,始建于齐威王时,容纳了当时所有的思想学派,兴盛时汇集天下贤士多达千人,"宣王喜文学游说之士,自如驺衍、淳于髡、田骈、接予、慎到、环渊之徒七十六人,皆赐列第,为上大夫,不治而议论。是以齐稷下学士复盛,且数百千人"(《史记·田敬仲完世家》)。

"天子失官,学在四夷。"(《左传》昭公十七年)士人阶层的出现,为创办私学提供了条件。孔子是中国创办私学第一人,坚持有教无类，"子曰：'自行束脩以上，吾未尝无诲焉。'"（《论语·述而》）私学的出现，既普及了教育，为平民子弟争取了受教育的权利，又促进了文化繁荣，"孔子以诗书礼乐教，弟子盖三千焉，身通六艺者七十有二人"（《史记·孔子世家》）。稷下学宫实质上也是学校，取得了丰硕的思想学术成果，包括政治、经济、军事、哲学、历史、教育、道德伦理、文学艺术以及天文、地理、历、数、医、农等学科知识。郭沫若认为，稷下学宫"发展到能够以学术思想为自由研究的对象，这是社会的进步，不用说也就促进了学术思想的进步"[①]。如果说春秋战国时期士人阶层的产生，为百家争鸣提供了人才支撑，那么，私学的出现，则为百家争鸣提供了社会基础。如果说春秋战国社会政治经济的变革，为百家争鸣提供了必要条件，那么，文化的繁荣发展，则为百家争鸣提供了充分条件。风云际会，中国的轴心时代呼之欲出，赫然呈现在世界的东方。

二、百家争鸣

清赵翼诗云："国家不幸诗家幸，赋到沧桑句便工。"这一诗句正确揭示了社会政治环境与诗人创作的关系，实际上也适用于学者、思想家及其他文学艺术创作者。动乱的社会环境，一方面给了士人阶层相对宽松的氛围，使他们能够自由地思想和创作；另一方面提出了尖锐复杂的社会问题和政治危机，迫使他们去思考探索，寻求解决问题的理论与方法。正是因为春秋战国的纷争混乱，催生了中国的轴心时代。拥有不同背景的知识分子，代表不同的阶级、阶层或利益集团，纷纷发表自己的观点和看法，进而描绘了一幅轴心时代的中国画卷，促成了思想学术的繁荣和文

---

① 郭沫若著：《十批判书》，科学出版社 1956 年版，第 154 页。

艺创作的兴盛，诞生了中国思想与文化史上最激动人心的百家争鸣。

《汉书·艺文志》（以下简称《艺文志》）对诸子百家及其著作进行了比较全面的介绍，数得上名字的有189家，而真正有影响且称得上学派的只有十家，这就是儒家、道家、墨家、法家、兵家、名家、阴阳家、纵横家、杂家、农家和小说家。由于小说家不入流，"十家"又称为"九家"。《艺文志》认为："诸子十家，其可观者九家而已。皆起于王道既微，诸侯力政，时君世主，好恶殊方，是以九家之术蜂出并作，各引一端，崇其所善，以此驰说，取合诸侯。"《艺文志》指出：诸子百家看似对立，实则同一，皆源自六经，"其言虽殊，辟犹水火，相灭亦相生也。仁之与义，敬之与和，相反而皆相成也。《易》曰：'天下同归而殊涂，一致而百虑。'今异家者各推所长，穷知究虑，以明其指，虽有蔽短，合其要归，亦六经之支与流裔"。《艺文志》强调："使其人遭明王圣主，得其所折中，皆股肱之材已。仲尼有言：'礼失而求诸野。'方今去圣久远，道术缺废，无所更索，彼九家者，不犹愈于野乎？若能修六艺之术，而观此九家之言，舍短取长，则可以通万方之略矣。"

儒家，创始人为孔子，代表人物有孟子与荀子。《艺文志》的描述可知，儒家学派源于掌管教化的官员，称为司徒，他们以孔子为宗师，以仁义为核心，以六经为内容，以辅助君王为主要目的。"儒家者流，盖出于司徒之官，助人君顺阴阳明教化者也。游文于六经之中，留意于仁义之际，祖述尧舜，宪章文武，宗师仲尼，以重其言，于道最为高。孔子曰：'如有所誉，其有所试。'唐虞之隆，殷周之盛，仲尼之业，已试之效者也。然惑者既失精微，而辟者又随时抑扬，违离道本，苟以哗众取宠。后进循之，是以五经乖析，儒学浸衰，此辟儒之患。"

道家，创始人为老子，代表人物有庄子。根据《艺文志》的描述，道家学派源于史官，他们熟谙历史的成败得失，关注的是君王统治之术，认为君王要坚守清虚和卑弱之道，才能驾驭群臣，治理好天下。"道家者流，盖出于史官，历记成败存亡祸福古今之道，然后知秉要执本，清虚以自守，卑弱以自持，此君人南面之术也。合于尧之克攘，《易》之嗛嗛，一谦而四益，此其所长也。及放者为之，则欲绝去礼学，兼弃仁义，曰独任清虚可以为治。"

阴阳家，出自道家，代表人物是邹衍。司马迁说他"深观阴阳消息，而作怪迂之变。《终始》《大圣》之篇十余万言。其语闳大不经，必先验小物，推而大之，至于无垠"（《史记·孟子荀卿列传》）。《艺文志》则指出："阴阳家者流，盖出于羲和之官，敬顺昊天，历象日月星辰，敬授民时，此其所长也。及拘者为之，则牵于禁忌，泥于小数，舍人事而任鬼神。"意思是，阴阳学派出于天文历法之官。他们敬顺上天，观测推算日月星辰的运行，谨慎地告诉百姓农作的时间。这是他们的长处。等到拘谨的人来实行，就会受到禁忌的牵制，拘泥于小的技能，放弃人事而从事于迷信鬼神之事。

法家，代表人物有商鞅、申不害和慎到，而集大成者是战国末期的韩非。韩非师于荀子，与李斯是同学，他的《孤愤》《五蠹》之篇非常出色，秦王嬴政读了以后说："寡人得见此人与之游，死不恨矣。"（《史记·老子韩非列传》）《艺文志》的描述可知，法家学派源于掌管司法的官员，主张赏罚分明，有功者必赏，有罪者必罚。如果让刻薄者施行法家学说，就会放弃仁义，以至于残害至亲，恩将仇报。"法家者流，盖出于理官，信赏必罚，以辅礼制。《易》曰'先王以明罚饬法'，此其所长也。及刻者为之，则无教化，去仁爱，专任刑法而欲以致治，至于残害至亲，伤恩薄厚。"

名家，有两个派别，一个是惠施的合同异学派，多从名的相对性来论证其同；另一个是公孙龙的离坚白学派，提出了"白马非马"的著名论题。根据《艺文志》的描述，名家学派源于礼官，重视名位的区别和礼仪的不同。如果用那些喜欢揭发他人隐私的人来施行名家学说，就会增添混乱。"名家者流，盖出于礼官。古者名位不同，礼亦异数。孔子曰：'必也正名乎！名不正则言不顺，言不顺则事不成。'此其所长也。及警者为之，则苟钩鈲析乱而已。"

墨家，创始人为墨翟。《艺文志》的描述可知，墨家学派源于看守宗庙之官，他们崇尚俭朴，坚持博爱，尊重贤能，迷信鬼神。如果愚蠢之人施行墨家学说，就会因节俭来反对礼节，推行博爱而不分亲疏之别。"墨家者流，盖出于清庙之守。茅屋采椽，是以贵俭；养三老五更，是以兼爱；选士大射，是以上贤；宗祀严父，是以右鬼；顺四时而行，是以非命；以孝视天下，是以上同：此其所长也。及蔽者为之，见俭之利，因以非礼，推兼爱之意，而不知别亲疏。"

纵横家，创始人为鬼谷子，战国时人，其姓名、籍贯不详，以隐于鬼谷之地而得名，曾收苏秦、张仪、公孙衍为徒，主要从事政治外交活动。苏秦长于合纵之学，张仪惯于连横之术。根据《艺文志》的描述，纵横家学派源于接待宾客之官，他们从事外交活动，能够权衡事情，见机行事。如果由邪恶之人施行纵横术，就会弄虚作假而抛弃诚信。"纵横家者流，盖出于行人之官。孔子曰：'诵《诗》三百，使于四方，不能专对，虽多亦奚以为？'又曰：'使乎，使乎！'言其当权事制宜，受命而不受辞，此其所长也。及邪人为之，则上诈谖而弃其信。"

杂家，代表人物是秦国的吕不韦及其《吕氏春秋》和汉朝的刘安及其《淮南子》。杂家与道家关系密切，不是一门有意识、有传承的学派。胡适认为："杂家是道家的前身，道家是杂家的新名。汉以前的道家可叫做杂家，秦以后的杂家应叫做道家。研究秦汉之间的思想史的人，不可不认清楚这一件重要事实。"①《艺文志》记载："杂家者流，盖出于议官。兼儒、墨，合名、法，知国体之有此，见王治之无不贯，此其所长也。及荡者为之，则漫羡而无所归心。"意思是，杂家学派，当出于议事之官。兼有儒家、墨家，融合了名、法两家，懂得国家体制有这些家和派，预见治国没有不贯通的，这是他们的长处。如果放纵的人来施行杂家学说，就会漫无边际，无所依托。

农家，代表人物是许行。他们祖述神农，强调耕桑，以足衣食；力主"农本商末"，推动统治者将其确立为基本国策和社会大众共同的认知。《艺文志》的描述可知，农家学派源于主管农业之官。他们播种百谷，致力于耕作和蚕桑，这是他们的长处。如果让鄙陋的人施行农家学说，就会使君臣一起耕作，打乱上下等级秩序。"农家者流，盖出于农稷之官。播百谷，劝耕桑，以足衣食，故八政一曰食，二曰货。孔子曰'所重民食'，此其所长也。及鄙者为之，以为无所事圣王，欲使君臣并耕，悖上下之序。"

小说家，代表人物是虞初，西汉人，功在汇编丛谈之小说，"小说九百，本自虞初"（张衡《西京赋》）。小说家们主要记录民间街谈巷议，虽然自成一家，却被认为是不入流者，故有"九流十家"之说。《艺文志》记载："小说家者流，盖出于稗官。街谈巷语，道听涂说者之所造也。孔子曰：'虽小道，必有可观者焉，致远恐泥，是以君子弗为也。'然亦弗灭也。闾里小知者之所及，亦使缀而不忘。如或一言可采，此亦刍荛狂夫之议也。"意思是，小说家学派，应当出于收集民间传说的小官。是由街谈巷语、道听途说的人创造的。孔子说即使是小道，也一定有可观的地方；向深远处发展，恐怕就会拘泥，因此君子是不做的。但也没有被

---

① 胡适著：《中国中古思想史长编》，上海古籍出版社2012年版，第26页。

消灭。民间有小智慧的人进行传播，也使它连续而不被遗忘。如果有时有一句话可以采用，这也是草野狂夫的议论。

汉初，司马谈在《论六家要旨》中把诸子百家概括为六家，认为他们的思想不尽一致，目标却是一致的，都是为了治平天下。"《易·大传》：'天下一致而百虑，同归而殊涂。'夫阴阳、儒、墨、名、法、道德，此务为治者也，直所从言之异路，有省不省耳。"司马谈着力分析六家思想的长处和短处。他认为，阴阳家的短处是"大祥而众忌讳，使人拘而多所畏"。意思是，注重吉凶祸福的预兆，禁忌避讳很多，使人受到束缚而多有畏惧。长处是"春生夏长，秋收冬藏，此天道之大经也，弗顺则无以为天下纲纪，故曰'四时之大顺，不可失也'"。儒家的短处是"博而寡要，劳而少功，是以其事难尽从"；长处是"列君臣父子之礼，序夫妇长幼之别，虽百家弗能易也"。墨家的短处是"俭而难遵，是以其事不可遍循"；长处是"强本节用，则人给家足之道也。此墨子之所长，虽百家弗能废也"。法家的短处是"不别亲疏，不殊贵贱，一断于法，则亲亲尊尊之恩绝矣。可以行一时之计，而不可长用也。故曰'严而少恩'"；长处是"尊主卑臣，明分职不得相逾越，虽百家弗能改也"。名家的短处是"苛察缴绕，使人不得反其意，专决于名而失人情，故曰'使人俭而善失真'"。意思是，名家刻细烦琐，纠缠不清，使人不能反求其意，一切取决于概念名称，却失去了一般常理，所以说它使人受约束而容易丧失真实性。其长处是"控名责实，参伍不失，此不可不察也"（《史记·太史公自序》）。

司马谈最崇拜道家，认为道家思想完美无缺，臻于化境。"道家使人精神专一，动合无形，赡足万物。其为术也，因阴阳之大顺，采儒、墨之善，撮名、法之要，与时迁移，应物变化，立俗施事，无所不宜。指约而易操，事少而功多。"在司马谈看来，道家真正掌握了治国的秘诀，"道家无为，又曰无不为，其实易行，其辞难知。其术以虚无为本，以因循为用。无成埶，无常形，故能究万物之情。不为物先，不为物后，故能为万物主。有法无法，因时为业；有度无度，因物与合。故曰'圣人不朽，时变是守。虚者道之常也，因者君之纲也'"。儒家则没有完全理解治国之要，"儒者则不然。以为人主天下之仪表也，主倡而臣和，主先而臣随。如此则主劳而臣逸"。儒家之所以不解治国之要，在于他们没有理解神与形的内涵及其相互关系，"凡人所生者神也，所托者形也。神大用则竭，形大劳则敝，形神离则死。死者不可复生，离者不可复反，故圣人重之。由是观之，神者生之本也，形者生之具也。不先定其神形，而曰'我有以治天下'，何由哉？"(《史记·太史公自序》)

春秋战国时期，百家争鸣是一个通称。春秋时期实际只有三家，即儒家、墨家和道家。战国时期，则为名副其实的百家争鸣，而真正有影响的思想学派，在《艺文志》看来，是"九流十家"；在司马谈看来，却只有六家。客观地说，司马谈的概括比《艺文志》更集中，更能反映诸子百家思想影响的真实情况。即使六家，也存在着重大差别，还是儒、墨、道三家影响为大，所以韩非认为："世之显学，儒、墨也。儒之所至，孔丘也；墨之所至，墨翟也。"(《韩非子·显学》)孟子则从反面指出："圣王不作，诸侯放恣，处士横议，杨朱、墨翟之言盈天下。天下之言不归杨，则归墨。"(《孟子·滕文公下》)然而，战国后期，墨家已经衰微，西汉时基本绝迹。在传统社会，对于中华文明的发展和中华民族精神的塑造，真正发挥作用并做出重大贡献的思想流派，只有儒家和道家。

三、儒道互补

在中华文明和学术思想史上，儒家和道家是两座高高耸起的山峰，其他任何思想学派都望尘莫及，无法与之比肩。儒家和道家深刻塑造了中华民族，每一个中国人都积淀着深厚的儒家和道家的文化基因。林语堂认为："道家及儒家是中国人灵魂的两面。"①在林语堂看来，儒家入世，道家出世，共同构成中国人的性格，"儒家的世界观是积极的，而道家的世界观则是消极的。这两种奇怪的元素放在一起提炼，则产生出我们称为中国人性格的这种不朽的东西"。在林语堂看来，儒家适用于人生顺利的时候，道家适用于人生失意的困境，"所有中国人在成功时都是儒家，失败时则是道家。我们中的儒家建设、奋斗，道家旁观、微笑"②。林语堂还说："道教是中国人的游戏姿态，而孔教是工作姿态，这使你明白每一个中国人当他成功发达而得意的时候，都是孔教徒，失败的时候都是道教徒。道教的自然主义是一服镇静剂，所以抚慰创伤了的中国人之灵魂者。"③在林语堂看来，道家甚至比儒家更深刻地影响着中国人，"中国人在本性上是道家，文化上是儒家，然而其道家思想却更甚于儒家思想"④。

儒家学派的创始人是孔子。孔子是中华民族的圣人，在中华历史的天空中，他是最明亮的道德之星；他对中华民族的贡献，可以媲美世界上其他民族的任何一位先贤圣哲对于本民族的恩泽。相较于老子的神秘，孔子很有现实感，弟子评价是"夫子温、良、恭、俭、让"。北宋邢昺注释："敦柔润泽谓之温，行不犯物谓之良，和从不逆谓之恭，去奢从约谓之俭，先人后己谓之让。"（《论语注疏》）这说明孔子自身就是道德楷模。孔子还非常幸运，人们对其存在没有任何争议。学界对历史上是否存在老子其人，有着争议；即使存在，是李耳还是老聃或老莱子，也有争议；是

---

① 林语堂著：《信仰之旅》，四川人民出版社 2000 年版，第 114 页。
② 林语堂著，郝志东、沈益洪译：《中国人》，学林出版社 1994 年版，第 67 页。
③ 林语堂著，郝志东、沈益洪译：《中国人》，学林出版社 1994 年版，第 125 页。
④ 林语堂著，郝志东、沈益洪译：《中国人》，学林出版社 1994 年版，第 68 页。

春秋时人还是战国时人，仍有争议。据说胡适与钱穆还为年代问题发生了意气之争，胡适主张老子生活于春秋晚期，略早于孔子；钱穆则认为老子为战国时人，晚于孔子。有一次，两人相遇，钱穆说："胡先生，《老子》年代晚出，证据确凿，你不要再坚持了。"胡适回答道："钱先生，你所举的证据还不能使我心服，如果使我心服，我连我的老子也不要了。"①对于孔子其人，历史上不仅没有任何争议，而且历代帝王都不断地追加"至圣先师""万世师表"的封号。孔子是伟大的思想家，最大的历史贡献是创立了仁的学说，提出了礼义、智信、忠孝、敏慧等一系列德目，建构了中华民族的伦理道德大厦，成为中华民族赖以生存和发展的道德根基和思想基础，深深积淀为中华民族的文化基因。

孔子的思想集中于《论语》一书。《论语》是一部语录体著作，辞约义富，形象生动，孔子是被描述的中心。《文心雕龙》指出："夫子风采，溢于格言。"《论语》不仅静态描写了孔子的仪态举止，而且动态刻画了孔子的个性气质；不仅描写了孔子丰富的形象，而且成功地刻画了孔门弟子的形象——子路的率直鲁莽、颜回的温雅贤良、子贡的聪颖善辩、曾皙的潇洒脱俗，都给人留下了深刻印象。《论语》既记录孔子言行，又记录孔子弟子的言行，都是为了体现孔子的政治主张、伦理思想、道德观念和教育原则。汉代以来，历朝历代都很重视《论语》，无数学人孜孜不倦地对《论语》进行研究和注疏。其中影响较大的有东汉末年郑玄的《论语注》、魏晋间何晏的《论语集解》、南北朝时皇侃的《论语义疏》和清朝刘宝楠父子的《论语正义》。他们的注疏，反映了不同历史时期《论语》的研究情况，代表了其所处时代的学术成就。

道家学派的创始人是老子。老子是中国古代伟大的思想家，

---

① 张中行：《不合时宜》，江苏文艺出版社 2012 年版，第 11 页。

在中华历史的天空中，他是最耀眼的智慧之星；在人类文明的天空中，他可以和其他任何民族的星宿媲美。老子最大的历史贡献是创立了道的学说，建构了中华民族抽象思辨和理性思维的哲学大厦。孔子问礼于老子之后，感到很神秘，对弟子评价说："鸟，吾知其能飞；鱼，吾知其能游；兽，吾知其能走。走者可以为罔，游者可以为纶，飞者可以为矰。至于龙，吾不能知，其乘风云而上天。吾今日见老子，其犹龙邪！"（《史记·老子韩非列传》）孔子的评价实质是指老子思想的玄妙深远。中国哲学以先秦为代表，以社会为出发点，着力研究人与人及人与社会的关系，比较关注人生和政治问题，且局限于社会领域探讨人生和政治，带有浓厚的伦理道德色彩。总体而言，人是中国哲学的主题，伦理道德是中国哲学的主流。老子却是个异数，他的学说主题也是人，但却是人的生存而不仅仅是人生。所谓生存，相当于西方哲学的"存在"范畴，并非简单地指"生命的存活"，而是指"生成着的存在"。老子将其抽象升华为道的范畴，"吾不知谁之子，象帝之先"（《老子·第四章》），取代了上古社会"帝"和"天"的概念。以哲学思维取代宗教信仰，这是中国古代思想史上的一场深刻革命。老子之道关注的是人的存在及其终极价值，这就是人作为有生命的存在根据何在，其生命的根源在哪里，人应当如何生存、怎样生存，才符合人之存在的本性等抽象思辨问题。老子以道为核心，注释拓展，对天下万事万物的存在、生长和归宿作了本体性思考，为人的生存和社会的发展提供了形而上的根据和原则。

老子的思想凝聚于《老子》一书。《老子》是中国最早的哲学著作，也是人类文明史上伟大的经典之一。《老子》文字简约、意义深奥、包含广博，主要以哲学层面的道德为宗纲，以政治为旨归，论述修身、治国、用兵、养生之道，内容涵盖哲学、政治学、伦理学、军事学等诸多学科。据元朝时的不完全统计，先秦以来研老注老的著作超过3000余种，具有代表性的不少于1000种。目前所见最早的《老子》文本是郭店出土的楚简，约1700余字，年代为公元前300年左右；长沙马王堆帛书《老子》，约5000言，年代为西汉初年。现在流行的是河上公本和王弼本。河上公本一般认为是最早的《老子》注本，其内容合乎老子大义，与汉初文景之治的休养生息政策相一致。河上公本以疏解原文为主要特点，不太关注道的理论问题，侧重于从宗教角度阐述《老子》，具有浓厚的养生成仙思想；重点是阐述如何修身和治国，"用道治国，则国富民昌；治身，则寿命延长"（《老子道德经河上公章句》）。王弼本是流传最广、影响最大、学术价值最高的《老子》注本。王弼本注重哲理的阐述，运用本与末、体与用的分析方法，把老子之道中的"无"凸显出来，提出了"以无为本"的玄学体系。王弼认为："《老子》之书，其几乎可一言而蔽之。噫！崇本息末而已矣。观其所由，寻其所归，言不远宗，事不失主。"（《老子指略》）

孔子与老子创立了不同思想学派，互相之间不是分离的，而是有着密切关系。据先秦史料，孔子与老子有过多次交往，《庄子》一书详述了孔子与老子的四次交往，《庄子·田子方》记载："孔子见老聃，老聃新沐。"描述两人讨论"游心于物"的问题。《论语·述而》记载："子曰：'述而不作，信而好古，窃比于我老彭。'"如果"老彭"指老子和彭祖，可见孔子与老子关系之密切。在孔子与老子的交往中，两人非但没有互相贬斥，反而是互相研习，相处十分融洽。《庄子·天运》篇可分为七个部分，其中三个部分都是关于孔子与老子的交往，第七部分记载："孔子谓老聃曰：'丘治《诗》《书》《礼》《乐》《易》《春秋》六经，自以为久矣，孰知其故矣，以奸者七十二君，论先王之道而明周、召之迹，一君无所钩用。甚矣夫！人之难说也，道之难明邪！'老子曰：'幸矣，子之不遇治世之君也！夫六经，先王之陈迹也，岂其所以迹哉！今子之所言，犹迹也。夫迹，履之所出，而迹岂履哉！夫白鶂之相视，眸子不运而风化；虫，雄鸣于上风，雌应于下风而风化。类自为雌雄，故风化。性不可易，命不可变，时不可止，道不可壅。苟得其道，无自而不可；失焉者，无自而可。'孔子不出三月，复见，曰：'丘得之矣。乌鹊孺，鱼傅沫，细要者化，有弟而兄啼。久矣夫，丘不与化为人！不与化为人，安能化人。'老子曰：'可。丘得之矣！'"从这一史料可知，孔子与老子似乎有一次长时间的相处和集中讨论，老子之论深邃而飘逸，孔子所得欣然而窃喜。可贵的是，对于老子思想的传播，孔子发挥了重要作用。《礼记·曾子问》有四处记载，都是孔子复述老子的思想观点，即"吾闻诸老聃曰"。这一方面说明老子思想对孔子的影响很大，另一方面则起到了传播老子思想的效能。《论语·宪问》也有类似情况，"或曰：'以德报怨，何如？'子曰：'何以报德？以直报怨，以德报德。'"孔子以另一种眼光看待老子"报怨以德"的观点，客观上也起到了传播的作用。

儒、道两家经典很多，儒家经典一般指"四书五经"，"四书"之名定于宋代，"五经"之名定于汉代。四书是《大学》《中庸》《论语》和《孟子》，五经是《诗经》《尚书》《礼经》《易经》和《春秋》。《礼经》通常包括《仪礼》《周礼》《礼记》，《春秋》由于文字过于简略，通常分为解释《春秋》的《左传》《公羊传》《榖梁传》。道家经典主要是《老子》即"道德经"、《庄子》即"南华经"、《列子》即"冲虚真经"、《文子》即"通玄真经"和《黄帝阴符经》。儒、道两家的经典虽多，但真正能够体现儒、道基本义理的则是《老子》和"四书"五本经典，约六万字。《老子》和"四书"的精髓积淀为道、仁、义、礼、智、信、孝、忠、廉、耻十个概念。道是老子思想的基础概念，是中华文明唯一自觉地探索天下万事万物本体的形而上哲学。仁义礼智信是儒家思想的核心概念，孝忠廉耻是传统文化的关键词，这九个词凝聚了管仲的"四维"、董仲舒的"五常"和宋朝的"八德"思想，集中体现了传统社会的价值观和伦理道德准则。要而言之，学好这五本经典，就能掌握国学的基本义理；读懂这十个概念，就能掌握传统文化的精髓。

四、五本经典

在中国古代，经典两个字是分开使用的，经说的是永恒的道理，《文心雕龙》指出：经是"恒久之至道，不刊之鸿教也"。典字，从甲骨文分析，上面是册字，下面是大字，两者合一为大本大册的书。经与典合在一起，就是关于永恒真理的书籍。任何经典都必须经得起时间的考验，得到大多数人的认同。阿根廷作家博尔赫斯认为：经典"是一个民族或几个民族长期以来决定阅读的书籍，是世世代代的人出于不同的理由，以先期的热情和神秘的忠诚阅读的书"[①]。《老子》是道家的元典，《论语》《孟子》《大学》《中庸》是儒家的元典。《老子》和"四书"是中华民族的经典，是最好的书籍和最有价值最有意义的著作。

《老子》一书博大精深，集中反映了古代中国人的世界观、方法论、政治思想和人生价值。在世界观方面，老子把道看作是天下万事万物的本原和起源，"道冲而用之或不盈，渊兮似万物之宗。挫其锐，解其纷，和其光，同其尘。湛兮似或存"（《第四章》）。在方法论方面，老子是朴素辩证法大师，揭示了对立统一规律，"天下皆知美之为美，斯恶已；皆知善之为善，斯不善已。故有无相生，难易相成，长短相形，高下相倾，音声相和，前后相随"（《第二章》）。老子认为，任何事物都有对立面，事

[①] 〔阿根廷〕博尔赫斯著，王永年等译：《探讨别集》，上海译文出版社 2015 年版，第 273 页。

物既因对立面而存在，又因对立面而运动，矛盾是天下万事万物运动变化的原因和动力，"反者，道之动；弱者，道之用"（《第四十章》）。其中较为典型的事例是人间的祸福变化，"祸兮，福之所倚；福兮，祸之所伏。孰知其极？其无正也，正复为奇，善复为妖"（《第五十八章》）。在政治思想方面，老子强调无为而治，"不尚贤，使民不争；不贵难得之货，使民不为盗；不见可欲，使民心不乱。是以圣人之治，虚其心，实其腹，弱其志，强其骨。常使民无知无欲，使夫智者不敢为也。为无为，则无不治"（《第三章》）。在人生价值方面，老子从"道法自然"出发，把素朴规定为人生的本质，"见素抱朴，少私寡欲"（《第十九章》）。素是指未经染色的丝，朴是指未经雕饰的木材。老子认为，人之本性是朴素自然的，不要矫揉造作，不要被名利所诱惑。老子把柔弱看成素朴的表现和生命力的象征，"人之生也柔弱，其死也坚强；万物草木之生也柔脆，其死也枯槁。故坚强者死之徒，柔弱者生之徒"（《第七十六章》）。柔弱就要像水那样，不争而处下，"上善若水，水善利万物而不争。处众人之所恶，故几于道。居善地，心善渊，与善仁，言善信，政善治，事善能，动善时。夫唯不争，故无尤"（《第八章》）。

《论语》一书围绕仁的范畴，全面而系统地阐述了儒家的道德思想、政治理念和人格理想。仁是孔子思想体系中最核心的主张，包括对己和对人两方面内容。对己主要是克己，严于律己、约束自己，加强道德修养，达到仁的境界。孔子与颜渊的对话，比较完整地论述了克己的内容，这就是以礼为标准克己，以仁为归依成己。"颜渊问仁。子曰：'克己复礼为仁。一日克己复礼，天下归仁焉。为仁由己，而由人乎哉？'"在对人方面，就是爱人，"樊迟问仁。子曰：'爱人。'"（《颜渊》）爱人集中体现了孔子的人文关怀和人性光辉。孔子自己是爱人的典范，他尊重生命，维护人的尊严，"厩焚。子退朝，曰：'伤人乎？'不问马"

（《乡党》）。意思是，马棚失火了，孔子从朝堂回到家里，问伤人了没有？而不问是否伤了马。德政是孔子的政治主张。孔子没有否认法治，却推崇德治。孔子认为，运用政治手段和法律惩处来治理国家，不可能增强人们的道德自律，也不可能养成人们的耻感意识，而实施德治，用礼来约束，就能使人们道德自律，养成耻感意识，实现人心的归顺，"为政以德，譬如北辰，居其所而众星共之"（《为政》）。德治的前提是统治者公平公正、以身作则，"季康子问政于孔子。孔子对曰：'政者，正也。子帅以正，孰敢不正？'"（《颜渊》）君子是孔子的人格理想。孔子提出了圣人和君子两种人格理想，认为圣人的境界太高了，一般人很难达到，君子才是现实的人格理想，"子曰：'圣人，吾不得而见之矣。得见君子者，斯可矣。'"（《述而》）君子是道德完满的人，具备了仁、智、勇的品格，"仁者不忧，知者不惑，勇者不惧"（《宪问》）。

《孟子》一书最大的贡献，是继承和发展了孔子仁的思想，提出仁义并举的学说。孔子和孟子都谈仁义，相对而言，孔子贵仁，"志士仁人，无求生以害仁，有杀身以成仁"（《论语·卫灵公》）；孟子重义，"生，亦我所欲也；义，亦我所欲也。二者不可得兼，舍生而取义者也"（《告子上》）。如果说孔子思想的核心范畴是仁，那么，孟子思想的核心范畴则是仁义，视仁义为天赋的良知良能，"人之所不学而能者，其良能也；所不虑而知者，其良知也。孩提之童，无不知爱其亲者；及其长也，无不知敬其兄也。亲亲，仁也；敬长，义也。无他，达之天下也"（《尽心上》）。孟子为仁的思想提供了性善论的哲学基础，认为人性是天赋的，"无有不善"；具体表现为人心有四端，"恻隐之心，仁之端也；羞恶之心，义之端也；辞让之心，礼之端也；是非之心，智之端也。人之有是四端也，犹其有四体也"（《公孙丑上》）。孟子认为，没有四心，"非人也"，而人与非人的根本差别在于有没有仁义，"人之所以异于禽兽者几希，庶民去之，君子存之。舜明于庶物，察于人伦，由仁义行，非行仁义也"（《离娄下》）。孟子把仁的思想发展为一套比较完整的仁政学说，这是孟子的政治理想和治国主张。仁政关乎个人安危和国家的兴衰存亡，"三代之得天下也以仁，其失天下也以不仁。国之所以废兴存亡者亦然。天子不仁，不保四海；诸侯不仁，不保社稷；卿大夫不仁，不保宗庙；士庶人不仁，不保四体"（《离娄上》）。仁政的核心是民贵君轻，具体做法是与民同乐，与民同忧，"乐民之乐者，民亦乐其乐；忧民之忧者，民亦忧其忧。乐以天下，忧以天下，然而不王者，未之有也"（《梁惠王下》）。孟子劝诫齐宣王施行仁政，如此就能使民心归服，称王天下，"今王发政施仁，使天下仕者皆欲立于王之朝，耕者皆欲耕于王之野，商贾皆欲藏于王之市，行旅皆欲出于王之涂，天下之欲疾其君者，皆欲赴愬于王。其若是，孰能御之！"（《梁惠王上》）

《大学》文辞简约、内涵深刻，从最基本的人性自觉入手，最后落实到治国安邦领域，以不长的篇幅将儒家的修身思想系统化，强调"自天子以至于庶人，壹是皆以修身为本。其本乱而末治者，否矣。其所厚者薄，而其所薄者厚，未之有也"。修身要明确价值取向，这就是"三纲领"，"大学之道，在明明德，在亲民，在止于至善"。明明德主张自我启蒙，弄清楚并彰显人人内心自有的光辉品德；亲民的亲可作新解，意指君子在自己实现明德的基础上，进而带动其他人更新自我，同样实现明德；止于至善，一方面是指个人的道德修养达到至善的境界，另一方面是对理想社会的憧憬，期望政治统治和社会管理也能达到至善的境地。明德、亲民和止于至善之间是一个互相联系的有机整体，自宋代以来，读书人都以此为突破口研读儒家经典。修身还要明确方法途径，这就是"八条目"，顺序是"物格而后知至，知至而后意诚，意诚而后心正，心正而后身修，身修而后家齐，家齐而后国治，国治而后天下平"。意思是，通过对万事万物道理的认识研究，才能获得知识；获得知识，意念才能真诚；意念真诚，心思才能端正；心思端正，才能修身养性；品性修养后，才能管理好家庭和家族；管理好家庭和家族后，才能治理好国家；治理好国家后，天下才能太平。"八条目"之间具有内在的逻辑关系，构成了内圣与外王的关系，而修身是中枢，转动着内外两扇大门，是明明德与亲民之间的桥梁。内圣是修身的内容，外王是修身的目的。在内圣方面，格物、致知是修身的逻辑起点，将人与自然界和社会衔接起来；诚意、正心既是格物、致知的继续，更是修身的本质。在外王方面，修身是前提和基础，齐家、治国、平天下是修身的逻辑拓展。中国传统社会是家国同构的，一个人能够把家管好，就具有治国的本领，治国再往外推演，就是平定天下、安稳天下，使儒家所倡导的道德主体在思想观念中实现终极追求。

《中庸》是儒家经典中理论色彩最为浓厚的著作，围绕"中庸"讨论王道与人道的关系。一方面，表现为本体意识的觉醒。儒家关注社会现实和伦理道德，一般不太重视形而上的问题，《中庸》却是个例外，它提出了"性"的概念，把性看成是天地万事万物的本原，认为真诚者不仅能知性，而且能尽性，与天道同在，"唯天下至诚，为能尽其性；能尽其性，则能尽人之性；能尽人之性，则能尽物之性；能尽物之性，则可以赞天地之化育；可以赞天地之化育，则可以与天地参矣"。意思是，天下只有极其真诚的人，才能充分发挥他的本性；能充分发挥他的本性，就能充分发挥众人的本性；能发挥众人的本性，就能充分发挥万物的本性；能充分发挥万物的本性，就可以帮助天地化育生命；能帮助天地化育生命，就可以使人与天地并列为三，实质是天、地、人合一。另一方面，表现为辩证思维的充溢。《中庸》认为，人既有道德本性，又有情感成分，性与情是矛盾的统一体。传统文化要么强调矛盾双方的对立，称之为"一分为二"；要么重视矛盾双方的统一，称之为"合二而一"。中庸思维的特征是合二而一，侧重于矛盾对立双方的统一性与和谐性，认为这是天地万事万物的基本规律和发展变化的根本动力，"喜怒哀乐之未发，谓之中；发而皆中节，谓之和。中也者，天下之大本也；和也者，天下之达道也。致中和，天地位焉，万物育焉"。中和即中庸。中庸之道不是折中主义，而是能够坚持原则、明辨是非，孔子说："惟仁者能好人，能恶人。"（《论语·里仁》）中庸是调和可以调和的矛盾，极力寻找矛盾双方互相联系与制约的交叉领域，寻找矛盾双方最大的公约数和共同点，促进事物保持理想状态，避免发生过或不及的情况。

应当指出，中庸思想具有充分的现实性。人们的日常生活中充满着矛盾，而绝大多数矛盾是非对抗性的，这就不能运用斗争的方法，通过激化矛盾的方式加以解决，只能坚守中庸的原则，发现矛盾双方相通之处和共同利益，加以调和解决，以利于人与人之间关系的和睦，把矛盾冲突控制在秩序范围之内，推动社会和谐而有序运行。中庸是一种智慧，能够发现纷繁复杂事物背后的简洁明了，找到矛盾尖锐对立表面下所蕴含的和谐因素，进而选择最佳方案和有效方法，区别轻重缓急，解决好矛盾。中庸更需要胸怀，胸怀意味着能够妥协，甚至做出必要的让步，以及承担一定的精神或物质伤害。只有智慧与胸怀的有机结合，中庸才能由理念变为现实的活动。

五、十个概念

概念是思维的基本要素和单位，反映客观事物的一般属性和本质特征。人类在认识过程中，把所感受到的事物的共同点抽象出来加以提炼，就形成了概念。概念与经典是有机整体，概念是经典的细胞和基础。概念组成经典，没有概念就没有经典；经典观照概念，没有经典的理论体系，概念就不可能与所反映的客观事物以及相关概念建立起联系。儒家和道家的基本概念是道、仁、义、礼、智、信、孝、忠、廉、耻。

道是老子哲学的最高范畴，也是传统文化的重要概念。所有思想家都有意无意地使用过道的概念，孔子对道十分推崇，却没有从本体论的高度加以论证，而是把道纳入伦理道德范围，主要内容是忠恕。"子曰：'参乎！吾道一以贯之。'曾子曰：'唯。'子出，门人问曰：'何谓也？'曾子曰：'夫子之道，忠恕而已矣。'"（《论语·里仁》）"道"字最早见于金文，原义为道路，引申出规律、原则、道理等哲学内涵。在中国思想史上，老子是第一个自觉研究本体论的思想家，他把道看作是天下万事万物的本原和起源，"有物混成，先天地生。寂兮寥兮，独立不改，周行而不殆，可以为天下母。吾不知其名，字之曰道，强为之名曰大。大曰逝，逝曰远，远曰反"（《老子·第二十五章》）。老子研究本体论，提出道的概念，表明中华民族在上古时期就具有形而上思维，就在探索宇宙万物的根本原理。黑格尔指出："道为天地之本，万物之源，中国人把认识道的各种形式看作是最高的学术。……老子的著作，尤其是他的《道德经》，最受世人崇仰。"[1]雅斯贝斯在《大哲学家》一书中将老子列为"原创性形而上学家"。

仁是孔子学说的最高范畴，也是传统文化的重要概念。在孔子看来，仁的本质是爱人，而爱人要约束自己，"仲弓问仁。子曰：'出门如见大宾，使民如承大祭。己所不欲，勿施于人。在邦无怨，在家无怨。'仲弓曰：'雍虽不敏，请事斯语矣！'"爱人要遵守礼制，当颜回问仁的具体内容时，孔子回答："非礼勿视，非

---

[1] 〔德〕黑格尔著，王道时译：《历史哲学》，生活·读书·新知三联书店1956年版，第179页。

礼勿听，非礼勿言，非礼勿动。"颜回曰："回虽不敏，请事斯语矣！"（《论语·颜渊》）。爱人要助人为乐，"夫仁者，己欲立而立人，己欲达而达人。能近取譬，可谓仁之方也已"（《论语·雍也》）。孔子认为，仁是个体道德修养的准则，也是人生追求的终极目标，值得为此生命不息、奋斗不止，"士不可以不弘毅，任重而道远。仁以为己任，不亦重乎？死而后已，不亦远乎？"（《论语·泰伯》）。孟子继承并发挥了孔子仁的思想，认为仁是人心和人的本性，"恻隐之心，仁也"，把仁和义联系起来，并列为最高道德准则，"仁，人之安宅也；义，人之正路也。旷安宅而弗居，舍正路而不由，哀哉！"（《孟子·离娄上》）董仲舒则进一步推衍孔孟思想，区分仁与义的不同作用，"仁之法，在爱人，不在爱我。义之法，在正我，不在正人"（《春秋繁露·仁义法》）。宋儒提出"一体之仁"的命题，最为典型的表述是程颢的"仁者，浑然与物同体"和程颐的"仁者，以天地万物为一体"（《程氏遗书》）。仁对中国文化的贡献甚大，促成了传统文化由上古向中古的转变，沟通连接了孔子之前与之后的文化血脉，确保中华文明历经数千年而没有中绝和断裂。

义是儒家思想的重要范畴，义在社会上运用广泛，政治统治叫道义，社会交往叫信义，亲友之间叫情义，言行得体叫礼义，江湖习惯叫侠义。人生的整个过程和社会的方方面面都与义有着千丝万缕的联系，义是伦理道德评价中使用频率最高的一个概念。"义"字在甲骨文中已出现，繁体字为"義"，与"仪"相通，意指凭借一己之力显现于外的气象和容貌，具有道德性质和功能。义的另一个理解是"义者，宜也"，意指公正、恰当、适宜的道德行为。儒家高度重视义，孔子将其规定为君子品格，"君子义以为质，礼以行之，孙以出之，信以成之。君子哉！"（《论语·卫灵公》）孟子则把义规定为君子的本性，"君子所性，仁义礼智根于心，其生色也睟然，见于面，盎于背，施于四体，四体不言而喻"(《孟子·尽心上》)。意思是，君子的本性，仁义礼智之根植在他心中，而发出来的神色是纯和温润，它表现于颜面，反映于肩背，以至于手足四肢，在手足四肢的动作上，不必言语，别人一目了然。孟子还将义提升到与仁并列的高度，由外在的道德规范内化为人性善的规定。正是仁义并重的思想，使得孟子不仅继承了孔子衣钵，而且发展了儒家学说，在传统文化发展史上奠定了其亚圣的地位。荀子也对义的概念作出了重要论述，强调"仁者爱人，义者循理"(《荀子·议兵》)。循理而行就是适宜的行为，这是义的重要内容和真谛所在。

礼是儒家思想的重要范畴，也是传统文化的核心概念，中华民族因此有礼仪之邦的美誉。礼的实质是别异，就是区分人在社会关系中不同的角色、身份和地位，制定出相应的礼仪规范供人们遵循践行，进而形成和谐的社会关系网和人伦秩序。"礼者，贵贱有等，长幼有差，贫富轻重皆有称者也。"(《荀子·富国》)这里的贵贱、长幼、贫富似乎不是人格意义上的不平等，而是社会角色的差别和道德规范的不同要求。礼的主旨是敬让，"恭敬之心，礼也"(《孟子·告子上》)；"辞让之心，礼之端也"(《孟子·公孙丑上》)。恭敬是"在貌为恭，在心为敬"(《礼记正义·曲礼上》引何胤语)，名为两个概念，实为一个内容，那就是敬的感情，即发自内心的尊敬和敬重。辞让亦称退让，"应进而迁曰退，应受而推曰让"(《礼记正义·曲礼上》)。孔子认为，辞让既是君子遵礼的表现，又是君子人格的组成部分，"君子无所争，必也射乎！揖让而升，下而饮，其争也君子"(《论语·八佾》)。礼的目的是和谐，"礼之用，和为贵"(《论语·学而》)。和谐的关键是人人都要学习礼义，践行礼仪，遵守礼制。只有大家各守其礼，各安其位，整个社会才能和谐稳定。和谐的前提是学礼，孔子对自己的儿子孔鲤强调："不学礼，无以立。"(《论语·季氏》)《论语》的最后一段话还强调学礼知礼，"不知命，无以为君子也。不知礼，无以立也。不知言，无以知人也"。

智是儒家思想的重要范畴，在孔子那里，属于德性范围，"知、仁、勇三者，天下之达德也"（《中庸》）；在孟子那里，属于人性范围，"仁义礼智，非由外铄我也，我固有之也，弗思耳矣"（《孟子·告子上》）。"智"在甲骨文中已经出现，先秦时期智与知通用，本义有了解、识别的意思，引申为名词，既有知识的含义，意指人类在实践中探索认识物质世界以及精神世界的成果；又有智慧的含义，意指基于神经器官的一种综合能力，即运用知识、经验、技术解决问题，完成任务和实现目标的能力。围绕智的概念，形成了尚智与反智的不同看法。儒家尚智，把智纳入自己的思想体系，强调智是君子人格的一部分。孔子还指出智者与仁者的不同表现，"知者乐水，仁者乐山；知者动，仁者静；知者乐，仁者寿"（《论语·雍也》）。道家反智，老子认为："大道废，有仁义；智慧出，有大伪；六亲不和，有孝慈；国家昏乱，有忠臣。"（《老子·第十八章》）道家并不是真的反智，而是辩证地看到了智的负面影响，有可能演变为虚假伪善、尔虞我诈和机巧权术。从某种意义上说，正是儒家和道家对待智的不同看法，既相互批判又相互吸纳，才构建了传统的智慧观。

信是儒家思想的重要范畴，其源头来自于孔子。信的本义是言语不虚妄，意指不自欺、不欺人，表里如一、言行合一。与信联系最密切的概念是诚，《说文解字》中信与诚互训，"信，诚也"；"诚，信也"。在先秦儒家中，信并不是最重要的伦理道德概念，而是众多道德条目中的一个。在孔子那里，信是仁的组成部分，两者是纲与目的关系，信服从于仁，仁指导着信，"子张问仁于孔子。孔子曰：'能行五者于天下，为仁矣。''请问之。'曰：'恭、宽、信、敏、惠。恭则不侮，宽则得众，信则人任焉，敏则有功，惠则足以使人。'"（《论语·阳货》）孟子明确把仁义礼智规定为人之本性，却没有给信留出位置。到了西汉，董仲舒才将信纳入儒家思想的基本范畴，"夫仁、谊、礼、知、信五常之道，王者所当修饬也"（《汉书·董仲舒传》）。儒家倡导人伦，主要指父子、君臣、夫妇、长幼和朋友关系，孟子指出："父子有亲，君臣有义，夫妇有别，长幼有叙，朋友有信。"（《孟子·滕文公上》）这些人伦关系是有差异的，最大的差异不在于不同的伦理规范，而在于双方平等与不平等的关系。传统社会实行的是宗法等级制度，父子、君臣、夫妇、长幼双方的关系是不平等的，唯有朋友双方是平等关系的主体。信的本质是平等，是平等的主体之间处理相互关系的行为准则。孔子没有给信最高德目的地位，却重视朋友之间的诚信交往，"与朋友交，言而有信"；"弟子入则孝，出则悌，谨而信，泛爱众，而亲仁。行有余力，则以学文"（《论语·学而》）。

孝是中国文化的重要组成部分，是区别于世界其他文明的主要象征。黑格尔指出："中国这个文化大国是纯粹建筑在孝敬这一道德基础之上，国家最为本质的特征便是客观的家庭孝敬。"[1]孝是儒家思想的重要概念，儒家以仁为核心构筑起的思想大厦，其基础则是孝，"其为人也孝弟，而好犯上者，鲜矣；不好犯上，而好作乱者，未之有也。君子务本，本立而道生。孝弟也者，其为仁之本与"（《论语·学而》）。孔子把孝纳入仁的范畴，最大贡献是引敬入孝，将以血缘关系为纽带的"亲亲之情"上升到人文关怀的高度，凸显了孝所具有的人本精神，"子游问孝。子曰：'今之孝者，是谓能养。至于犬马，皆能有养。不敬，何以别乎？'"（《论语·为政》）孝养父母是孝的主要内容，而孝养父母可区分为物质奉养和精神奉养两种情况，真正的孝养是物质与精神的有机统一，关键在于敬。敬的主要表现是和颜悦色，"子夏

---

[1]　〔德〕黑格尔著，王造时译：《历史哲学》，生活·读书·新知三联书店1956年版，第65页。

问孝。子曰:'色难。有事,弟子服其劳;有酒食,先生馔,曾是以为孝乎?'"(《论语·为政》)朱熹解释道:"故事亲之际,惟色为难耳,服劳奉养未足为孝也。旧说,承顺父母之色为难,亦通。"(《四书章句集注》)情自心意、境由心生,子女奉养父母,和颜悦色是表现形式,内心却是敬意和爱恋。

忠是传统文化的重要组成部分,是重要的伦理道德规范。"忠"字的构造是上"中"下"心",即中在心上,中正不斜,其原初含义就是忠诚、忠信,《增韵》释忠为"内尽其心,而不欺也"。儒家全面论证了忠的概念,传统文化中关于忠的思想实际是儒家的思想。但是,儒家之忠内容庞杂,认识不尽一致,前后差别很大。在孔子那里,忠很难说是一个重要概念,只不过是仁的一个德目;《论语》一书论及忠字,大多是忠信或忠恕合并使用,侧重于修身和待人处世方面的内容。《孟子》一书很少论及忠字,偶尔论及,也是属于伦理道德范畴,"分人以财谓之惠,教人以善谓之忠,为天下得人者谓之仁"(《孟子·滕文公上》)。后世儒家将忠与忠君思想紧密联系在一起,而在孔孟那里,忠君的思想微乎其微,甚至可以忽略不计。"子以四教:文、行、忠、信。"(《论语·述而》)作为伦理道德规范,忠不仅是君臣关系的行为准则,而且是人与人之间交往的准则,"主忠信,毋友不如己者,过则勿惮改"(《论语·子罕》),更是个人道德品质的基本要求,"十室之邑,必有忠信如丘者焉,不如丘之好学也"(《论语·公冶长》)。

廉是一个政治伦理概念,与公共权力相联系,与腐败相对立。没有公共权力,就没有腐败,也就没有廉洁的问题。廉的实质是"无取","可以取,可以无取,取伤廉"(《孟子·离娄下》)。廉与财物相关,无取就是官员不取不义之财。在儒家看来,官员能否做到廉洁无取,关键在于能否正确处理义与利的关系。孔子告诫官员,"放于利而行,多怨"(《论语·里仁》);强调见利思义，"士见危致命，见得思义，祭思敬，丧思哀，其可已矣"（《论语·子张》）。正确处理公与私的关系。官员掌握的是公共权力，负责的是公共事务，联系的是公共大众，绕不开公与私的关系。宋儒陆九渊把公私关系与善恶关系相联系，"为善为公，心之正也；为恶为私，心之邪也。为善为公，则有和协辑睦之风，是之谓福。为恶为私，则有乖争陵犯之风，是之谓祸"（《陆九渊集·赠金溪砌街者》）。正确处理理与欲的关系，理是指人生而具有的内在本性，欲是指感物而动的欲望。先秦儒家不否认人的欲望，"饮食男女，人之大欲存焉"（《礼记·礼运》）。好色，人之所欲也；富贵，人之所欲也，但不能放纵自己，而要以理制欲，"养心莫善于寡欲。其为人也寡欲，虽有不存焉者，寡矣；其为人也多欲，虽有存焉者，寡矣"（《孟子·尽心下》）。

耻是中国文化的重要概念，也是中国文化的一大特征。耻的原始含义是羞耻、惭愧，以及由此产生的羞耻心和知耻感。耻的观念和行为产生于殷商时期，真正形成耻感文化却是在春秋战国时期。法家和儒家比较全面地论述了耻的问题。法家强调法治，主要是利用人们的耻感心理进行信赏必罚，具有明显的功利色彩。商鞅指出："夫刑者所以禁邪也，而赏者所以助禁也。羞、辱、劳、苦者，民之所恶也；显、荣、佚、乐者，民之所务也。故其国刑不可恶而爵禄不足务也，此亡国之兆也。"（《商君书·算地》）儒家强调德治，把耻纳入自己的思想体系进行论证阐述，从而构建起传统的耻感文化。孔子认为，只有以德和礼治理天下，才能使人民知耻，进而心悦诚服，自觉遵守礼法制度，达到天下大治，"道之以政，齐之以刑，民免而无耻。道之以德，齐之以礼，有耻且格"（《论语·为政》）。在儒家看来，耻的前提条件是人要有良心。所谓良心，指被社会普遍认可并内化于心的行为规范和价值标准。儒家高度重视良心，"虽存乎人者，岂无仁义之心哉？其所以放其良心者，亦犹斧斤之于木也"（《孟子·告子上》）。朱熹注释："良心者，本然之善心。即所谓仁义之心也。"（《四书章句集注》）良心的内容就是仁义礼智，没有良心的人就是禽兽，"由是观之，无恻隐之心，非人也；无羞恶之心，非人也；无辞让之心，非人也；无是非之心，非人也"（《孟子·公孙丑上》）。羞恶之心就是耻，耻是区别人与禽兽的一个标志。良心是人先天就具有的善性，也需要后天学习、培养和挖掘，所以人要坚持修身，通过修身培育良心，明辨是非，知晓真善美与假恶丑的区别。

先秦的文化天空有着孔子和老子两颗最亮的星宿，他们交相辉映、光焰万丈，泽被华夏、绵绵不绝。先秦的文化海洋宽广无垠，儒、道经典是港湾和码头，没有港湾和码头，就不能起锚远航、走向大海；就躲避不了狂风急浪，得不到补充给养，难以奔向更为广阔和深远的大海。国学溯源，必须溯源经典，那就是《老子》和"四书"。经典的价值不仅在实用，而且在文化。经典具有权威性和范例性，是先贤圣哲独特世界观的展示和不可重复的创造，积淀着丰厚的文化和人性内涵。溯源经典，意味着文化旅行，能够认识国学的概念和范畴，读懂道、仁、义、礼、智、信、孝、忠、廉、耻，探寻国学的思路，品味国学的逻辑预设和理论框架，领略先贤圣哲的睿智和风范，从而更好地理解把握国学义理和传统文化的精髓。经典具有标志性和象征性，是一个民族普遍认同的文化基因和价值符号。溯源经典，意味着文化寻根，旨在找回失落的精神家园，更多地了解中华民族的优秀品格，坚守中华民族"诗意的栖居地"，为个体找到赖以生存的群体抚慰和心灵归宿。经典具有永恒性和稳固性，是经过历史选择的最有价值的书，提出了人类精神生活的根本问题，凝聚着对人生命运的终极关怀和眷顾。溯源经典，意味着文化享受，体悟真善美的丰厚意蕴。每一部经典都是关于真、善、美的学问，围绕着人的主题，展示出自然的奥秘、人性的光辉和生活的美丽。溯源经典，实际是在读人生、读社会、读智慧，说到底，是在读文化。美国学者马尔库塞说得好："肯定的文化在根本上是理想主义的。对孤立的个体的需求来说，它反映了普遍的人性；对肉体的痛苦来说，它反映着灵魂的美；对于外在的束缚来说，它反映着内在的自由；对赤裸裸的唯我论来说，它反映着美德王国的义务。"①

---

① 〔美〕赫伯特·马尔库塞著，李小兵译：《审美之维——马尔库塞美学论著集》，生活·读书·新知三联书店 1989 年版，第 10 页。

第二章　先秦儒家

　　儒家是孔子创立的思想学术流派。先秦时期，儒家是显学。汉武帝"罢黜百家，表章六经"之后，儒家成为传统社会的文化主体和主流意识形态，是中国历史上最有影响的思想学术流派。在传统社会，儒家甚至被提升到宗教信仰的高度，"儒教是中华民族特有的传统宗教，凡是生活在中国这块古老土地上的各民族，包括汉族以外的少数民族，如北方的辽、金、元、西夏及清，历代王朝都以儒教为国教，孔子为教主"[1]。儒家对中国社会的影响既深且远，所谓深，就是深刻塑造了中华民族的集体人格；远就是不仅在传统社会发挥了主导作用，而且在今天仍然具有强大的生命力，影响中国人的方方面面和各个领域。儒家思想还对东南亚各国产生了广泛影响。

一、儒家源流

　　儒家源远流长。从源头分析，儒既是一个阶层，又是一种思想资源。作为一个阶层，《说文解字》释"儒，柔也，术士之称。从人，需声"。学界据此认为，儒家是从巫师术士演化而来的。

---

　　[1]　任继愈主编：《儒教问题争论集》，宗教文化出版社 2000 年版，第 404 页。

章太炎认为，儒者是指一种以宗教为生的职业，负责治丧、祭神等宗教仪式，"儒本求雨之师，故衍为术士之称"[①]。胡适认为，儒者为殷遗民，而这些人于亡国之后，沦落为执丧礼者。因已遭亡国，其文化只能以柔弱之势存在。[②]马王堆帛书《要》的出土，对此予以了证实。在《要》文中，孔子说："后世之士疑丘者，或以《易》乎？吾求其德而已，吾与史巫同涂而殊归者也。"周朝明确儒是官僚系统的一部分，也是一项职业，"四曰儒，以道得民"（《周礼·天官》）。有的学者甚至把儒解读为"由原始之释，可见儒是凭借道德之术治民的；儒的本义为柔和，与刚强相对，亦即儒是以柔和手段治理天下的。那么，儒自然反对一味使用暴力治民"[③]。孔子创立的儒家，既非一个阶层，也非一种官僚职业，而是以学术和政治为志业的知识团体和思想学派。在儒家学派中，有着人品高低、志趣大小之分，"子谓子夏曰：'女为君子儒，无为小人儒。'"（《论语·雍也》）

作为思想资源，《史记·孔子世家》记载："乃因史记作《春秋》，上至隐公，下讫哀公十四年，十二公。据鲁，亲周，故殷，运之三代。约其文辞而指博。"意思是，孔子于是根据鲁国的史书作了《春秋》，上起鲁隐公元年（前722），下至鲁哀公十四年（前481），共包括鲁国12个国君。以鲁国为中心记述，尊奉周王室为正统，以殷商故旧为借鉴，推而上承夏、商、周的法统，文辞简约而旨意广博。由此可知，孔子创立儒学的思想资源可上溯到夏朝。《论语》最后一篇为"尧曰"，孔子的思想源头或可追溯到尧舜时代，"尧曰：'咨！尔舜！天之历数在尔躬，允执其中。四海困穷，天禄永终。'舜亦以命禹"（《论语·尧曰》）。孔子一

---

① 章太炎著：《国故论衡》，商务印书馆2010年版，第149页。

② 胡适著：《说儒》，漓江出版社2013年版，第96页。

③ 刘兆伟：《论儒家思想的渊源及精髓》，载《锦州师范学报（哲学社会科学版）》1990年第2期。

方面研究总结夏、商、周三代的历史经验教训，"殷因于夏礼，所损益，可知也；周因于殷礼，所损益，可知也。其或继周者，虽百世，可知也"（《论语·为政》），进而著《春秋》。另一方面是编《诗经》和《尚书》，评注《易经》，修订《礼经》和《乐经》，从中汲取理论素养和思想资源。《论语》中引用最多的是《诗经》，认为"《诗》三百，一言以蔽之，曰：'思无邪。'"（《论语·为政》）通过历史研究和文化典籍整理，孔子更多地接受了"民惟邦本，本固邦宁"的民本观念和"施实德于民""明德慎罚"（《尚书》）的德政思想，建构了以"仁"为核心的儒家思想体系。

与儒家思想相伴随的是儒家学派。儒家学派是儒家思想的主体，没有儒家学派，儒家思想就不可能得到巩固，更不可能传承和发展。最早的儒家学派就是孔子和他的弟子。孔子终身从事教育活动，招收了很多学生，"弟子盖三千焉，身通六艺者七十有二人"（《史记·孔子世家》）。孔子分四个门类对最优秀的十位学生作出评价，"德行：颜渊、闵子骞、冉伯牛、仲弓。言语：宰我、子贡。政事：冉有、季路。文学：子游、子夏"（《论语·先进》）。孔子之后，儒分为八，各自认为代表了孔子的正统思想，"有子张之儒，有子思之儒，有颜氏之儒，有孟氏之儒，有漆雕氏之儒，有仲良氏之儒，有孙氏之儒，有乐正氏之儒"（《韩非子·显学》）。儒家内部产生不同的派别，在当时未必是坏事，不仅说明了孔子思想的丰富性和开放性，而且从不同角度传播光大了孔子的思想。真正对捍卫孔子思想和形成儒家学派有决定作用的，是孟子与荀子。在儒学发展史上，孟子和荀子是孔子之后的两座高峰，前者从性善论出发，继承发展了孔子的仁与义思想；后者从性恶论出发，继承发展了孔子的仁与礼思想。学界普遍看到了孟子与荀子的差别，有学者认为，"在儒家思想中，孟子代表了其中理想主义的一派，稍后的荀子则是儒家的现实主义一派"①。也有学者认为，孟子"把他的世界观、人性论、仁政学说紧密地组织在一起，形成先秦唯心主义哲学的一个重要派别"，"荀子是战国时期杰出的唯物主义思想家"②。无论儒家内部有多大差异，其基本特征还是《汉书·艺文志》所言的"助人君顺阴阳明教化者也。游文于六经之中，留意于仁义之际，祖述尧舜，宪章文武，宗师仲尼，以重其言，于道最为高"。

与儒家学派相伴随的是儒家经典。经典是学派传承的重要载体，学派依靠经典而形成和发展。儒家自认最早的经典是六经，即《诗经》《尚书》《礼经》《乐经》《易经》和《春秋》。孔子认为，六经的目的是一致的，而作用是不相同的，"六艺于治一也。《礼》以节人，《乐》以发和，《书》以道事，《诗》以达意，《易》以神化，《春秋》以义"（《史记·滑稽列传》）。孔子重视经典的教育教化，"入其国，其教可知也。其为人也，温柔敦厚，《诗》教也；疏通知远，《书》教也；广博易良，《乐》教也；洁静精微，《易》教也；恭俭庄敬，《礼》教也；属辞比事，《春秋》教也。故《诗》之失，愚；《书》之失，诬；《乐》之失，奢；《易》之失，贼；《礼》之失，烦；《春秋》之失，乱"（《礼记·经解》）。秦汉之际，《乐经》失传，六经为五经，东汉增加《论语》《孝经》为七经，唐时增加《周礼》《礼记》《公羊传》《穀梁传》《尔雅》为十二经，宋朝增加《孟子》为十三经。至此，儒家经典成熟定型，也是中华传统文化的基本典籍。不过，十三经的地位与作用并不完全相同，其中经的地位最高，传、记次之，《尔雅》又次之。一般认为《易》《诗》《书》《礼》《春秋》是经；《左传》《公羊传》《穀梁传》属于《春秋》经之传；《礼记》

---

① 冯友兰著：《中国哲学简史》，新世界出版社 2004 年版，第 63 页。

② 任继愈主编：《中国哲学史》（第一册），人民出版社 1979 年版，第 145—146、209 页。

《孝经》《论语》《孟子》均为记；《尔雅》则是汉代经师的训诂之作。

　　春秋战国之后，秦始皇"焚书坑儒"，汉初奉行黄老之术，儒家思想和学派经历了风风雨雨、起起伏伏。到汉武帝时，儒家的地位和作用终于稳定下来，成为官方意识形态和传统社会的主流文化。在悠悠的历史长河中，儒家多次受到挑战，而儒家的后继者始终对孔子和儒家思想怀有信仰般的崇敬，能够审时度势，因时因地根据变化的社会风俗和人情世故，对儒家思想进行调整充实和发展完善，以适应新形势、新朝代的需要，从而保持了儒家的生机和活力。儒家官方地位的确立，首先得益于董仲舒的努力。董仲舒是汉武帝时的思想家和儒家代表人物，主要著作是《春秋繁露》。

　　董仲舒的思想适应了当时社会发展的需要，对于强化中央集权和维护国家统一发挥了积极作用。董仲舒思想的核心是天人感应，"天有阴阳，人亦有阴阳，天地之阴气起，而人之阴气应之而起。人之阴气起，而天之阴气亦宜应之而起。其道一也"（《春秋繁露·同类相动》）。现在看来，天人感应思想是荒谬的，而在科技和生产力水平低下的西汉，却是对天人关系的最好解释。董仲舒由天人感应推导出"三纲五常"学说，长久地影响了传统社会的运行和秩序。所谓"三纲"，是指"君臣、父子、夫妇之义，皆取诸阴阳之道。君为阳，臣为阴；父为阳，子为阴；夫为阳，妻为阴"（《春秋繁露·基义》）。董仲舒认为："王道之三纲，可求于天。""天不变，道亦不变。""五常"是指"夫仁、谊、礼、知、信五常之道，王者所当修饬也；五者修饬，故受天之祐，而享鬼神之灵，德施于方外，延及群生也"（《汉书·董仲舒传》）。

　　董仲舒思想的精华是大一统，他认为："《春秋》大一统者，天地之常经，古今之通谊也。"（《汉书·董仲舒传》）董仲舒提出"三统"说，认为夏商周三代更替，必须同时变更日历和服色，以利于统一天下，"王者必受命而后王，王者必改正朔，易服色，制礼乐，一统于天下，所以明易姓，非继仁，通以己受之于天也"（《春秋繁露·三代改制质文》）。董仲舒十分担心思想不统一，导致政局动荡，天下混乱，"今师异道，人异论，百家殊方，指意不同，是以上亡以持一统，法制数变，下不知所守"。董仲舒思想的贡献是帮助汉武帝确立了儒家的官方意识形态地位。汉承秦制，经过文景之治，到汉武帝时，以中央集权为标志的政治经济制度已经巩固，迫切需要解决的是思想统一问题。在举贤良第三次对策中，董仲舒明确提出了罢黜百家、独尊儒术的建议，"臣愚以为诸不在六艺之科孔子之术者，皆绝其道，勿使并进。邪辟之说灭息，然后统纪可一而法度可明，民知所从矣"（《汉书·董仲舒传》）。汉武帝采纳了董仲舒的建议，儒学终于被确立为传统社会的主导思想，有利于巩固中央集权的大一统局面，削弱和打击地方割据势力的分裂活动。任何社会政治上的统一，都需要相应的思想统一作为基础和保证。这是董仲舒协助汉武帝完成了中国传统社会上层建筑的建设工作，也是董仲舒对传统社会所做出的历史性贡献。

汉代之后，儒学维持着官方统治思想的地位，却遇到了主要来自道家和佛教的挑战。魏晋时期的思想学术主流是玄学，而玄学源于道家的"玄之又玄，众妙之门"（《老子·第一章》）。这说明魏晋时期至少在思想学术界，儒学的地位并不高于道家，最多是平起平坐。隋唐时期重视佛学，儒学的至尊地位受到更大的削弱，只能与佛道并行不悖。韩愈为了维护儒学的官方地位，重申儒家的道统观，强调"斯吾所谓道也，非向所谓老与佛之道也"（《原道》）。宋代儒家积极迎接佛道的挑战，以儒学为主体兼容佛道，重建儒学，冯友兰称之为"更新的儒学"[①]。他们把佛道的

---

① 冯友兰著：《中国哲学简史》，新世界出版社 2004 年版，第 241 页。

形而上思维与儒家的伦理思想和政治理论结合起来，建构了形而上本体与内在心性相贯通的儒家文化形态，也称程朱理学，恢复并巩固了儒家的正统地位，雄踞传统社会思想学术界约700年时间。理学以周敦颐的"太极图说"，张载的"气为本体说"和程颢、程颐的"天理说"为代表，最后由南宋理学家朱熹集大成，完成了儒学新文化形态的建设。

朱熹以思孟学派为主，兼容并蓄佛道的本体论和认识论思想，建立了庞大的理学思想体系。朱熹对儒学发展最重要的贡献是花费毕生精力完成了《四书章句集注》。理和天理是朱熹的最高思想范畴。在朱熹看来，理是天下万事万物的本原，也是万事万物的运行规则，"未有天地之先，毕竟也只是理。有此理，便有此天地；若无此理，便亦无天地，无人无物，都无该载了。有理，便有气流行，发育万物"。理与万事万物的关系既是定性关系，"性是天生成许多道理"，又是理的分殊关系，"圣人未尝言理一，多只言分殊。盖能于分殊中事事物物、头头项项，理会得其当然，然后方知理本一贯"。理不仅包括物质的特性，而且包括人的德性，"气则为金木水火，理则为仁义礼智"，"盖性中所有道理，只是仁义礼智，便是实理。吾儒以性为实，释氏以性为空"（《朱子语类》）。

在朱熹看来，天理与人欲存在着尖锐的矛盾，天理多则人欲少，人欲多则天理少。"孔子所谓'克己复礼'，《中庸》所谓'致中和''尊德性''道问学'，《大学》所谓'明明德'，《书》曰'人心惟危，道心惟微，惟精惟一，允执厥中'，圣贤千言万语，只是教人明天理，灭人欲。"（《朱子语类》）朱熹要求明天理、灭人欲，并不否定正常的人欲，而是否定贪婪的人欲。朱熹认为，格物致知是修身养性的前提和基础，"所谓致知在格物者，言欲致吾之知，在即物而穷其理也。盖人心之灵莫不有知，而天下之物莫不有理，惟于理有未穷，故其知有不尽也"（《补大学格物致知传》)。格物致知不是目的，身体力行才是最重要的，"致知力行，论其先后，固当以致知为先，然论其轻重，则当以力行为重"（〔清〕李绂《朱子晚年全论》卷三《答程正思》）。

在宋儒思想学术中，除了程朱理学，还有张载的气学，认为气是唯一充塞宇宙的物质实体，"理在气中"（《正蒙》）。更有陆九渊的心学，他不同意程朱"性即理"的观念，鲜明提出"宇宙便是吾心，吾心即是宇宙"（《杂著》），进而孕育了明朝心学大师王阳明。王阳明直接继承了陆九渊的心学，引入佛教禅宗对心性的论证与直觉的修养方法，解决了朱熹思想中心与理、知和行在逻辑上的矛盾，完成了由客观唯心主义向主观唯心主义的转变。王阳明心学可概括为四句话："无善无恶心之体，有善有恶意之动，知善知恶是良知，为善去恶是格物。"王阳明认为："圣人之学，心学也。"（《象山文集序》）心学就是儒家六经，"故六经者，吾心之记籍也，而六经之实则具于吾心"（《稽山书院尊经阁记》）。王阳明不同意朱熹把心与理分开的做法，主张"心即理也，此心无私欲之蔽，即是天理，不须外面添一分"；强调心外无理，心外无物，"身之主宰便是心，心之所发便是意，意之本体便是知，意之所在便是物。……所以某说无心外之理，无心外之物"。王阳明不同意朱熹的格物穷理，而坚持求理于吾心，"所谓致知格物者，致吾心之良知于事事物物也。吾心之良知，即所谓天理也。致吾心良知之天理于事事物物，则事事物物皆得其理矣"。王阳明不同意朱熹的知先行后思想，而强调知行合一，"某尝说知是行的主意，行是知的功夫。知是行之始，行是知之成。若会得时，只说一个知，已自有行在；只说一个行，已自有知在"（《传习录》）。作为心学的集大成者，王阳明既维护了传统社会的伦理纲常，又适应了明朝中晚期个体意识增强的需要，在士大夫阶层引起强烈反响，其心学思想还传至日本、朝鲜半岛及东南亚，成为传统社会最后一位大儒。

二、孔子贵仁

孔子是中华民族的圣人，《论语》是中华文明的圣经。孔子和《论语》对于中华民族的塑造和中华文明的发展，厥功至伟，怎么赞誉都不为过。孔子不承认自己是圣人，"若圣与仁，则吾岂敢！抑为之不厌，诲人不倦，则可谓云尔已矣"（《论语·述而》）。然而，孔子与圣人名号有着不解之缘，中国历史上公认的圣人，大概只有孔子。孔子生前，弟子就称颂他是天生的圣人，"太宰问于子贡曰：'夫子圣者与？何其多能也？'子贡曰：'固天纵之将圣，又多能也。'"（《论语·子罕》）意思是，太宰问子贡：你们的老师是圣人吗？为什么这样多才多艺呢？子贡回答：这本是上天让他成为圣人，又使他多才多艺的。孟子则认为，孔子是圣人的集大成者，"伯夷，圣之清者也；伊尹，圣之任者也；柳下惠，圣之和者也；孔子，圣之时者也。孔子之谓集大成。集大成也者，金声而玉振之也"（《孟子·万章下》）。两千多年的封建社会，先后17次为孔子封圣，最早是东汉，封为"褒成宣尼公"；唐朝五次封号，认为孔子是"先圣"；宋朝先后封孔子为"玄圣文宣王"和"至圣文宣王"；明朝封为"至圣先师"；清朝封为"大成至圣文宣先师"。

圣的繁体字为"聖"，《说文解字》释"圣，通也，从耳呈声"。意思是，圣即通晓事理，耳朵听明白了，口头能够表达出来。现代汉语词典解释，圣人是"旧时品德最高尚、智慧最高超的人物"。孔子被称为圣人，不仅在于他立德，树立了高大伟岸、圣洁光辉的君子形象，"子曰：'君子道三，我无能焉：仁者不忧，知者不惑，勇者不惧。'子贡曰：'夫子自道也。'"（《论语·宪问》）更在于孔子立言，创立了儒家学派，千秋万代地影响着中国社会的发展，甚至在人类文明的大道上也留下了深深的印迹。思想创造了人，所以帕斯卡尔指出："我们全部的尊严就在于思想。正是由于它而不是由于我们所无法填充的空间和时间，我们才必须提高自己。因此，我们要努力好好地思想，这就是道德的原则。"①吊诡的是，孔子之为圣人，与立功无关。孔子一生想做官而未能做，也就没有建立事功；孔子没有建立政治功业，却建立了思想功业，因而被称为"素王"。所谓素王，意指孔子虽然没有王位，但只要人类历史文化存在，其王位的优势就永远存在。这说明在人类文明和个体生命的发展史中，立言比立功更有意义和长久生命力。我们在任何时候都要敬重孔子，在任何情况下都要对儒家思想怀有温情和敬意。

《吕氏春秋·不二》认为"孔子贵仁"，道出了孔子思想的精髓。孔子以仁为核心，以义与礼为两翼，仁义礼相辅相成，形成稳定的逻辑结构，以建筑儒家思想大厦，博大而精深，完备而通透，而孔子思想的基础是血缘亲情。孔子从血缘亲情出发，认为每个人都有亲亲之情，既能感受到亲人之爱，又能去爱自己的亲人，这就是父慈子孝、兄友弟恭。孔子鼓励和倡导孝道，要求尽孝以敬，"子游问孝。子曰：'今之孝者，是谓能养。至于犬马，皆能有养；不敬，何以别乎？'"孔子要求尽孝不怨，"子夏问孝。子曰：'色难。有事，弟子服其劳；有酒食，先生馔，曾是以为孝乎？'"（《论语·为政》）意思是，子夏问什么是孝道。孔子回答，孝道难就难在父母面前总能保持和颜悦色。碰到事情，由子女效劳；遇到好吃好喝的，让年长的人享用。仅仅做到这些，难道可以认为是孝道了？孔子实质是要告诉人们，子女在孝敬和赡养父母上，无论父母年龄多大，也无论父母是否年老体衰、性情多变，都要始终保持和颜悦色，没有怨言和牢骚。

孔子要求尽孝无违，"孟懿子问孝。子曰：'无违。'"（《论语·为政》）无违是正确规劝父母的过失，"事父母几谏，见志不

---

① 〔法〕帕斯卡尔著：《思想录》（上），吉林大学出版社 2005 年版，第 173 页。

从，又敬不违，劳而不怨"（《论语·里仁》）。无违是言行一致，表里如一，"父在，观其志；父没，观其行；三年无改于父之道，可谓孝矣"（《论语·学而》）。无违是遵守孝敬父母的礼节，樊迟问什么是"无违"，孔子回答："生，事之以礼；死，葬之以礼，祭之以礼。"（《论语·为政》）对于祭礼，孔子更为重视。当弟子宰我认为可以废弃服丧三年的祭礼时，孔子很不高兴，骂宰我真是不仁啊，"予之不仁也！子生三年，然后免于父母之怀。夫三年之丧，天下之通丧也。予也有三年之爱于其父母乎！"（《论语·阳货》）孔子不仅把孝道看作是儒学的基础，而且把孝道看作是做人和治国的根本，"其为人也孝弟，而好犯上者，鲜矣；不好犯上，而好作乱者，未之有也。君子务本，本立而道生。孝弟也者，其为仁之本与"（《论语·学而》）。父母是最亲近的人。一个人如果不能对生他养他的父母坚守孝敬之心，常怀感恩之情，那么，他怎么可能做到对国家的忠诚、对社会的责任以及对他人的友爱呢？

仁是孔子思想的最高范畴。孔子是以仁为逻辑前提，推演张扬其伦理原则、政治观念和人格理想。从字形和字义分析，仁所表述的内容是在两个人之间发生的或引申为一种人际关系之中发生的情况，如果只有一个人，便不可能发生仁。东汉郑玄将仁字解释为"'人也'，读如'相人偶'之人，以人意相存问之言"（《礼记注》）。现代学者认为，相人偶是一种远古时期的礼仪，即"两个人见面，首先观顾对方，然后互相作揖，表示敬意和问候"[1]。这说明仁是指两个人及更多人之间的互相关系，而且是积极正面的关系，正如相人偶提到的双方之间都要心怀敬意，弯腰作揖，互致问候。如果其中一人不存敬意，那相人偶的礼仪就不可能实现，也就谈不上产生仁的意识和行为了。孔子结合春秋

---

[1]　刘文英：《"仁"之观念的历史探源》，载《天府新论》1990年第6期。

社会的现实，集中前人智慧，吸收历史营养，提炼升华了仁的范畴。孔子对中华文明最大的贡献是仁，中国传统文化深深地烙上了仁的印记。

在孔子看来，仁是血缘亲情的自然流露，血缘亲情必然要汇入仁的大河，"弟子，入则孝，出则悌，谨而信，泛爱众，而亲仁。行有余力，则以学文"（《论语·学而》）。孔子认为，仁的本质是爱人，"樊迟问仁。子曰：'爱人。'"（《论语·颜渊》）爱人意指人与人之间互亲互爱，它贯穿于孔子思想的各个领域和全部内容。爱人既是人文精神，也是人道主义，充分体现了孔子思想的宗旨。孔子指出，爱人既有正面的要求，又有负面的限制。正面要求是"己欲立而立人，己欲达而达人"（《论语·雍也》）；负面限制是"己所不欲，勿施于人"（《论语·颜渊》）。正面要求和负面限制，概括了孔子对理想社会秩序和人格境界的憧憬，表明人生在世，除了关注自身的存在，还要关心他人的存在，应当平等地对待他人、尊重他人、帮助他人。这既是加强自我道德修养的核心，又是为人处世的重要准则，更是人生的崇高追求。任何人，如果能够做到爱人助人，克己律己，就达到了仁的境界。

仁与义是孔子思想的人格要素。孔子倡导的理想人格是君子，而仁与义有机组成了君子人格。在孔子看来，仁是君子的基本品格，又是智慧、勇敢、自律等多种优秀品质的集合体。"子路问成人。子曰：'若臧武仲之知，公绰之不欲，卞庄子之勇，冉求之艺，文之以礼乐，亦可以为成人矣。'"（《论语·宪问》）只有具备各方面优秀品质的人，才会去爱人和帮助人，"子张问仁于孔子。孔子曰：'能行五者于天下，为仁矣。'请问之。曰：'恭、宽、信、敏、惠。恭则不侮，宽则得众，信则人任焉，敏则有功，惠则足以使人。'"（《论语·阳货》）。孔子要求君子在任何时候、任何情况下都要与仁相伴始终，"君子无终食之间违仁，造次必于是，颠沛必于是"（《论语·里仁》）。意思是，君子哪怕一顿饭的时间也不能离开仁，即使在匆忙之时也必定和仁同在，即使在颠沛流离之时也必定同仁相处。

在孔子看来，义也是君子的基本品格，具有统领其他优秀品质的作用。"君子义以为质，礼以行之，孙以出之，信以成之。君子哉！"（《论语·卫灵公》）北宋二程（程颢、程颐）认为："义以为质，如质干然。礼行此，孙出此，信成此。此四句只是一事，以义为本。"（《四书章句集注》引"程子曰"）孔子还把义看作是君子最重要的行为准则，应当与君子相伴终生，"君子之于天下也，无适也，无莫也，义之与比"（《论语·里仁》）。意思是，君子对于天下的人和事，没有固定的成见，只问符合不符合仁义。符合仁义的，就认同、就去做，否则就不认同、不去做。孔子认为，仁与义共同作用着君子的言行，具体表现为：思想上的指导作用，"士不可以不弘毅，任重而道远。仁以为己任，不亦重乎？死而后已，不亦远乎？"（《论语·泰伯》）行为上的规范作用，"君子义以为上。君子有勇而无义为乱，小人有勇而无义为盗"（《论语·阳货》）。利益上的约束作用，"仁者先难而后获，可谓仁矣"（《论语·雍也》）；"见利思义，见危授命，久要不忘平生之言，亦可以为成人矣"（《论语·宪问》）。

仁与礼是孔子思想的社会秩序。孔子向往西周的社会治理，而仁与礼尤其是礼，构建了西周社会治理的核心价值。春秋末世，礼崩乐坏，天下无道，君臣无礼，孔子忧心忡忡，"天下有道，则礼乐征伐自天子出；天下无道，则礼乐征伐自诸侯出"（《论语·季氏》）。孔子立志要阻止春秋乱世，恢复周礼秩序，"周监于二代，郁郁乎文哉！吾从周"（《论语·八佾》）。然而，孔子所谓的周礼，已不是本来意义上的周礼，而是在仁的光辉照耀下的周礼，"颜渊问仁。子曰：'克己复礼为仁。一日克己复礼，天下归仁焉。为仁由己，而由人乎哉？'"（《论语·颜渊》）

在孔子看来，仁涉及人的生命本质和人格尊严，礼是指礼仪、习惯和规章规矩，属于政治制度、伦理规范和社会秩序。仁与礼是统一的，仁是内容，礼是形式，没有仁的内容，礼的形式就失去了意义，"人而不仁，如礼何？人而不仁，如乐何？"（《论语·八佾》）西周时期，礼是通过一系列名来表现的，天子、诸侯、大夫、士、庶民代表着社会人群中的不同等级；公、侯、伯、子、男代表着不同的爵位。春秋末世是名实不副，名与实脱节，导致社会动乱不已。孔子认为，礼的精神是名实相副，而前提是正名，就是要使名与实相一致。孔子将正名看作是为官从政的首要之事，"子路曰：'卫君待子而为政，子将奚先？'子曰：'必也正名乎！'"子路不理解，孔子解释道，正名是政治统治和社会管理的先决条件。没有正名，就难以进行政治统治和社会管理，也就无法建立和谐安宁的社会秩序，"名不正则言不顺，言不顺则事不成，事不成则礼乐不兴，礼乐不兴则刑罚不中，刑罚不中则民无所措手足。故君子名之必可言也，言之必可行也。君子于其言，无所苟而已矣"（《论语·子路》）。孔子指出，礼是要维护正常的社会秩序，"齐景公问政于孔子。孔子对曰：'君君、臣臣、父父、子子。'公曰：'善哉！信如君不君、臣不臣、父不父、子不子，虽有粟，吾得而食诸？'"（《论语·颜渊》）孔子把礼看成是德治的主要内容，"道之以政，齐之以刑，民免而无耻。道之以德，齐之以礼，有耻且格"（《论语·为政》）。

三、孟子承继

孔子是圣人，孟子是亚圣。孟子的亚圣地位当之无愧，不仅在于他忠实继承了孔子思想，更在于他创造性地发展了孔子思想。北宋二程评价："孟子有功于圣门不可言。如仲尼只说一个'仁'字，孟子开口便说'仁义'。仲尼只说一个'志'，孟子便说许多'养气'出来。只此二字，其功甚多。"（《程氏遗书》）孟子的最大贡献是继承和发展了仁的思想。在孔子仁的思想中，除仁的概念之外，还包括孝、悌、恭、敬、忠、信、义、刚、毅、勇、宽、惠、敏等。这些概念在《孟子》一书中也可以见到，说明孟子是实实在在地继承了孔子的思想，而孟子对这些概念的使用情况，却与孔子有着明显差异。据杨伯峻统计，《论语》中使用次数较多的概念有7个，即仁（109次）、信（38次）、义（24次）、敬（21次）、孝（19次）、忠（18次）、勇（16次）；《孟子》中使用次数较多的概念为4个，即仁（157次）、义（98次）、敬（39次）、孝（28次），其中仁、义概念的使用次数远远高于其他几个使用较多的概念。这从一个侧面表明孟子不是简单地继承了仁的思想，而是创造性地发展了仁的思想。在《论语》一书中，仁字一般是单独使用的，而《孟子》中则较多地出现了以"仁"字领头的复合概念，这就是仁义、仁政、仁人、仁术、仁心、仁言、仁闻、仁声。"仁义"与"仁政"可以看作是孟子思想的关键词和核心概念，具体诠释了孟子在基本范畴和政治领域发展了孔子的思想。

孟子承继了仁的基本含义，"仁也者，人也。合而言之，道也"（《孟子·尽心下》）。战国时期，诸侯兼并，战争频发，百家争鸣，杨、墨学说充满天下，孔子学说不彰，仁义被阻塞。孟子挺身而出，坚决捍卫孔子的仁学，进一步把仁的思想发展为仁义并举的学说。在孔子那里，义从属于仁，孟子则把义提升到与仁并列的地位。如果说孔子思想的核心是仁，那么，孟子思想的核心则是仁义。孟子认为，仁是人的内心修养，义是实践仁的途径，仁的修养只有通过义的途径，才能外化为人的日常言行。"仁，人心也；义，人路也。舍其路而弗由，放其心而不知求，哀哉！"（《孟子·告子上》）仁为人心，表明就人的本性而言，仁是人的心中所固有的，意指人性善的形而上依据；义为人路，说明仁的贯彻落实需要有正确的方法，意指人性善的形而下路径，从而促进孔子之仁由抽象的理念变成具体的实践。

孟子还从性善论的角度诠释仁与义的重要意义，"人皆有所不忍，达之于其所忍，仁也；人皆有所不为，达之于其所为，义也。人能充无欲害人之心，而仁不可胜用也；人能充无穿逾之心，而义不可胜用也；人能充无受尔汝之实，无所往而不为义也"（《孟子·尽心下》）。意思是，人人都有不忍心做的事，把这种心推及到他忍心做的事上，就是仁。人人都有不愿做的事，推及到他想做的事上，就是义。人如果能够把不想害人的心扩展开来，那么仁就会用之不竭了；人如果能够把不挖洞、跳墙的心扩展开来，那么义就会用之不竭了；人如果能够把不受人轻蔑的心扩展开来，就能无论到哪里，行为都符合义。更重要的是，孟子与孔子一起把仁和义升华到信仰的高度，指出仁和义比生命还宝贵，为了仁义，可以献出生命。孔子是"志士仁人，无求生以害仁，有杀身以成仁"（《论语·卫灵公》）；孟子是"生亦我所欲也，义亦我所欲也；二者不可得兼，舍生而取义者也"（《孟子·告子上》）。孔孟合璧，气若长虹；仁义并举，昭彰千秋。

孟子对孔子之仁的贡献是提供了哲学基础，这就是性善论。孔子曾经讲过人性的问题，"性相近也，习相远也"（《论语·阳货》）；"人之生也直，罔之生也幸而免"（《论语·雍也》）。意思是，一个人的生存是由于正直，而不正直的人也能生存，那是他侥幸避免了灾祸。然而，人性是善还是恶，却语焉不详，有些论述流露出性善的倾向，"苟志于仁矣，无恶也"（《论语·里仁》）。孔子没有对人性是善是恶作出明确回答，却反复强调仁是通过主观努力可以达到的，"我欲仁，斯仁至矣"（《论语·述而》）。孟子接受了仁的思想，发展为性善理念，认为人人都有良知良能，必然会实践仁的要求，进而提出了人性本善的理论。孟子的性善论，既为仁提供了形上依据，又把仁纳入其中，指出人性善就是仁义礼智和恻隐、羞恶、恭敬、是非"四心"，"乃若其情，则可以为善矣，乃所谓善也。若夫为不善，非才之罪也。恻隐之心，人皆有之；羞恶之心，人皆有之；恭敬之心，人皆有之；是非之心，人皆有之。恻隐之心，仁也；羞恶之心，义也；恭敬之心，礼也；是非之心，智也。仁义礼智，非由外铄我也，我固有之也，弗思耳矣"（《孟子·告子上》）。这段话主张性善是人本身自有的潜质，而不善是因为没有把握本有的善质所造成的；认为仁义礼智不仅是性善的主要内容，而且是性善的重要根据；强调仁义礼智根植于心，为心所固有，不需要借助任何外力或条件。孟子指出，没有"四心"，就不是人，"由是观之，无恻隐之心，非人也；无羞恶之心，非人也；无辞让之心，非人也；无是非之心，非人也"（《孟子·公孙丑上》）。而"四心"的核心是仁义，人与非人的本质差别在于仁义，"人之所以异于禽兽者几希，庶民去之，君子存之。舜明于庶物，察于人伦，由仁义行，非行仁义也"（《孟子·离娄下》）。

孟子继承发展了孔子之志。孔子之志的指向是仁，"士不可以不弘毅，任重而道远。仁以为己任，不亦重乎？死而后已，不亦远乎？"（《论语·泰伯》）孟子之志既指向仁又指向义，是仁义并举，日月同辉。《孟子·尽心上》记载：齐王子垫问，读书人应该做些什么？"孟子曰：'尚志。'曰：'何谓尚志？'曰：'仁义而已矣。杀一无罪，非仁也；非其有而取之，非义也。居恶在？仁是也；路恶在？义是也。'"在孟子看来，尚志的内容是要践行仁义，把不忍心做的事推及到忍心做的事，把不愿意做的事推及到愿意做的事，仁义就会取之不尽，用之不竭，"居仁由义，大人之事备矣"（《孟子·尽心上》）。孟子认为，尚志的基础是要加强自身修养，培育大丈夫精神，为治平天下奠定坚实基础。所谓大丈夫精神，务必要坚守仁、义、礼的准则，"居天下之广居，立天下之正位，行天下之大道"；务必做到进退自如，无怨无悔，矢志不移，"得志与民由之，不得志独行其道"；务必在富贵、贫贱、威武面前不改其志，忠贞不渝，"富贵不能淫，贫贱不能移，威武不能屈，此之谓大丈夫"（《孟子·滕文公下》）。孟子指出，尚志的目的是治平天下，修身也是为了治平天下。道理很简单，一个人如果连人都做不好，怎么可能让他去治理国家，管理天下大事？清焦循认为，孟子治平天下的内容就是施行仁义，"孟子以为圣王之盛，惟有尧舜，尧舜之道，仁义为上"（《孟子正义·孟子篇叙》）。

孟子对孔子之志的贡献是把志与气联系起来，形成了完善的志气观。孟子之志气观，旨在培养提升人的道德和精神境界，含有持志养气、动心忍性、反求诸己的丰富内容和实践路径。孟子认为，志与气之间不是平行的关系，而是统帅与被统帅的关系，"夫志，气之帅也；气，体之充也"。这就是人的思想意志要引导规范感情意气的发挥，感情意气的发挥要有利于思想意志的践行和实现。孟子认为，在志与气的关系中，志是矛盾的主要方向，具有决定意义，气是矛盾的次要方向，居于从属地位，"夫志至焉，气次焉，故曰：'持其志，无暴其气。'"孟子认为，志与气虽然有主与次的区别，更多的时候它们却是互相作用，很难区分出主次，也就是不要忽视气对志的反作用，"志壹则动气，气壹则动志也。今夫蹶者趋者，是气也，而反动其心"（《孟子·公孙丑上》）。意思是，思想意志专一，就能调动感情意气跟随它，感情意气专一，也会影响思想意志，比如跌倒、奔跑，这是下意识的气有所动，也能反过来扰动心志。

孟子对孔子之志更大的贡献是讲出很多养气的道理。在孟子看来，养气要养平旦之气和夜气。平旦之气指的是清晨的空气，夜气指的是深夜的空气；清晨的空气新鲜、纯洁，深夜的空气宁静、平和。孟子认为，平旦之气和夜气不是自然空气，而是道德之气，仁义之心可以依靠平旦之气和夜气的作用得以生存和发展。平旦之气和夜气之于仁义之心的作用，相当于雨露之于草木的作用。雨露有利于草木的生长；仁义之心也是如此，清晨用平旦之气诱发而生长，深夜因夜气的诱发而生长，所以要养好平旦之气和夜气，否则就会丧失仁义之心，混同于禽兽，"其所以放其良心者，亦犹斧斤之于木也，旦旦而伐之，可以为美乎？其日夜之所息，平旦之气，其好恶与人相近也者几希，则其旦昼之所为，有梏亡之矣。梏之反覆，则其夜气不足以存；夜气不足以存，则其违禽兽不远矣"（《孟子·告子上》）。同时，养气要善养浩然之气。浩然之气是孟子志气观的精华，强大刚健，合乎义与道，必须坚持长期修炼来养成，"其为气也，至大至刚，以直养而无害，则塞于天地之间。其为气也，配义与道；无是，馁也。是集义所生者，非义袭而取之也。行有不慊于心，则馁矣"（《孟子·公孙丑上》）。朱熹解释："浩然，盛大流行之貌。气，即所谓体之充者。本自浩然，失养故馁，惟孟子为善养之以复其初也。"（《四书章句集注》）

四、荀子发挥

荀子自认为是儒门弟子，极力为儒者辩护，当秦昭王问儒者有什么用处时，荀子明确回答："儒者法先王，隆礼义，谨乎臣子而致贵其上者也。人主用之，则埶在本朝而宜。不用，则退编百姓而悫，必为顺下矣。虽穷困冻餧，必不以邪道为贪。无置锥之地，而明于持社稷之大义。"（《荀子·儒效》）在儒学发展史上，荀子对于继承孔子思想有很多贡献，"荀卿之学，出于孔氏，而尤有功于诸经"（汪中《荀卿子通论》）。

然而，北宋二程指出："荀卿才高学陋，以礼为伪，以性为恶，不见圣贤。虽曰尊子弓，然而时相去甚远，圣人之道至卿不传。"（《河南程氏外书》卷十）二程之所以否定荀子，是认为荀子在人性和礼治两个领域离经叛道，歪曲了孔子思想。在先秦诸子中，人性和礼治是两个关键词。人性涉及理论基础，不同的人性假设推导演化出不同的思想体系。"专气致柔，能如婴儿乎？"（《老子·第十章》）道家的素朴人性论，推导出道法自然和无为而治。"子墨子言见染丝者而叹曰：染于苍则苍，染于黄则黄，所入者变，其色亦变。"（《墨子·所染》）墨家的染丝人性论，推导出"兼相爱，交相利"。人"不免于欲利之心"（《韩非子·解老》）。法家的欲利人性论，则推导出严刑峻法，乃至苛政猛于虎。礼治则涉及政治统治方式，不同的礼治观会选择不同的统治方式。从伦理道德层面认识礼治，会选择德治管理方式；从政治统治层面认识礼治，则会选择法治管理方式。按照辩证思维，二程的否定评价恰恰从反面证明了荀子继承和发展了孔子思想，这就是在人性和礼治两个领域，荀子对于孔子思想进行了创新性发挥，做出了特殊的贡献。

荀子继承了孔子的人性思想，尤其是"习相远"的观点，强调学习的重要性，把学习看成是区分人与禽兽的标志，"故学数有终，若其义则不可须臾舍也。为之，人也；舍之，禽兽也"。在荀子看来，学习的本质是造就圣人，塑造良好的人格，"学恶乎始？恶乎终？曰：其数则始乎诵经，终乎读礼；其义则始乎为士，终乎为圣人"（《荀子·劝学》）。普通人能够成为圣人，就在于普通人好学，"今使涂之人伏术为学，专心一志，思索孰察，加日县久，积善而不息，则通于神明，参于天地矣。故圣人者，人之所积而致矣"（《荀子·性恶》）。荀子认为，学习的内容是儒家经典，"故《书》者，政事之纪也；《诗》者，中声之所止也；《礼》者，法之大分、类之纲纪也。故学至乎《礼》而止矣。夫是之谓道德之极。《礼》之敬文也，《乐》之中和也，《诗》《书》之博也，《春秋》之微也，在天地之间者毕矣"。意思是，《尚书》是关于古代政事的记载；《诗》中收集了许多中和之声的乐调；

《礼》是法律的总原则，各种条例的纲领，所以学习到《礼》就算达到终点了，这叫做道德的最高升华。《礼》所包含的仪礼细节，《乐》的中和之声，《诗》《书》内容的广博，《春秋》的微言大义。天地之间的学问都包含在这里了。荀子指出，学习的方法是借助外在的事物来扩展、延伸和提升自己，如同登高而招、顺风而呼，手臂和声音没有改变，却能达到见者远和闻者彰的效果；假舆马或舟楫，虽非利足、非能水，却可以致千里、绝江河，"吾尝终日而思矣，不如须臾之所学也；吾尝跂而望矣，不如登高之博见也。登高而招，臂非加长也，而见者远；顺风而呼，声非加疾也，而闻者彰。假舆马者，非利足也，而致千里；假舟楫者，非能水也，而绝江河。君子生非异也，善假于物也"（《荀子·劝学》）。

荀子超越了孔子的思想，得出了"人性恶"的结论。孔子最早提出了人性问题，却没有进行深入探讨。一般认为，孔子的人性思想比较含糊，没有明确人性是善还是恶。然而，孔子的人性观有着强烈的性善倾向，是不可否认的。仁是孔子思想的核心，仁的本质是爱人。仁者爱人从亲情开始，由亲而疏、由近而远，推己及人、扩而充之，进而实现"四海之内皆兄弟"。而且，仁者爱人是一个主体自我选择的过程，"为仁由己，而由人乎哉？"（《论语·颜渊》）仁者爱人是善，善在主体自身，这表明孔子之仁蕴涵着人性善的内容。而荀子明确否认了孔子人性论的性善倾向，作《性恶》一文，反复论证了"人之性恶，其善者伪也"的观点。

性恶论给荀子带来了千古骂名，"荀子极偏驳，只一句性恶，大本已失"（《程氏遗书》）。同时，性恶论让荀子在人性问题上独树一帜，成就了一家之言。荀子认为，人性之恶源自人有太多的欲望，包括贪图私利之心、嫉妒仇恨的心理和爱好声色犬马的本能，"今人之性，生而有好利焉，顺是，故争夺生而辞让亡焉；

生而有疾恶焉，顺是，故残贼生而忠信亡焉；生而有耳目之欲，有好声色焉，顺是，故淫乱生而礼义文理亡焉"。如果不对人的欲望加以约束和规范，社会就要大乱，天下就会不安定，"然则从人之性，顺人之情，必出于争夺，合于犯分乱理而归于暴"。荀子认为，改变人性之恶，约束和规范人的欲望，必须化性起伪，"故圣人化性而起伪，伪起而生礼义，礼义生而制法度"。所谓化性起伪，就是通过圣人和礼义法度的作用，引导规范人的自然本性，促进人向善行善的社会性，树立良好的人伦观念和道德品行。荀子以兄弟分家产为例，说明化性起伪的意义，"夫好利而欲得者，此人之情性也。假之有弟兄资财而分者，且顺情性，好利而欲得，若是，则兄弟相拂夺矣；且化礼义之文理，若是，则让乎国人矣。故顺情性则弟兄争矣，化礼义则让乎国人矣"。荀子认为，化性起伪的关键，一方面在于外部的约束和教化，"枸木必将待檃栝烝矫然后直者，以其性不直也。今人之性恶，必将待圣王之治，礼义之化，然后皆出于治，合于善也"（《荀子·性恶》）。另一方面在于学以致圣，依靠自身的努力和修身养性，"君子曰：学不可以已"，"故木受绳则直，金就砺则利，君子博学而日参省乎己，则知明而行无过矣"（《荀子·劝学》）。徐复观评价荀子的性恶论很有见地，"荀子认为性恶，只能靠人为的努力向外去求。从行为道德方面向外去求，只能靠经验的积累。把经验积累到某一程度时，即可把性恶的性加以变化。由小人进而为士君子，由士君子进而为圣人。当非一朝一夕之功，所以荀子特别注重学，而学之历程则称之为积；积是由少而多的逐渐积累。伪就是积，所以荀子常将积伪连为一辞"[①]。

荀子继承了孔子礼的思想。礼的繁体字为"禮"，《说文解字》释为"履也，所以事神致福也。从示，从豊，豊亦声"。"豊"从

---

① 徐复观著:《中国人性论史》(先秦篇)，台湾商务印书馆 1984 年版，第 249 页。

壴从珏会意，取意于祭祀的鼓乐和玉器。礼起源于祭祀活动，是原始初民用来禳灾祈福、慎终追远的仪式，本义是指祭祀的仪规，引申为祭典的专有名词。礼的实质是别异，就是区分人在社会关系中的不同角色、身份和地位，以及相应的礼仪规范。所以鲁哀公问什么是礼时，孔子回答："民之所由生，礼为大。非礼，无以节事天地之神也；非礼，无以辨君臣、上下、长幼之位也；非礼，无以别男女、父子、兄弟之亲，昏姻、疏数之交也。君子以此之为尊敬然，然后以其所能教百姓，不废其会节。"（《礼记·哀公问》）荀子认同礼是别异的思想，"礼者，贵贱有等，长幼有差，贫富轻重皆有称者也"；而且，他进一步指出："故天子袾裷衣冕，诸侯玄裷衣冕，大夫裨冕，士皮弁服。德必称位，位必称禄，禄必称用，由士以上则必以礼乐节之，众庶百姓则必以法数制之。"（《荀子·富国》）意思是，所以天子穿红色的龙袍，戴礼帽；诸侯穿黑色的龙袍，戴礼帽；大夫穿裨衣，戴礼帽；士人戴白鹿皮做的帽子，穿白色褶子裙。品德与地位一定要相称，职位与俸禄一定要相称，俸禄与服用一定要相称。从士人以上就必须用礼和乐来约束，对群众百姓就必须用法度去统治他们。

荀子改造了孔子的思想，首先表现在为礼提供了人性恶的理论基础。孔子没有正面谈论礼的起源问题，而荀子不仅探讨了礼的起源，而且明确指出礼源自人性恶，人的欲望是产生礼的主要原因，"礼起于何也？曰：人生而有欲，欲而不得，则不能无求；求而无度量分界，则不能不争；争则乱，乱则穷。先王恶其乱也，故制礼义以分之，以养人之欲，给人之求，使欲必不穷乎物，物必不屈于欲，两者相持而长，是礼之所起也"（《荀子·礼论》）。在礼与欲的关系上，荀子认为礼是善，欲是恶，必须以礼制欲。以礼制欲是全方位的，从情感认知、衣食住行到言行举止，无不渗透着礼的约束作用，"凡用血气、志意、知虑，由礼则治通，不由礼则勃乱提僈；食饮、衣服、居处、动静，由礼则和节，不由礼则触陷生疾；容貌、态度、进退、趋行，由礼则雅，不由礼则夷固僻违，庸众而野。故人无礼则不生，事无礼则不成，国家无礼则不宁"（《荀子·修身》）。

同时，表现在援法入礼。在荀子看来，政治统治和国家管理的关键在于礼仪和法制，"治之经，礼与刑，君子以修百姓宁"（《荀子·成相》）。援法入礼，把礼从社会伦理道德层面提升到国家统治管理层面，减弱了道德性和自觉性，增强了政治性和强制性，这是对孔子之礼的重大改造。荀子之法重在刑罚，"刑称罪，则治；不称罪，则乱。故治则刑重，乱则刑轻"（《荀子·正论》）。重刑不仅架设了由儒家德治通往法家法治的桥梁，而且培养了韩非和李斯这两位法家代表人物。荀子认为，礼与法既是治国之道，"隆礼至法则国有常，尚贤使能则民知方，纂论公察则民不疑，赏勉罚偷则民不怠"（《荀子·君道》）；又是为君之道，"君人者，隆礼尊贤而王，重法爱民而霸，好利多诈而危"（《荀子·大略》）。荀子指出，礼与法在治国安邦的过程中有着不同的功能和作用对象，两者必须区分清楚，"听政之大分：以善至者待之以礼，以不善至者待之以刑。两者分别，则贤不肖不杂，是非不乱。贤不肖不杂，则英杰至；是非不乱，则国家治"（《荀子·王制》）。荀子强调，治理国家最重要的因素是人，而不是法；人是本原，法是末端，"法者，治之端也；君子者，法之原也。故有君子，则法虽省，足以遍矣。无君子，则法虽具，失先后之施，不能应事之变，足以乱矣"（《荀子·君道》）。意思是，法制是政治的开头，君子是法制的本原。所以有了君子，法律即使简略，也能够用在一切方面了。如果没有君子，法律即使完备，也会失去先后的实施次序，不能应付事情的各种变化，会造成社会的混乱。

五、孟子与荀子

孔子思想博大精深，弟子后学众多，必然会产生歧见和分化，而对于后世儒学有重大影响的，则是孟子与荀子，两人都对孔子无比尊崇，力促儒家在社会思想中居于主导地位，为发展儒家思想贡献毕生精力。孟子承上启下，以孔子传人自居，对各种非儒学说进行批判，大力发展和弘扬儒家思想；荀子则在战国帷幕落下之际，积极传授儒家经典，在综合融通百家中，丰富和完善儒家思想。

孟子与荀子同属儒家，这是毫无疑问的。在儒门之内，孟子与荀子的思想存在着重大差异，也是不容忽视的，我们不能因为肯定荀子为儒家而否定孟子与荀子思想的差异。牟宗三从中西方哲学文化比较入手，阐述了孟子与荀子思想之差异。他认为，中国文化是一个"仁的文化系统"，西方文化是一个"智的系统"，孟子与荀子思想从根本上说都属于仁的文化系统。相对而言，荀子接近于西方智的系统，孟子则是正宗地道的仁的文化系统，且与孔子共同奠基和建构了这一文化系统。同时，牟宗三又从"内圣外王"的角度比较了孟子与荀子的思想，认为孟子与荀子分别是孔子的两翼，各自建立了一套"内圣外王"之学，孟子重在内圣一面，以内圣之学称圣；荀子重在外王一面，以外王之学见长。[1]

在内圣方面，孟子与荀子思想最大的差异是人性论，他们都从心理层面对人性进行观察，却得出了截然相反的结论，孟子道性善，荀子言性恶。孟子是先验论者，重视逻辑命题的形上根据，他把人的社会属性和与生俱来的自然属性混同起来，认为人性是善的，"人性之善也，犹水之就下也。人无有不善，水无有不下"（《孟子·告子上》）。孟子还举例说明人皆有不忍人之心和

---

① 参见王兴国：《孔子之两翼》，载《哲学研究》2018 年第 1 期。

恻隐之心，进而证明人性是善的，"今人乍见孺子将入于井，皆有怵惕恻隐之心，非所以内交于孺子之父母也，非所以要誉于乡党朋友也，非恶其声而然也"（《孟子·公孙丑上》）。荀子是经验论者，注重经验分析，而不是先验综合，他把人性在初始的、自然的、生理的一些表现归纳提升为人性的全部内容，认为人性是恶的，"人之性恶，其善者伪也"。荀子进一步指出："凡人之欲为善者，为性恶也。夫薄愿厚，恶愿美，狭愿广，贫愿富，贱愿贵，苟无之中者，必求于外。故富而不愿财，贵而不愿埶，苟有之中者，必不及于外。用此观之，人之欲为善者，为性恶也。"（《荀子·性恶》）荀子区分了君子与小人，却认为他们的本性是相同的，"凡人有所一同：饥而欲食，寒而欲暖，劳而欲息，好利而恶害，是人之所生而有也，是无待而然者也，是禹桀之所同也"（《荀子·荣辱》）。

孟子与荀子对于人性本质的不同认识，形成了不同的修养路径。孟子强调存心养性，寄希望于个人的修养和努力，把人的善性显现出来，扩充开来，"存其心，养其性，所以事天也"（《孟子·尽心上》）；"君子所以异于人者，以其存心也。君子以仁存心，以礼存心"（《孟子·离娄下》）。在孟子看来，保持和发扬人的善性，关键在于个体自身，从天子、诸侯、卿大夫到士、庶人，都要以自己的行动守善性、行仁义，知廉耻、明是非，"君子所性，仁义礼智根于心，其生色也睟然，见于面，盎于背，施于四体，四体不言而喻"（《孟子·尽心上》）。孟子认为，修身养性的具体方法是反求诸己、内省不疚，"爱人不亲，反其仁；治人不治，反其智；礼人不答，反其敬。行有不得者皆反求诸己，其身正而天下归之"（《孟子·离娄上》）。荀子主张化性起伪，改造人性恶的本质，"性也者，吾所不能为也。然而可化也"（《荀子·儒效》）。在荀子看来，化性起伪必须依靠政治手段和教化措施，"今人之性恶，必将待师法然后正，得礼义然后治。今人无师法，则偏险而不正；无礼义，则悖乱而不治"。荀子认为，化性起伪的主要途径是依靠明君圣王，"古者圣人以人之性恶，以为偏险而不正，悖乱而不治，故为之立君上之埶以临之，明礼义以化之，起法正以治之，重刑罚以禁之，使天下皆出于治，合于善也"（《荀子·性恶》）。

在外王方面，孟子与荀子思想的差异不在于对待王道的态度，而在于对待霸道的态度，孟子崇尚王道，荀子主张王道、霸道并用。孟子理想主义色彩浓厚，主张实行王道，赞扬王道中的仁义思想，推崇王道令人心悦诚服的效果，"以力假仁者霸，霸必有大国；以德行仁者王，王不待大。汤以七十里，文王以百里。以力服人者，非心服也，力不赡也；以德服人者，中心悦而诚服也，如七十子之服孔子也"（《孟子·公孙丑上》）。孟子认为，统治者只需顺应人之本性，充分发挥人之善性，就可以实现王道乐土，百姓怡然自得，生活快乐而无怨言，"王者之民，皞皞如也。杀之而不怨，利之而不庸，民日迁善而不知为之者"（《孟子·尽心上》）。意思是，圣王的功德浩荡，百姓悦然自得。他们即使被杀，也不会怨恨谁；得到恩惠，也不会酬谢谁。百姓一天天向善，却不知是谁使他们这样。

荀子正视战国时期的混乱局面，提出了王道、霸道和权谋三种治国方式，告诫君王要谨慎选择，"故用国者，义立而王，信立而霸，权谋立而亡，三者明主之所谨择也，仁人之所务白也"。在王道、霸道和权谋三种治国方式中，荀子推崇王道，坚守仁义，认为施行王道，国家才会安定，天下才能平定，"挈国以呼礼义，而无以害之，行一不义，杀一无罪，而得天下，仁者不为也。拵然扶持心国，且若是其固也。之所与为之者，之人则举义士也；之所以为布陈于国家刑法者，则举义法也；主之所极然帅群臣而首乡之者，则举义志也。如是，则下仰上以义矣，是綦定也；綦定而国定，国定而天下定"。在肯定王道的同时，荀子没有否定霸道，而是将霸道看作君王可以作出的一种战略选择。霸道政治不需要统治者具有完美的道德，只需要在统治过程中确立公信力，对内制定的政策法度必须做到言而有信，不失信于民；对外签署的盟约，无论结果如何，都要遵约守信，不失信于盟国，"如是，则兵劲城固，敌国畏之；国一綦明，与国信之；虽在僻陋之国，威动天下，五伯是也"。意思是，如果实行霸道，就能兵力强大、城池稳固，敌对的国家就会害怕；全国上下一致，不失信用，盟国就会信赖，即使地处偏远，它的威名也能震动天下。春秋五霸就是这样。荀子坚决反对权谋治国，认为权谋治国是只讲利益，不张信义，不讲信用，必然导致国将不国和君王身败名裂，"身死国亡，为天下大戮，后世言恶"（《荀子·王霸》）。

孟子与荀子既有差异，更有同一。似乎可以说，在儒门之内，孟子与荀子的差异是主要矛盾；在儒门之外，两人的同一是矛盾的主要方面。孟子与荀子皆源于孔子，两人都主张弘扬光大儒家思想，怎么可能会差异大于同一呢？

尊崇孔子，是孟荀最大的同一。孟子与荀子都赞美钦佩孔子，《孟子》一书中孔子出现了81次，引用孔子言论28则，认为孔子是有人类以来最伟大的人物，"出于其类，拔乎其萃，自生民以来，未有盛于孔子也"（《孟子·公孙丑上》）。《荀子》引用孔子言论33则，赞颂孔子是圣人、大儒和仁智者，"总方略，齐言行，壹统类，而群天下之英杰，而告之以大古，教之以至顺，奥窔之间，簟席之上，敛然圣王之文章具焉，佛然平世之俗起焉"（《荀子·非十二子》）。意思是，孔子总括治国的方针策略，端正自己的言论行动，统一治国的纲纪法度，从而汇聚天下的英雄豪杰，把根本的原则告诉他们，用正确的道理教导他们。在室堂之内、竹席之上，那圣明帝王的礼仪制度具备于此，那太平时代的风俗勃兴于此。

　　孟子与荀子都批判各种非儒家学说，以维护儒家思想和树立孔子地位。战国中后期，百家争鸣更加激烈，大有否定和毁灭儒家之势，孟子挺身而出，对当时各种不利于儒家思想的学说和言行进行了批判。清陈澧在《东塾读书记》中说："孟子距杨、墨，杨朱，老子弟子，距杨朱，即距道家矣。'善战者服上刑，连诸侯者次之，辟草莱任土地者次之'，则兵家、纵横家、农家皆距之矣。'省刑罚'，可以距法家。'生之谓性也，犹白之谓白与'，可以距名家。'天时不如地利'，可以距阴阳家。'夫道一而已矣'，可以距杂家。'齐东野人之语，非君子之言'，可以距小说家。"荀子也不甘落后，对庄子、杨朱、墨翟、宋研和田骈、慎到、申不害、惠施、邓析等各家学术思想都进行了批判，"墨子蔽于用而不知文。宋子蔽于欲而不知得。慎子蔽于法而不知贤。申子蔽于埶而不知知。惠子蔽于辞而不知实。庄子蔽于天而不知人"。荀子认为，这些人的思想都有失偏颇，不够全面，"故由用谓之道，尽利矣。……由埶谓之道，尽便矣。由辞谓之道，尽论矣。由天谓之道，尽因矣。此数具者，皆道之一隅也。夫道者，体常而尽变，一隅不足以举之"（《荀子·解蔽》）。意思是，所以从实用的角度来谈道，就全谈功利了；从欲望的角度来谈道，就全谈满足了；从法治的角度来谈道，就全谈法律条文了；从权势的角度来谈道，就全谈权势的便利了；从名辩的角度来谈道，就全谈不切实际的理论了；从自然的角度来谈道，就全谈因循依顺了。这几种说法，都是道的一个方面。道的本体经久不变而又能穷尽所有的变化，一个角度是不能够来概括它的。

　　更重要的是，孟子与荀子都以自己的贡献继承了孔子思想，发展了儒家学说。学界一般认为，在先秦儒家思想演变的过程中，如果没有孟子与荀子的努力，儒家就有可能像墨家那样渐渐消失于战国末年；在儒家思想发展史上，如果没有孟子与荀子的努力，儒家就不可能在传统社会中取得那么崇高的地位。孟子与荀子都在继承孔子仁的思想上发展了儒家学说。孟子把仁的思想发展为仁与义并举的学说，认为仁是人的本性，义是人对自己的约束与控制，仁只有通过义，才能由道德理念变成人生实践，"亲亲，仁也。敬长，义也"（《孟子·尽心上》）。荀子则把仁的思想发展为仁与礼并重的观念，强调以礼分之，以礼治国，"亲亲、故故、庸庸、劳劳，仁之杀也；贵贵、尊尊、贤贤、老老、长长，义之伦也。行之得其节，礼之序也。仁，爱也，故亲；义，理也，故行；礼，节也，故成"（《荀子·大略》）。荀子认为"国之命在礼"（《荀子·强国》），礼与乐互相配合，"乐合同，礼别异"（《荀子·乐论》）。礼的主要作用是促进社会和谐，"贵贱有等，则令行而不流；亲疏有分，则施行而不悖；长幼有序，则事业捷成而有所休"（《荀子·君子》）。

孟荀之同一还表现在他们有差异的领域，也存在着广泛的同一。人性论是孟子与荀子差异最大的领域，却有着许多同一的内容。在源头上，孟子与荀子的人性思想均出自孔子。孟子与荀子虽然提出了各自的性善与性恶理论，形成了儒家人性论的不同派别，但孟子与荀子都没有否认后天学习和环境的重要性，孟子是"学问之道无他，求其放心而已矣"（《孟子·告子上》）。荀子则有《劝学》，更加重视学习，"积土成山，风雨兴焉；积水成渊，蛟龙生焉；积善成德，而神明自得，圣心备焉"。在目标上，无论性善还是性恶，孟子和荀子都鼓励人们做像尧舜禹那样的圣人。孟子认为"人皆可以为尧舜"（《孟子·告子下》）；荀子则说："尧禹者，非生而具者也。夫起于变故，成乎修为，待尽而后备者也。"（《荀子·荣辱》）在路径上，孟子与荀子都强调教化和伦理道德修养，否则就是禽兽不如。孟子指出："饱食、暖衣，逸居而无教，则近于禽兽。"（《孟子·滕文公上》）荀子认为："人也，忧忘其身，内忘其亲，上忘其君，则是人也，而曾狗彘之不若也。"（《荀子·荣辱》）

　　王霸论是孟子与荀子在政治领域的重要差异，却有着许多相似的看法。孟子与荀子都赞同汤武革命，孟子在回答齐宣王"汤放桀，武王伐纣"的问题时，明确指出："贼仁者谓之'贼'，贼义者谓之'残'。残贼之人谓之'一夫'。闻诛一夫纣矣，未闻弑君也。"（《孟子·梁惠王下》）荀子批评"桀纣有天下，汤武篡而夺之"时说："故桀纣无天下，而汤武不弑君，由此效之也。汤武者，民之父母也；桀纣者，民之怨贼也。"（《荀子·正论》）孟子与荀子都批评春秋五霸，孟子说："五霸者，三王之罪人也。"（《孟子·告子下》）荀子不否认霸道的合理性，却对春秋五霸尤其是齐桓公提出严厉批评："齐桓，五伯之盛者也，前事则杀兄而争国，内行则姑姊妹之不嫁者七人，闺门之内，般乐奢汰，以齐之分奉之而不足；外事则诈邾袭莒，并国三十五。其事行也若是其险污淫汰也。彼固曷足称乎大君子之门哉！"（《荀子·仲尼》）孟子与荀子都主张选贤任能和圣贤之治，使社会安定和人民安居乐业。孟子认为："仁则荣，不仁则辱。今恶辱而居不仁，是犹恶湿而居下也。如恶之，莫如贵德而尊士，贤者在位，能者在职。"（《孟子·公孙丑上》）荀子则说："故上好礼义，尚贤使能，无贪利之心，则下亦将綦辞让，致忠信，而谨于臣子矣。"（《荀子·君道》）意思是，所以君王如果推崇礼义，尊重贤德之人，使用有才能的人，没有贪图财利的想法，那么下属就会极其谦让，极其忠诚老实，而谨慎地做一个臣子。无怪乎梁启超认为孟子与荀子是全同小异，"荀子与孟子，同为儒家大师，其政治论之归宿点全同，而出发点则小异。孟子信性善，故注重精神上之扩充。荀子信性恶，故注重物质上之调剂"[1]。

　　传统社会悠久漫长，儒家历尽沧桑，屡经变异，却能始终保

　　① 梁启超著：《先秦政治思想史》，天津古籍出版社2004年版，第112页。

持旺盛的生命力，占据着中华文明的主导地位。这不能不让人思考，一个思想文化流派的长寿基因是什么呢？推究儒家的长寿，肯定是多种因素综合作用的结果，其中人的因素至关重要。首先，最为重要的是伟大创始人，不仅要思想深邃，而且要人格伟岸，孔子就是这样的创始人，"学不厌，智也；教不倦，仁也。仁且智，夫子既圣矣乎"（《孟子·公孙丑上》）。同时，要有一群弟子，传播老师的思想。孔子有弟子三千、贤人七十二，对于传播早期的儒家思想发挥了极大的作用。即使后来分成不同派别，只要宗奉孔子，也是有利于儒家思想传播的。再次，要有原点与支点互相贯通。如果说孔子是儒家的原点，那么，孟子与荀子就是第二个支点。一般而言，思想流派的形成很大程度上取决于第二个支点的确立，只有第二个支点坚固，原点与第二个支点又能连成一线，才有可能形成文化传统。早期儒家比较幸运的是，孔子和孟子、荀子有机而紧密地联系起来，从而促进了儒家思想的完善和定型，在诸子百家中脱颖而出。最后，必然是人才辈出，代代相传。儒家大体经历了子学、经学、理学和心学等不同历史发展阶段。子学属于儒家创立时期，有孔孟之道和荀子之学；经学是解经、穷经，有汉代的董仲舒、郑玄；理学和心学为兼容佛、道的更新儒学，主要有程朱理学和陆王心学。在漫漫历史长河中，儒家人才济济，绵延不绝。赵翼诗云"江山代有才人出，各领风骚数百年"，这就是儒家长寿的基因密码。

第三章　孔子之仁

　　孔子（前551—前479）是儒家创始人，是中华文明的奠基者，是中国古代最伟大的思想家。孔子以仁为核心创立的儒家学说，巨大而深远地影响了中华民族和传统社会的发展。古代尊孔子为"天纵之圣""天之木铎"；传统社会尊孔子为圣人、至圣先师、至圣文宣王、大成至圣文宣王先师。宋人甚至认为，"天不生仲尼，万古长如夜"（《朱子语类》）。孔子对于世界也有着重要影响，联合国教科文组织将孔子列为"世界十大文化名人"。无论我们承认与否，任何一个中国人都烙上了孔子的印记，任何一个中国人的内心深处都积淀着孔子思想的文化基因。

一、孔子其人

　　孔子生活于春秋末期，早年在鲁国求学和工作；中年周游列国，"推销"自己，宣介其政治理念；晚年讲学和传经布道。司马迁敬仰孔子，"《诗》有之：'高山仰止，景行行止。'虽不能至，然心乡往之。余读孔氏书，想见其为人"（《史记·孔子世家》）。司马迁还以超越孔子身份的做法为孔子作传，《史记》有《孔子世家》。唐代史学家张守节解释："孔子无侯伯之位，而称世家者，太史公以孔子布衣传十余世，学者宗之，自天子王侯，中国

言六艺者宗于夫子，可谓至圣，故为世家。"(《史记正义》)

从《史记·孔子世家》的记载分析，孔子是春秋时期鲁国人，"鲁襄公二十二年而孔子生。生而首上圩顶，故因名曰丘云。字仲尼，姓孔氏"。孔子早年贫且贱却好礼，三岁丧父，由寡母颜氏带大，过着清贫的生活；曾经受到权臣季氏门人阳虎的羞辱，"季氏飨士，孔子与往。阳虎绌曰：'季氏飨士，非敢飨子也。'孔子由是退"。但是，"孔子为儿嬉戏，常陈俎豆，设礼容"，当时就有很大声望，以致鲁国大夫孟釐子在临死前，告诫其嗣懿子，"今孔丘年少好礼，其达者欤？吾即没，若必师之"。孔子曾经在鲁国为官从政，最早是管理仓库和负责畜牧的基层官员，"尝为季氏史，料量平；尝为司职吏而畜蕃息"。最为重要的是，孔子56岁时在鲁国当过大司寇，兼任代理宰相，而且政绩斐然，"与闻国政三月，粥羔豚者弗饰贾；男女行者别于涂；涂不拾遗；四方之客至乎邑者不求有司，皆予之以归"。

孔子56岁之后因不满鲁国政治而带领弟子周游列国14年，"推销"自己的政治主张，却屡屡碰壁，郁郁不得志；多次被围，最难的一次是困于陈蔡两国之间，差点丧了性命，孔子自嘲是"累累若丧家之狗"。在当时的隐士看来，孔子不参加农业劳动，也没有用处，"子路从而后，遇丈人，以杖荷蓧。子路问曰：'子见夫子乎？'丈人曰：'四体不勤，五谷不分，孰为夫子？'植其杖而芸"(《论语·微子》，本章凡引用《论语》一书，只注篇名)。意思是，子路跟着孔子而落在了后面，碰到一位老人，老人用拐杖挑着锄草的工具负在背上。子路问老人，你见到我老师了吗？老人回答，有四肢却不劳作，眼睛能看到粮食却分辨不出五谷的种类，谁是老师？说完就把拐杖插在田边去锄草了。

孔子一生从事教育和文献整理工作，取得了巨大成就。在教书育人方面，孔子教以诗书礼乐，"弟子盖三千焉，身通六艺者七十有二人。如颜浊邹之徒，颇受业者甚众"。在文献整理方面，

"孔子晚而喜《易》，序《彖》《系》《象》《说卦》《文言》。读《易》，韦编三绝"。他最重要的成就是修《诗经》《尚书》《礼记》《乐经》，序《周易》，撰《春秋》，"礼乐自此可得而述，以备王道，成六艺"（《史记·孔子世家》）。

孔子"述而不作，信而好古"（《述而》），其言行主要记载在《论语》一书中。《汉书·艺文志》指出："《论语》者，孔子应答弟子、时人及弟子相与言而接闻于夫子之语也。当时弟子各有所记。夫子既卒，门人相与辑而论纂，故谓之《论语》。"现存《论语》20篇、492章，其中记录孔子与弟子及时人谈论之语约444章；孔门弟子相互谈论之语48章。汉初，《论语》有三个版本：一是鲁人口头传授的《鲁论语》20篇，二是齐人口头传授的《齐论语》22篇，三是从孔子住宅夹壁中发现的古文《论语》21篇。西汉末年，张禹以《鲁论语》为根据，与《齐论语》合二为一，得到普遍认同，"诸儒为之语曰：'欲为《论》，念张文。'由是学者多从张氏，余家寝微"（《汉书·张禹传》）。东汉末年，郑玄以张禹本为基础，参照《齐论语》、古文《论语》而作注，从而形成了流传于今的《论语》。

《论语》是一部语录体著作，也是研究孔子思想最基本的材料。钱穆认为，古代散文可分为两个时期，第一期为"史"的散文，政治性强，以《尚书》《左传》为代表，有的记言，有的记事，有的既记言又记事，都是由史官记录下来的官书。第二期为"子"的散文，属于思想范围，以《论语》和先秦诸子的著述为代表，都是由私家和平民写作。从文体而言，子由史演变而来，"子者，史之流变也"。《论语》为早期"子"的散文，全书没有完整的篇章结构，内容也不连贯，各篇各章只有零星记载而已，并非要文章传世。[①]尽管如此，《论语》却是儒家最重要的典籍，而且是与

① 钱穆著：《中国文学史》，天地出版社2016年版，第38—39页。

孔子相关的最可信的资料。北宋二程认为:"学者当以《论语》《孟子》为本。《论语》《孟子》既治,则六经可不治而明矣。"(《程氏遗书》)《论语》形成于战国时期,在唐代进入经书行列;宋代更是影响广泛,开国宰相赵普有"半部《论语》治天下"之称;朱熹则将《论语》与《大学》《中庸》《孟子》合称"四书",并和《诗》《书》《礼》《易》《春秋》一起并称"四书五经"。南宋以后,"四书五经"被封建社会定为科举考试的基本科目和传统知识分子的必读书目。

孔子思想的最高范畴和显著标志是仁的理念,以至于人们把孔子思想简称为仁学。"仁"字的产生比较晚,甲骨文和金文中至今尚未发现仁字,春秋时期得到广泛应用,原义指两个人在一起,表示互相之间都有亲近的愿望。孔子之前,仁的概念没有受到特别重视,一般都与忠、义、信、敏、孝等概念并列,被看作人的德性之一。孔子把仁从其他德性中提炼升华,作为最高的道德原则、标准和境界,赋予新的丰富的内涵。冯友兰指出:"孔子对于中国文化之贡献,即在一开始试将原有的制度,加以理论化,予以理论的根据。"[①]孔子给予原有制度的理论化根据就是仁,围绕仁建构儒家理论体系,全面而系统地阐述了儒家的伦理、政治、人文和教育思想。孔子把仁奉为金科玉律,以仁观照个体生命和社会政治领域,从而对中国历史和传统文化产生了深远影响。一定意义上说,正是因为仁的理念,导致了中西文化发展的差异。中国传统是仁的文化,关注人文领域,充满了伦理道德色彩,而西方传统是智的文化,关注自然领域,洋溢着科学理性精神。仁的理念包括对己和对人两方面内容,对己是克己,加强道德修养,达到仁的境界;对人是爱人,由亲而疏,推而广之,扩而充之,实现泛爱众的目的。克己与爱人相互联系,不可分割,

---

① 冯友兰著:《中国哲学史》,生活·读书·新知三联书店 2009 年版,第 79 页。

克己是前提，爱人是目的。克己未必爱人，爱人却必须克己，没有克己，就不可能爱人。因此，爱人是仁的本质规定，集中体现了孔子的人文关怀、人道主义和人性光辉。孔子自己是爱人的典范，他尊重生命，维护人的尊严，"厩焚。子退朝，曰：'伤人乎？'不问马"（《乡党》）。

　　一般认为，孔子是圣人，其形象必定威仪，非常严肃、不苟言笑。细读《论语》，我们却获得了一个可敬可爱可亲可近的孔子形象。好学，这是我们从《论语》中看到的孔子的第一个形象。"子曰：'十室之邑，必有忠信如丘者焉，不如丘之好学也。'"（《公冶长》）孔子十分看重好学的品格，他不承认自己是圣人、仁者和君子，却始终强调自己好学，把学习看作一件快乐的事情，《论语》开篇就是"学而时习之，不亦说乎？"孔子的好学是废寝忘食。有人向弟子打听孔子的情况，弟子没有回答，尤其是没有回答孔子的好学精神，孔子很不满意，"叶公问孔子于子路，子路不对。子曰：'女奚不曰，其为人也，发愤忘食，乐以忘忧，不知老之将至云尔。'"（《述而》）孔子的好学是谦虚谨慎、不耻下问。弟子问卫国的孔文子为什么被谥以"文"呢？孔子回答："敏而好学，不耻下问，是以谓之文也。"（《公冶长》）孔子自己就是不耻下问的榜样，《论语》中有两处说到孔子"入太庙，每事问"。孔子的好学是学而不厌、永不满足，"默而识之，学而不厌，诲人不倦，何有于我哉？"（《述而》）意思是，默默地将学到的东西记在心里，学习从不满足，教育他人从不厌倦，这些事情我都做到了。孔子的好学是终身学习、至死方休，"吾十有五而志于学"（《为政》），到了知天命的年龄，孔子希望"加我数年，五十以学《易》，可以无大过矣"（《述而》）。据《论衡》记载，孔子在临死前还读了半天时间的书，作者王充不禁赞叹道："圣人之好学也，且死不休。"

　　谦虚，这是我们从《论语》中看到的孔子的第二个形象。具体表现在承认与不承认的自我评价之中。在承认方面，孔子承认自己无知，"吾有知乎哉？无知也。有鄙夫问于我，空空如也。我叩其两端而竭焉"（《子罕》）。由这段话可见，孔子既不认为自己是生而知之，又说明自己的知识是学来的，是穷根究底问来的。孔子承认自己是学而知之，而不是生而知之，"子曰：'我非生而知之者，好古，敏以求之者也。'"（《述而》）孔子承认自己不如弟子，对于弟子，尤其是颜回，孔子多次给予表扬。他表扬颜回安贫乐道，"子曰：'贤哉，回也！一箪食，一瓢饮，在陋巷，人不堪其忧，回也不改其乐。贤哉，回也！'"（《雍也》）表扬颜回积极进取，"子谓颜渊曰：'惜乎！吾见其进也，未见其止也。'"（《子罕》）孔子承认错误也不含糊，闻过则喜。《论语·述而》记载，陈国司寇问，鲁昭公懂礼吗？孔子回答，懂礼。孔子出去后，司寇向弟子巫马期作了个揖说，我听说君子不包庇人，君子也会包庇人吗？鲁君从吴国娶了一个夫人，是同姓，称为吴孟子。这样的君主懂礼，还有谁不懂礼呢？巫马期把这些话转告给孔子，孔子听说后马上承认自己的过错，"丘也幸，苟有过，人必知之"。

在不承认方面，君子、圣人和仁者在孔子那里都是褒义的概念，也是他心向往之的人格理想。尽管弟子们都把孔子当作君子、圣人和仁者对待，而孔子从来不予承认。孔子明确地说，君子具有仁、知、勇的品格，"我无能焉"。关于圣人与仁者，"子曰：'若圣与仁，则吾岂敢？抑为之不厌，诲人不倦，则可谓云尔已矣。'公西华曰：'正唯弟子不能学也。'"（《述而》）曾子曾经评说老师的谦虚，"以能问于不能，以多问于寡，有若无，实若虚，犯而不校"（《泰伯》）。意思是，有能力而向没有能力的人请教，知识丰富却向知识贫乏的人请教，有像没有一样，充实像空虚一样，受到别人侵犯而不去计较。这是多么谦虚的形象，难怪孔子自己说："人不知而不愠，不亦君子乎？"（《学而》）

　　性情中人,这是我们从《论语》中看到的孔子的第三个形象。《论语》告诉我们,孔子是人不是神,他有自己的喜怒哀乐,并不是不形于色,有时甚至率性而为。孔子会诅咒发誓。"子见南子,子路不说。夫子矢之曰:'予所否者,天厌之!天厌之!'"(《雍也》)南子是卫灵公的夫人,她把持朝政,性情淫荡,名声不好。意思是,有一次孔子会见南子,子路很不高兴。孔子就对天发誓说,如果我有什么不对的行为,请天厌弃我,请天厌弃我!孔子会开玩笑。《论语·阳货》记载:孔子到武城,听到弹琴唱诗的声音。他微笑着说,杀鸡哪里用得着宰牛的刀。弟子子游不解地说,从前我听老师说过,做官的学了礼乐之道就会爱护百姓,百姓学了礼乐之道就易于管理。这时孔子发现自己刚才说的话不合适,便回答说:"偃之言是也。前言戏之耳!"意思是,言偃的话是对的,我刚才的话只是开玩笑。孔子会骂人。樊迟想学习种庄稼和蔬菜,孔子骂他是小人,"樊迟请学稼。子曰:'吾不如老农。'请学为圃。曰:'吾不如老圃。'樊迟出。子曰:'小人哉,樊须也!上好礼,则民莫敢不敬;上好义,则民莫敢不服;上好信,则民莫敢不用情。夫如是,则四方之民襁负其子而至矣,焉用稼?'"(《子路》)孔子骂宰予是朽木和粪土,"宰予昼寝。子曰:'朽木不可雕也,粪土之墙不可圬也,于予与何诛?'"(《公冶长》)孔子会动感情。"颜渊死,子哭之恸。从者曰:'子恸矣!'曰:'有恸乎?非夫人之为恸而谁为?'"孔子还说颜渊之死,这是老天要我的命呀,老天要我的命呀,"噫!天丧予!天丧予!"(《先进》)一个老师对待学生的感情是如此率性和真挚,不能不令人感动。

二、仁者爱人

　　《说文解字》解释:"仁,亲也。从人从二。"亲也,就是仁为差序之爱，亲亲为大。从人，比较容易理解，是指一个站立着的人；从二，内容则比较丰富，既可理解为复数的数字，不仅指一个人，而且指一个人之外的其他人。仁由此引申出人与人、人与群体、人与社会的关系。又可理解为天、地，中国传统文化中有天地人"三才"之说，仁是要求人从二不从三，只效法天地，只怀天地之本性，不怀个人之私欲。从仁字结构分析，仁与人密切相关，仁字的结构内含儒家仁学的端倪和要义。孔子选择仁来概括升华他对人的生存状态的全部思考，确是名实相副、名正言顺。学界对仁有着多种理解，或爱人或忠恕，或立人或达人，都清晰地凸显了仁的人文精神和人际交往内涵。

　　"仁"字出现得比较晚，而仁的思想却有着深厚的历史渊源。孔子知识渊博、博学多才，他依据春秋社会现实，以夏、商、周三代为基本范围，以周文王、武王和周公之治为重点，对古代的人道和民本思想进行了深入研究，充分吸收其中的精神营养，进而提炼升华为仁的范畴。在《论语》及有关著述里，尧舜和夏商周尤其是西周的历史记载，都可以找到仁的内容，孔子从中汲取了民本的思想资源。黄帝的"抚万民"，帝喾的"知民之急，仁而威，惠而信"（《史记·五帝本纪》），尧的大哉之为君，舜的"有臣五人，而天下治"（《泰伯》），大禹的"知人则哲，能官人；安民则惠，黎民怀之"（《尚书·皋陶谟》），祖甲的"保惠于庶民"，管仲的"民到于今受其赐"（《宪问》），这些爱民、惠民、保民的思想观点构成了孔子之仁的本色。孔子汲取了尚贤的思想资源。尚贤属于政治范畴，却和人有着紧密联系，选一贤人，则民众受惠；用一恶人，则百姓遭殃。舜禹以功德受禅，舜举皋陶，汤举伊尹，泰伯"三以让天下"，齐国的鲍叔牙荐管仲，郑国的子皮荐子产，这些知贤、用贤、荐贤、举贤、让贤的事迹丰富了孔子之仁的内容。孔子汲取了志士仁人的精神养分。尧、舜、禹、皋陶、伊尹、周公、太公望、微子、箕子、比干、伯夷、叔齐、管仲等言论行为和功业政绩，有的属于为政以德，有的是廉洁自爱、保持节操，有的属于忠于明君，有的是出身低微而为政爱民。孔子敬慕志士仁人，志士仁人影响了孔子之仁。正是这些历史渊源和思想资源，成就了孔子之仁。孔子不仅是伟大的仁者，而且是仁学大师。

孔子之仁的核心是爱人，"樊迟问仁。子曰：'爱人。'"（《颜渊》）爱人是指人与人之间应当互亲互爱，这是一种人性的光辉，基本涵盖了孔子之仁的主旨，可以理解为儒家思想的总纲。孔子认为，爱人就是要把人当人看，对人类有起码的爱心和同情心。"樊迟问仁。子曰：'居处恭，执事敬，与人忠。虽之夷狄，不可弃也。'"（《子路》）爱人就是要支持和帮助他人，"夫仁者，己欲立而立人，己欲达而达人。能近取譬，可谓仁之方也已"（《雍也》）。意思是，所谓仁，就是自己要想有所成就，也要帮助别人有所成就；自己想通达，也要帮助别人通达。能够以己之心推及别人之心，将心比心，这是实现仁德的方法。爱人就是个体的主动选择和自觉自愿的实践，而不是外力的强制和勉为其难的行动，"仁远乎哉？我欲仁，斯仁至矣"（《述而》）。仁者爱人是孔子之仁的经典表述，概括了孔子对理想的人格境界和社会秩序的憧憬。这表明人生在世除了关注自身的存在，还要关注他人的存在，应该平等地对待他人、尊重他人。在人与人交往的过程中，应该有宽广的胸怀，把自己作为参照物，推己及人，凡是自己愿意做的事情，都要去帮助他人；凡是自己不愿意做的事情，都不要强加于他人。

爱人的前提是克己。孔子认为，克己就是约束自己，而约束自己是多层次的，要在礼制上约束自己，"颜渊问仁。子曰：'克己复礼为仁。一日克己复礼，天下归仁焉。为仁由己，而由人乎哉？'颜渊曰：'请问其目。'子曰：'非礼勿视，非礼勿听，非礼勿言，非礼勿动。'颜渊曰：'回虽不敏，请事斯语矣。'"要从内心上约束自己，"仲弓问仁。子曰：'出门如见大宾，使民如承大祭。己所不欲，勿施于人。在邦无怨，在家无怨。'"在这段话中，孔子提出"己所不欲，勿施于人"的著名观点，这一观点与《圣经》所说的"无论何事，你们愿意人怎样待你，你们也要怎样待人"一起，被世界公认为黄金道德律，是人类文明共守的"伦理底线"，也是人类社会普遍存在的关于道德的最经典和最权威的论述。一定意义上说，"己所不欲，勿施于人"是孔子的象征和孔子思想的标志。要从言语上约束自己，"司马牛问仁。子曰：'仁者，其言也讱。'曰：'其言也讱，斯谓之仁已乎？'子曰：'为之难，言之得无讱乎？'"（《颜渊》）意思是，司马牛问什么是仁。孔子回答，仁就是他的言语迟钝。司马牛又问，言语迟钝，这就是仁吗？孔子解释道，做起来不容易，说起来能不迟钝吗？孔子非常反感花言巧语的人，他多次说过："巧言令色，鲜矣仁。"（《学而》）《论语》中反复强调说话要谨慎，"君子欲讷于言而敏于行"（《里仁》）；君子"敏于事而慎于言"（《学而》）；"君子耻其言而过其行"（《宪问》）。要从利益上约束自己，见利思义，先劳后获，"（樊迟）问仁。子曰：'仁者先难而后获，可谓仁矣。'"（《雍也》）孔子要求以仁义为依据对待利益和财富，"富与贵，是人之所欲也；不以其道得之，不处也。贫与贱，是人之所恶也；不以其道得之，不去也。君子去仁，恶乎成名？"（《里仁》）

爱人是有差序的。在孔子看来，首先要从家人、亲人开始，这是最大的仁，"仁者，人也，亲亲为大"（《中庸》）。亲亲的第一要义是孝，孝敬父母。父母作为人人可知而且不可回避的血缘亲属，孝是与生俱来、人人都可以体会到的情感。人们在孝敬父母的过程中，能够领略到人之为人的意义，感受到自身生命力量的来源，好像有一种源头活水在我们的血脉中流淌。而对父母的孝敬，则表明我们的存在是对这一血脉的呵护和坚守，进而展示的是个体有希望、人类有未来。亲亲的另一要义是悌，即兄友弟恭。如果说父母是人们纵向上不可回避的血缘亲属，那么，兄弟姐妹则是横向上不可回避的血缘亲属，人们在兄友弟恭的过程中可以体会到亲情的温暖和坦诚。从亲亲出发，孔子为仁找到了根基，正如他的弟子所说"孝弟也者，其为仁之本与！"当然，孔子爱人的对象不局限于亲亲，不局限于父母双亲和兄弟姐妹，也不局限于家族关系中的近亲和宗法关系中的远亲，而是涉及社会上所有的人，或者说是在社会交往中遇到的所有人，都要关心他们、爱护他们，"弟子，入则孝，出则悌，谨而信，泛爱众，而亲仁。行有余力，则以学文"（《学而》）。从亲亲到泛爱众，说明孔子的仁爱思想是以血缘家庭为中心，逐步扩展开来的差序结构，亲亲是因为血缘关系，泛爱众则因为"四海之内皆兄弟也"（《颜渊》），亲亲之爱与泛爱众之爱在本质上是一致的，而表现形式是有差异的。这种差异主要不是等级地位的差异，更多的是由于不同的社会和家庭角色引起的不同伦理道德规范要求，这就不能在亲亲与泛爱众之间简单地画等号，不能像墨家那样提倡兼相爱，不能无差别地去爱任何人。否则就会人伦失范，社会失序。孟子猛烈抨击兼爱的观点，"杨氏为我，是无君也；墨氏兼爱，是无父也。无父无君，是禽兽也"（《孟子·滕文公下》）。

　　爱人的路径是忠与恕。"子曰：'参乎！吾道一以贯之。'曾子曰：'唯。'子出，门人问曰：'何谓也？'曾子曰：'夫子之道，忠恕而已矣。'"孔子说，曾参啊！我的学说贯穿着一个基本思想。曾子说我知道。孔子走出去之后，别的学生问是什么意思。曾子回答，他老人家的学说，就是忠和恕。冯友兰认为，忠和恕的做人原则也就是仁的原则；一个人按忠恕行事为人，也就是仁的实践；忠和恕乃是人的道德生活的开始，也是它的完成。[①]孔子认为，仁与知有着密切关系，"仁者安仁，知者利仁"（《里仁》）。

---

① 参见冯友兰著：《中国哲学简史》，新世界出版社 2004 年版，第 39 页。

所以，樊迟在问仁后接着就问知，"子曰：'知人。'樊迟未达。子曰：'举直错诸枉，能使枉者直。'"樊迟不理解，问于子夏，"樊迟退，见子夏曰：'乡也吾见于夫子而问知，子曰："举直错诸枉，能使枉者直。"何谓也？'子夏曰：'富哉言乎！舜有天下，选于众，举皋陶，不仁者远矣。汤有天下，选于众，举伊尹，不仁者远矣。'"（《颜渊》）意思是，樊迟退了出来，遇到子夏，说刚才我见了老师，问他什么是智慧。老师说把正直的人选拔出来，使其位置在邪曲的人之上，就能使邪曲的人改正过来，这是什么意思？子夏说道，这话的含义是多么丰富啊！舜有了天下，从众人中把皋陶选拔出来做掌管刑狱的大臣，不仁的人就存在不下去了。汤有了天下，从众人中把伊尹选拔出来当阿衡，相当于后世的宰相，不仁的人就存在不下去了。孔子所谓的知人，更多的内容是政治性的，就是知人善任，选拔那些具有仁德的人来帮助管理国家、教化百姓，而不是选拔那些不仁的人来管理国家。《论语·尧曰》记载周武王在分封时说："虽有周亲，不如仁人。"这表明在治理国家的范围内，亲戚和家庭成员比不上有仁德的人。治国必须选贤任能，如果亲与贤能够统一，内举不避亲是可以的，但只能作为个案对待。从价值导向和治国方略而言，一定要坚持任人唯贤，绝不能任人唯亲。

仁的理念集聚着宏大的正能量，包含了所有的优秀品德。如果仁自身没有丰富的内涵，那就不可能树立起爱人的光辉形象。"子张问仁于孔子。孔子曰：'能行五者于天下，为仁矣。'请问之。曰：'恭、宽、信、敏、惠。恭则不侮，宽则得众，信则人任焉，敏则有功，惠则足以使人。'"（《阳货》）《论语》还说："仁者必有勇，勇者不必有仁。"（《宪问》）由此可见，孔子之仁是一切优秀道德品质的集合体，囊括了恭、宽、信、敏、惠、勇、智众多品德。孔子认为，由于仁是一个集合体，就必须全面践行仁的理念。要通过好学来践行仁的理念，"好仁不好学，其蔽也愚"(《阳货》)。而好学本身就是仁的表现,"博学而笃志,切问而近思,仁在其中矣"(《子张》)。通过朋友帮助来践行仁的理念,"曾子曰:'君子以文会友,以友辅仁。'"(《颜渊》)孔子特别强调要结交朋友中的仁人,"子贡问为仁。子曰:'工欲善其事,必先利其器。居是邦也,事其大夫之贤者,友其士之仁者。'"通过其他优秀品质来践行仁的理念,"知及之,仁不能守之;虽得之,必失之。知及之,仁能守之,不庄以莅之,则民不敬。知及之,仁能守之,庄以莅之,动之不以礼,未善也"(《卫灵公》)。意思是,一个人的聪明才智足以得到官职,如果没有仁德,就不能守住它,即使得到了也必定会失去。聪明才智足以得到它,有仁德可以守住它,如果不以严肃的态度来对待它,民众也不会敬服于你。聪明才智足以得到它,有仁德可以守住它,也有严肃的态度,如果不按礼节来行动,也是不完善的。孔子指出,全面践行仁的理念是一个长期的过程,需要艰苦的努力。"士不可以不弘毅,任重而道远。仁以为己任,不亦重乎?死而后已,不亦远乎?"(《泰伯》)全面践行仁的理念,也是一项崇高的使命。为了仁,可以献出自己的一切,甚至是生命,"志士仁人,无求生以害仁,有杀身以成仁"(《卫灵公》)。

三、为政以德

德治是孔子基本的政治主张。仁是孔子思想的出发点,目的不仅是为了人生修养,更是为了治国平天下。某种程度上可以说,孔子的学说和实践,都是为了阐述德治思想,恢复德治秩序,"子曰:'为政以德,譬如北辰,居其所而众星共之。'"孔子之所以推崇德治,是因为运用政治手段和法律惩处来治理国家,不可能增强人们的道德自律,也不可能养成人们的耻感意识。没有道德自律和耻感意识,人们虽然也会服从统治者的管理,却不会心悦诚服。而实施德治，用礼来约束，就能实现人心的归顺，"道之以政，齐之以刑，民免而无耻。道之以德，齐之以礼，有耻且格"（《为政》）。毋庸置疑，现代政治的显著特征是法治。但是，法治作为社会治理的基础，并没有否定德治应有的作用和功能。研究孔子的德治思想，汲取德治的精华，运用德治的有益成分，补充和完善法治的思想和实践，在现代社会仍然有着相当大的价值和意义。

三代之治是孔子德治思想的组成部分。所谓三代之治，意指夏、商、周三个朝代，是中国历史上治理最好的朝代。儒家特别推崇并加以褒扬，王阳明认为："唐、虞以上之治，后世不可复也，略之可也；三代以下之治，后世不可法也，削之可也；惟三代之治可行。"（《传习录》）在孔子看来，三代之治的榜样是尧、舜，代表是禹、文王、周公。孔子赞誉尧，不吝溢美之词，"大哉尧之为君也！巍巍乎！唯天为大，唯尧则之。荡荡乎！民无能名焉。巍巍乎其有成功也，焕乎其有文章！"赞美舜是多方面的，认为舜和禹都很伟大，"巍巍乎，舜、禹之有天下也，而不与焉"；认为舜会用人，"舜有臣五人，而天下治"（《泰伯》）；认为舜会当君王，"无为而治者，其舜也与？夫何为哉？恭己正南面而已矣"（《卫灵公》）。无为而治是道家的治国方略，儒家则在坚持君王自身德行和选贤任能的前提下，认可无为而治的思想理念。何晏注释："言任官得其人，故无为而治。"（《论语集解》）赞美禹既伟大又完美，"禹，吾无间然矣。菲饮食而致孝乎鬼神，恶衣服而致美乎黻冕，卑宫室而尽力乎沟洫"（《泰伯》）。意思是，对于禹，我没有批评了。自己的饮食菲薄而祭祀鬼神的祭品却很丰盛，衣服很破烂而祭祀的礼服却很华丽，住的宫室很简陋却尽力修治沟渠水利。赞美文王的典章文物和治国之道，强调自己学习继承文王的使命感，"子畏于匡，曰：'文王既没，文不在兹乎？天之将丧斯文也，后死者不得与于斯文也；天之未丧斯文也，匡人其如予何？'"（《子罕》）赞美周公创立的西周制度和礼乐文明，"周监于二代，郁郁乎文哉！吾从周"（《八佾》）。孔子对周公倾心佩服，一旦长时间没有梦见周公，就会感叹自己衰老了，"甚矣吾衰也，久矣吾不复梦见周公"（《述而》）。孔子推崇三代之治，主要是想从夏商周那里取得德治思想的历史依据和经验养料，并不是照搬照套夏商周治国安邦的具体做法。

正人正己是孔子德治思想的关键所在。只有正己，才能正人。德治的主体是统治者，首先要求统治者修德，进而实现以德治国。在孔子看来，统治者修德，就是要以身作则。"季康子问政于孔子。孔子对曰：'政者，正也。子帅以正，孰敢不正？'"（《颜渊》）在两千多年前，孔子就已认识到，政治的本质是公平公正、公道正派、正义正直，《论语》中多次要求统治者以身作则，"子曰：'其身正，不令而行；其身不正，虽令不从。'"（《子路》）孔子强调统治者以身作则，是因为在德治社会里，统治者的行为对于百姓具有表率和引领作用，"子为政，焉用杀？子欲善而民善矣。君子之德风，小人之德草，草上之风，必偃"（《颜渊》）。意思是，你治理国家，为何要用杀戮的方法？你自己想要行善，老百姓也就向善了。为政者的道德像风，老百姓的道德像草，风吹在草上，草必然会顺风倒伏。同时，他要求统治者爱民，正确处理统治者与老百姓的关系，"道千乘之国，敬事而信，节用而爱人，使民以时"（《学而》）。爱民就是统治者不要向老百姓过度索取，"哀公问于有若曰：'年饥，用不足，如之何？'有若对曰：'盍彻乎？'曰：'二，吾犹不足，如之何其彻也？'对曰：'百姓足，君孰与不足？百姓不足，君孰与足？'"（《颜渊》）意思是，鲁哀公向孔子弟子有若请教，年景不好，国家用度不够，应该怎么办呢？有若回答，何不实行十分抽一的税率呢？哀公说，十分抽二，我还不够，怎么能十分抽一呢？有若回答，如果百姓的用度够了，你怎么会不够呢？如果百姓的用度不够，你又怎么会够呢?"百姓足,君孰与不足?百姓不足,君孰与足?"
这段话把统治者与老百姓的关系说得非常透彻,老百姓满意了,
君王还有什么不满意的呢?老百姓富足了,君王还有什么不富足
的呢?这就是德治社会的重要保障。

孝悌为本是孔子德治思想的社会根基。如果说德治的主体是
统治者,那么,德治的客体就是老百姓。在孔子看来,对百姓要
进行道德教化,使他们成为自律和有耻感的人,这样才能实行德
治。道德教化是孔子德治思想的重要组成部分,孔子强调在老百
姓富裕之后,就要进行道德教化。"子适卫,冉有仆。子曰:'庶
矣哉!'冉有曰:'既庶矣,又何加焉?'曰:'富之。'曰:'既富
矣,又何加焉?'曰:'教之。'"(《子路》)对于家庭而言,道德
教化要强调孝悌。孝悌是德治的基础,家庭筑牢孝悌的堤坝,社
会就能稳定,孔子的弟子说"其为人也孝弟,而好犯上者,鲜
矣;不好犯上,而好作乱者,未之有也。君子务本,本立而道生"
(《学而》)。孝的核心是从内心敬重父母、顺从父母,"子游问
孝。子曰:'今之孝者,是谓能养。至于犬马,皆能有养;不敬,
何以别乎?'"(《为政》)对于社会而言,道德教化要强调忠诚。
忠诚是德治的重要支点,社会营造忠诚的氛围,国家就能安宁,
"定公问:'君使臣,臣事君,如之何?'孔子对曰:'君使臣以礼,
臣事君以忠。'"(《八佾》)

孝与忠密切相关,孝是忠的基础和前提,忠是孝的延伸和
拓展。一个人在家里能够尽孝,就能对国家尽忠;即使不直接为
官从政,也是参与政治,能够影响其他人对国家尽忠。"或谓孔
子曰:'子奚不为政?'子曰:'《书》云:"孝乎惟孝,友于兄弟,
施于有政。"是亦为政,奚其为为政?'"(《为政》)意思是,有
人对孔子说,你为什么不参与政治呢?孔子回答,《尚书》中说,
孝就是要真正孝敬父母,友爱兄弟,用这种修养影响统治者,也
是参与政治,为什么一定要做官才算参与政治呢?孔子认为,孝

和忠密切相关，都是为德治服务的，因而经常把孝、忠连在一起论述，"贤贤易色；事父母，能竭其力；事君，能致其身；与朋友交，言而有信。虽曰未学，吾必谓之学矣"（《学而》）。意思是，那些对妻子注重品德而不注重相貌，侍奉父母能尽心尽力，侍奉君主能牺牲生命，交结朋友说话守信的人，虽然没有学习过，我也要说他学习过。

礼制规范是孔子德治思想的基本措施。在孔子看来，实行德治，必须坚持礼制规范，不能发生越礼、僭礼的行为，"礼之用，和为贵。先王之道，斯为美，小大由之"（《学而》）。坚持礼制规范，必须要正名。子路问孔子，假如卫出公让您去治理国家，您将先从哪里着手呢？孔子说，必须正名吧。子路说，您真的迂腐到这个地步了吗，为什么要先正名呢？孔子说："野哉，由也！君子于其所不知，盖阙如也。名不正则言不顺，言不顺则事不成，事不成则礼乐不兴，礼乐不兴则刑罚不中，刑罚不中则民无所措手足。故君子名之必可言也，言之必可行也。君子于其言，无所苟而已矣。"（《子路》）意思是，仲由啊，你太粗鲁了！君子对于他所不知道的，一般采取存而不论的态度。如果名号表达不正，说话就不会顺当；说话不顺当，事情就办不成；事情办不成，国家的礼乐制度就建立不起来；礼乐制度建立不起来，刑罚就不合理；刑罚不合理，老百姓就会手足无措。所以，君子使用一个名号必须要能说清楚，说出来就可以行得通。君子对于他所说的话，是一点也不能马虎的。正名，就是立规矩、建制度，建立合理的等级秩序，"齐景公问政于孔子。孔子对曰：'君君、臣臣、父父、子子。'公曰：'善哉！信如君不君、臣不臣、父不父、子不子，虽有粟，吾得而食诸？'"（《颜渊》）在君君、臣臣、父父、子子的等级秩序中，只要做到君礼臣忠、父慈子孝，各自遵守相应的规矩和礼制，国家就好治理了，德治也就实现了。正名，还要坚决反对越礼、僭礼的行为。春秋时期，政治极为混乱，出现了所谓君不君、臣不臣的现象。齐景公所以要问政于孔子，其中一个重要原因就是他受制于权臣陈桓，陈桓的势力很强大，随时都有篡权的可能。孔子对于这种"礼崩乐坏"局面极为担忧，对越礼、僭礼行为极为痛恨，他猛烈抨击当时一些权臣的非礼行为，"孔子谓季氏，'八佾舞于庭，是可忍也，孰不可忍也？'"（《八佾》）

用人以直是孔子德治思想的坚强保障。现代政治学认为，领导的主要职责是决策和用人；在一定条件下，用人比决策还要重要。《论语》多处提到要"举贤人"，用正直的人。在孔子看来，用什么样的人，关乎民心向背，"哀公问曰：'何为则民服？'孔子对曰：'举直错诸枉，则民服；举枉错诸直，则民不服。'"（《为政》）这里的直就是正直的人，也就是圣贤、君子、忠信之人以及有才能之人；枉是狂妄的人、邪曲的人。孔子认为，正直应是人的本性。"子曰：'人之生也直，罔之生也幸而免。'"（《雍也》）《论语》中举了两个人的例子说明正直之人的表现，其中一个是微生高。"子曰：'孰谓微生高直？或乞醯焉，乞诸其邻而与之。'"（《公冶长》）孔子说，谁说微生高这个人正直呢？有人向他要点醋，他自己没有却不说没有，而到邻居家讨来给别人。这个例子说明，正直是与真实联系在一起的。不真实的人，也就是不正直的人。另一个是澹台灭明。"子游为武城宰。子曰：'女得人焉耳乎？'曰：'有澹台灭明者，行不由径，非公事，未尝至于偃之室也。'"（《雍也》）这个例子说明，正直的人，办事光明磊落，从不走后门，也不搞旁门左道；正直的人，是公事公办，不讲私情，在运用公共权力执行公共事务中，做到"公见之外，不延一客；公谈之外，不多一词"（张居正《答工部郎中刘公伯燮言用人毁誉》）。孔子指出，选人用人要有正确的方法，这就是知人和细察。知人是选人用人的基础。弟子仲弓担任季氏的家宰，问孔子怎样知人用人，"焉知贤才而举之？"孔子回答："举尔所知。

尔所不知，人其舍诸？"（《子路》）意思是，选拔你们了解的。你们不了解的，别人难道会埋没他们吗？由此可知，用人只能选用你所看到的、所知道的人；你不了解的人，即使有才能、讲忠信，那也只好等待别人去发掘了。简言之，就是"知人善任"的道理。知人的方法是细察，"视其所以，观其所由，察其所安，人焉廋哉？人焉廋哉？"（《为政》）在细察过程中，不要以言举人，"子曰：'君子不以言举人，不以人废言。'"（《卫灵公》）细察还要关注是否言行一致，"子曰：'始吾于人也，听其言而信其行；今吾于人也，听其言而观其行。'"（《公冶长》）孔子说，起初我对别人，听了他说的话，便相信他的行为；现在我对别人，听了他的话，还要考察他的行为。通过细察，就能看清楚个人的动机、行为和内心，也就能够知人，进而可以决定是否任用了。

四、文质彬彬

孔子的理想人格是君子，君子的基本特征是文质彬彬，"质胜文则野，文胜质则史。文质彬彬，然后君子"（《雍也》）。人格一词是舶来品。古代汉语中没有人格一词，只有人性和品格的概念。中文中的人格一词是近代从日文中引进的，而日文的人格一词则源于英文的意译，英文人格一词则又源于拉丁语。拉丁语的人格最初是指演员在舞台上戴的面具，类似于中国京剧的脸谱。舞台上的不同面具扮演不同角色，表现不同的人物性格。后来心理学引申其含义，认为在人生的大舞台上，人也会根据社会角色的不同来变换面具，面具是人格的外在表现，人格是面具背后的真实自我。现代心理学一般认为，人格是人类所独有的，由先天获得的遗传素质与后天环境互相作用而形成的综合体，能代表人类灵魂本质及个性特点的性格、气质、品德、信仰、良心。哲学的研究则比较宏观，认为人格是指人之为人的资格，是对人的本质规定。马克思指出："人的本质不是单个人所固有的抽象物，在其现实性上，它是一切社会关系的总和。"①中国古代虽无人格一词，却有丰富的人格思想；先秦儒家虽无心理学知识，却从哲学上探讨了人格，"仁也者，人也。合而言之，道也"（《孟子·尽心下》）。孔子依据仁的范畴，推演和建构起儒家的理想人格。

圣人也是孔子的人格理想，而《论语》很少论及圣人，也没有直接言说圣人的具体品格。在孔子看来，圣人是一个集中了各种美好伦理道德的理想人物，是社会伦理道德的最高境界，人们可以敬仰憧憬，却难以企及，即使尧舜也没有完全达到圣人的标准。"子贡曰：'如有博施于民而能济众，何如？可谓仁乎？'子曰：'何事于仁！必也圣乎！尧、舜其犹病诸！'"（《雍也》）孔子从来没有承认自己是圣人，其中有谦虚的成分，却是内心的真实写照；他还经常叹息见不到圣人，能够见到君子就心满意足了，"圣人，吾不得而见之矣。得见君子者，斯可矣"（《述而》）。由于圣人人格在现实社会中难以实现，退而求其次，孔子强化了君子人格。《论语》一书"圣人""圣者""圣"的概念仅出现过六次，而"君子"出现了一百余次。孔子认为，君子是既理想又现实的人格，是通过修身可以达到的做人的理想境界。作为哲学和伦理范畴，君子寄托着孔子太多的人生理想。《论语》有四处是孔子直接回答弟子的提问来描绘君子的品质；有七处是用数字来描述君子的形象；还有君子与小人的比较，以反衬君子的可贵人格。君子的品质与形象相辅相成，君子与小人相反相成，多视角、多层次地展示了君子应该具备的内在素质和外在风貌。

孔子直接回答弟子的提问，第一处认为君子是一个谨言敏行、诚信守诺的人，"子贡问君子。子曰：'先行其言而后从之。'"（《为政》）第二处认为君子是一个内省不疚、不忧不惧的人，"司

---

① 《马克思恩格斯选集》（第一卷），人民出版社1995年版，第60页。

马牛问君子。子曰：'君子不忧不惧。'曰：'不忧不惧，斯谓之君子已乎？'子曰：'内省不疚，夫何忧何惧？'"（《颜渊》）孔子强调的是，一个人无论做人做事，在内心反省自己时，觉得没有令自己愧疚的言行，就可以称为君子了。第三处认为君子内圣外王，是一个既重视自我修身，又重视社会责任的人，"子路问君子。子曰：'修己以敬。'曰：'如斯而已乎？'曰：'修己以安人。'曰：'如斯而已乎？'曰：'修己以安百姓。修己以安百姓，尧、舜其犹病诸！'"第四处认为君子是一个具备了"智、清、勇、艺、礼"品格的人，"子路问成人。子曰：'若臧武仲之知，公绰之不欲，卞庄子之勇，冉求之艺，文之以礼乐，亦可以为成人矣。'"在孔子那里，成人即完美的人，与君子是同一序列的概念，可以作君子理解。这段话的意思是，像鲁国大夫臧武仲那么有智慧，孟公绰那么清心寡欲，卞庄子那么勇敢，以及冉求那么多才多艺，加上高度的礼乐修养，就可以算是成人了。然而，孔子可能认为这个要求太高了，很难做到，随即补充道："今之成人者何必然？见利思义，见危授命，久要不忘平生之言，亦可以为成人矣。"（《宪问》）这说明见利思义、临危不惧、诚实守信，是君子人格最基本的要求。同时说明君子人格是可以分出层次的，塑造和实现君子人格是一个长期努力、逐步完善的过程。

《论语》用数字描述君子的形象，可区分为孔子和弟子两部分，孔子更多地从内容上描述君子的形象。第一处是"子谓子产：'有君子之道四焉：其行己也恭，其事上也敬，其养民也惠，其使民也义。'"（《公冶长》）子产是郑穆公之孙，春秋时期著名的政治家。孔子谈到子产时，认为子产具备了恭、敬、惠、义四种合乎君子之道的品行。第二处是"子曰：'君子道者三，我无能焉：仁者不忧，知者不惑，勇者不惧。'子贡曰：'夫子自道也。'"（《宪问》）这段话简洁而全面地反映了孔子对君子本质的认识，只有具备了"仁、智、勇"品格的人，才算是真正的君子。第三处是"孔子曰：'君子有三戒：少之时，血气未定，戒之在色；及其壮也，血气方刚，戒之在斗；及其老也，血气既衰，戒之在得。'"孔子是在告诫人们，追求君子人格，需要用人的一生去努力，而不是一朝一夕的兴之所至，也不是一时一事的权宜之计。第四处是"孔子曰：'君子有三畏：畏天命，畏大人，畏圣人之言。小人不知天命而不畏也，狎大人，侮圣人之言。'"这段话与前一段话互相联系、内在统一，前一段话所戒在事，这段话所畏在心。于事有所戒，于心也要有所畏。作为君子，可以不忧不惑不惧，却不能没有敬畏之心，否则就会无法无天。第五处是"孔子曰：'君子有九思：视思明，听思聪，色思温，貌思恭，言思忠，事思敬，疑思问，忿思难，见得思义。'"(《季氏》)从而在眼见、耳听、脸色、外貌、言语、办事等方面，对君子的外在表现和内心追求提出了道德修养规范。

弟子则主要从面貌上描述君子的形象。一次是曾子的描述，曾子生了病，孟敬子来慰问，曾子强调君子要在神情、脸色和言辞三个方面严格要求自己，"曾子言曰：'鸟之将死，其鸣也哀；人之将死，其言也善。君子所贵乎道者三：动容貌，斯远暴慢矣；正颜色，斯近信矣；出辞气，斯远鄙倍矣。笾豆之事，则有司存。'"(《泰伯》)另一次是子夏的描述，"君子有三变：望之俨然，即之也温，听其言也厉"(《子张》)。子夏从另一个视角描述君子的形象，也是一个君子应当留给他人的主观感受。通过几组数字的引述和分析，可以勾勒出孔子心目中的君子形象，本质是"仁、智、勇"；日常的行为规范是"九思"；边界是于事有所戒惧，于心有所敬畏；为官从政、建立事功时，要躬行"恭、敬、惠、义"，做到喜怒哀乐不形于色，给人的印象是庄重、可亲和严厉。

君子与小人有着很大差别，在心胸方面，"君子坦荡荡，小人长戚戚"(《述而》)。君子的胸怀是宽广的，无论处于顺境还是逆境，都能做到乐观豁达；小人的心胸是狭隘的，总是怨天尤人，心里装满了忧愁、苦闷和痛苦。具体而言，君子与小人对待人的原则不同，"君子成人之美，不成人之恶。小人反是"（《颜渊》）。处理人际关系不同，"君子易事而难说也。说之不以道，不说也；及其使人也，器之。小人难事而易说也。说之虽不以道，说也；及其使人也，求备焉"。意思是，君子容易让人与他共事，却难以讨他喜欢。用不正当的方式讨他喜欢，他是不会喜欢的。但他在使用人的时候，能够知人善任，用其所长。小人则难以让人与他共事，却容易讨他喜欢。用不正当的方式去讨他喜欢，他也会喜欢的。而他在用人的时候，总是对人百般刁难，求全责备。日常生活中的态度不同，"君子泰而不骄，小人骄而不泰"（《子路》）。

在义和利方面，"君子喻于义，小人喻于利"（《里仁》）。义与利是衡量君子与小人的重要标准，君子想问题办事情，只考虑按照道德的要求去做，而不问是否有利可图；小人则不然，只考虑是否有利可图，而不问道德上是否可行。孔子还认为义是君子的重要品质，"君子义以为质，礼以行之，孙以出之，信以成之。君子哉！"（《卫灵公》）孔子不反对利益，却反对不义之财，"不义而富且贵，于我如浮云"（《述而》）。孔子认为，遇到困境时，最能判别君子与小人的差异。有一次孔子带弟子到陈国时断了粮，跟随的人都饿病了，没有人走得动。子路不高兴地问，君子也会陷入困境吗？孔子回答："君子固穷，小人穷斯滥矣。"（《卫灵公》）在和与同方面，"君子和而不同，小人同而不和"（《子路》）。君子之和，既是大家一起团结共事、互相协调，又能求同存异，允许保持不同的个性，允许存在不同的看法，允许发表不同的意见；小人之同，是以利益为纽带，搞小圈子，同流合污，一旦利益缺失，就会互相拆台，检举揭发，树倒猢狲散。在工作中，君子以忠信道义团结人，小人则是结党营私，"君子周而不比，小人比而不周"（《为政》）。遇到问题时，君子不推诿，反省自己，小人则反其道而行，"君子求诸己，小人求诸人"（《卫灵公》）。通过比较君子与小人，反衬了君子人格的伟岸磊落，更加丰富充实了君子形象。

任何民族都有自己的理想人格，中华民族的理想人格是君子。君子人格是中华民族最深层最本质的规定；君子人格是中华文明结出的最甜美最壮观的果实。君子人格寄托着我们的人生理想，是我们人生追求的目标，期望在有生之年，尤其是老之将至的时候，自我评价是君子，他人评价也是君子，人生则无憾矣。君子人格美好，却不是天生丽质，也不是自然长成，而是艰苦修身、严格自律的结果，就像"宝剑锋从磨砺出，梅花香自苦寒来"。君子人格壮丽，却不可能立竿见影，也不可能一蹴而就，而是坚持不懈、终身修炼的结果。即如圣人，也需要一辈子的修为，"子曰：'吾十有五而志于学，三十而立，四十而不惑，五十而知天命，六十而耳顺，七十而从心所欲，不逾矩。'"（《为政》）君子人格尊贵，却难以简单从事，也难以心想事成，而是一步一个脚印的结果。好学是起步，没有好学，就没有君子，"子曰：'吾尝终日不食，终夜不寝，以思，无益，不如学也。'"（《卫灵公》）崇仁是核心，"子曰：'苟志于仁矣，无恶也。'"（《里仁》）力行是关键，"好学近乎知，力行近乎仁，知耻近乎勇"（《中庸》）。孔子建构的君子人格，值得每一个中国人用一生去追求和践行。

五、有教无类

孔子是中国历史上创办私学的第一人，也就是第一位具有现代意义的老师。追本溯源，研究思考现代教育问题，都应珍视孔子留下的这份宝贵遗产，深入学习研究孔子的教育思想。孔子还是中国历史上大量接收私人学生的第一人，他一生中教出了许多有才干的学生，有些弟子还陪伴他周游列国。这说明孔子的教育思想不是无源之水、无本之木，而是有着坚固的实践基础。更重要的是，孔子的教育思想，蕴含着许多合理成分和智慧光芒，至今读来，仍令人叹为观止。对于解决现代教育中存在的一些问题，孔子的思想也不无借鉴和指导意义。

"有教无类"是孔子最重要的教育思想。远古时期，由于生产力水平低下，不可能有更多的剩余产品来供给教育文化事业，教育只能为王公贵族所垄断，平民子弟没有机会入学接受教育。具体表现为图书典籍藏于宫廷之中，平民没有条件阅读；学校设在宫廷和官府，平民子弟不可能进入学习；以吏为师、学宦不分，为贵族弟子专享教育权利提供了制度保证。春秋战国时期，一方面，生产力有了一定程度的发展，能够提供更多的剩余产品以发展教育文化事业；另一方面，"天子失官，学在四夷"，私人办学有了生长和发展的空间和可能。孔子顺应历史潮流，响亮地提出了"有教无类"的口号，即不分贫贱富贵，不分南北东西，不分年龄大小，任何人都有进入学校读书的权利。这就从思想观念上冲毁了王公贵族垄断教育的堤坝，为平民子弟争得了受教育的权利，进而成为中华文明发展史上具有划时代意义的创举。

实现这一理想，要有一定的经济基础。在古代，学生的学费主要靠个人和家庭负担，"子曰：'自行束脩以上，吾未尝无诲焉。'"（《述而》）孔子说，只要带上十条干肉来求学的人，我从来没有不给予教诲的。孔子重视教育是因为教育可以改变一个人的命运，"子曰：'君子谋道不谋食。耕也，馁在其中矣；学也，禄在其中矣。君子忧道不忧贫。'"（《卫灵公》）孔子说，君子只关心真理而不关心衣食。耕田，常可能饿肚子；求学，常可能得到俸禄。君子只担心得不到真理而不担心摆脱不了贫穷。这段话有两层含义值得关注，一层为教育、求学是为了追求真理和知识，另一层为学习可以改变命运，即"耕也，馁在其中矣；学也，禄在其中矣"。这和现代"知识改变命运"的观念，何其相似乃尔！而孔子在两千多年前就把这个道理说了出来，而且说得很透彻。

教书育人是孔子教育思想的主要内容。"子以四教：文、行、忠、信。"（《述而》）"文"是指知识、学问以及文章的文采、字句和条理；"行"是指个人的行为、品德；"忠"是对国家、父母的责任心；"信"就是对社会、朋友的信义。教育应当包括道德教育和知识教育两方面的内容，这在孔子的教育思想中是非常明确的。"陈亢问于伯鱼曰：'子亦有异闻乎？'对曰：'未也。尝独立，鲤趋而过庭。曰："学《诗》乎？"对曰："未也。""不学《诗》，无以言。"鲤退而学《诗》。他日，又独立，鲤趋而过庭。曰："学《礼》乎？"对曰："未也。""不学《礼》，无以立。"鲤退而学《礼》。闻斯二者。'陈亢退而喜曰：'问一得三。闻《诗》，闻《礼》，又闻君子之远其子也。'"（《季氏》）陈亢是孔子的弟子，伯鱼是孔子之子孔鲤。这段话既让我们认识了孔子无私的胸怀，对待学生，无论是谁都一视同仁；又让我们认识了孔子的教育内容，既要学《诗》，就是知识教育，又要学《礼》，就是道德教育。

孔子更重视学生的道德教育，"子以四教"有两个半字涉及道德教育，即"忠""信"和"行"的一半；一个半字涉及知识教育，即"文"和"行"的另一半。通过简单的比较，可以看出孔子是把道德教育放在首要位置。孔子甚至认为，一个人学习知识是容易的，而实践道德规范则困难得多，"子曰：'文，莫吾犹人也。躬行君子，则吾未之有得。'"孔子始终是用一种忧患的心情来看待道德教育，"子曰：'德之不修，学之不讲，闻义不能徙，不善不能改，是吾忧也。'"（《述而》）在强调道德教育的同时，孔子并没有忽视知识教育，"小子何莫学夫《诗》？《诗》可以兴，可以观，可以群，可以怨。迩之事父，远之事君；多识于鸟兽草木之名"（《阳货》）。意思是，学生们，为什么不研习《诗经》呢？《诗经》里的知识，可用来激发情思，可用来观察社会，可用来和合人群，可用来讥刺时政。对近的而言，能懂得如何侍奉父母；对远的而言，能懂得如何侍奉君主。还可以使你们多多学习鸟兽草木的知识。其中"迩之事父，远之事君"，强调的还是道德教育，即学习知识是为了服务于孝与忠的道德规范。

　　因材施教是孔子教育思想的重要方法。朱熹赞扬并概括了孔子的教学方法，"孔子教人，各因其材"（《四书章句集注》）。孔子没有直接提出因材施教的概念，却有着丰富的因材施教的思想和实践。首先是多方面观察学生，对学生有一个透彻的了解。孔子经常对他的学生作出分析，"柴也愚，参也鲁，师也辟，由也喭"（《先进》）。意思是，高柴这个学生愚笨，曾参迟钝，颛孙师偏激，仲由鲁莽，各人情况是不同的。即使是自己非常熟悉的学生，也要反复观察才能真正了解，才能正确评价其本质，"子曰：'吾与回言终日，不违，如愚。退而省其私，亦足以发。回也不愚！'"（《为政》）孔子说，我整天向颜回讲学，他从不提出反问，像个愚钝的人。等他退下去，我考察他与别人私下的谈论，却也能进行发挥，可见颜回并不愚钝。颜回是孔子最喜欢的学生，还要经过认真考察，才能正确评价他的本质，何况其他弟子呢？孔子观察学生，了解学生，是为了因材施教，更好地教育学生，对于不同性格和特点的学生，采取不同的教育方法。"子路问：'闻斯行诸？'子曰：'有父兄在，如之何其闻斯行之？'冉有问：'闻斯行诸？'子曰：'闻斯行之。'公西华曰：'由也问闻斯行诸，子曰有父兄在；求也问闻斯行诸，子曰闻斯行之。赤也惑，敢问。'子曰：'求也退，故进之；由也兼人，故退之。'"（《先进》）这是因材施教的典型例子，针对不同学生的不同性格给予不同的解答，子路性格冲动，所以要阻止他急于行动；冉有生性谦退，所以要鼓励他积极行动。孔子不仅亲身实践因材施教，而且从理论上加以概括，"中人以上，可以语上也；中人以下，不可以语上也"（《雍也》）。

尽管学生智力不同、性格不同，孔子却要求教师对待学生要一视同仁，不能因为学生性格不同或智力一般，就有急躁情绪或缺乏耐心。孔子反复告诫和检讨自己要"学而不厌，诲人不倦"（《述而》）。正是由于这种"学而不厌，诲人不倦"的精神，使得弟子对孔子的学问和人品非常崇敬，"颜渊喟然叹曰：'仰之弥高，钻之弥坚。瞻之在前，忽焉在后。夫子循循然善诱人，博我以文，约我以礼，欲罢不能。既竭吾才，如有所立卓尔。虽欲从之，末由也已。'"（《子罕》）意思是，颜回喟然感叹道，老师的思想和学问，仰视则觉得越高，钻研则觉得越深；眼看它在前面，却忽然到后边去了。老师善于一步一步地诱导我们学习，用文献来丰富我们的知识，用礼节来约束我们的行为，让我们想停止学习都不可能。我用尽了才智，好像在老师的精微之道方面有所成就了。但真的要追随它，却又没有道路可寻。

现代教育经常遇到一个困境：是灌输式教学，还是启发式教学？是应试教育，还是素质教育？孔子的教育思想和实践为我们摆脱这一困境提供了借鉴。在孔子看来，教育要重视培养学生良好的学习精神，一方面要培养学生对学习的兴趣。培养学生的学习兴趣是不断递进的，最低层面是让学生知道学习的重要性，较高层面是让学生喜爱学习，最高层面是让学生感到学习的快乐，"子曰：'知之者不如好之者，好之者不如乐之者。'"（《雍也》）另一方面要培养学生诚实的学习态度，"子曰：'由，诲女知之乎？知之为知之，不知为不知，是知也。'"（《为政》）而要让学生成为"乐之者"，养成良好的学习习惯，就要激励学生。孔子以自己为例，鼓励学生要勤奋学习，"我非生而知之者，好古，敏以求之者也"。在教育方式上，应多采取启发式教育，"子曰：'不愤不启，不悱不发。举一隅不以三隅反，则不复也。'"（《述而》）孔子说，教育学生，不到他们思考问题却想不清楚、想表达而说不出的时候，我是不会去启发他的；教会四角中的一角，他不能由此而推知其他三角，我就不再去教他。而且，老师要尽其所能教育学生，不能像传统的师傅带徒弟那样，总要留一二手绝活，不让徒弟超越师傅，"子曰：'二三子以我为隐乎？吾无隐乎尔。吾无行而不与二三子者，是丘也。'"（《述而》）

在学习方法上，孔子重视学思结合，要求学生学有所思，思有所获，"学而不思则罔，思而不学则殆"。孔子特别重视温故知新，要求学生对学过的东西要经常复习，通过复习加深理解，"温故而知新，可以为师矣"（《为政》）。温故知新还是一件快乐的事情，"学而时习之，不亦说乎？"弟子则把温故知新看作是每日内省的必要功课，"曾子曰：'吾日三省吾身：为人谋而不忠乎？与朋友交而不信乎？传不习乎？'"（《学而》）子夏认为，温故知新是好学的表现，"日知其所亡，月无忘其所能，可谓好学也已矣"（《子张》）。孔子注重虚心向别人学习，"三人行，必有我师焉，择其善者而从之，其不善者而改之"（《述而》）。孔子还提出要向自己的学生学习，"子谓子贡曰：'女与回也孰愈？'对曰：'赐也何敢望回？回也闻一以知十，赐也闻一以知二。'子曰：'弗如也，吾与女弗如也。'"（《公冶长》）一个老师敢于在学生面前承认自己在某些方面不如学生，这是多么博大的胸襟，何等崇高的师德师风！孔子学为人师，行为世范，用他的言论和行为告诉人们一个最重要的教育道理，这就是教师要以身作则、为人师表。

《论语·先进》记载：有一次，孔子与几个弟子闲聊，问及他们的志向，子路的志向是使一个国家"强兵"，冉有是使一个国家的老百姓"足食"，公西华是使一个国家的人"知礼"。对于这三个弟子的志向，孔子只是莞尔一笑，无可无不可。而曾皙却是一面听着同学的谈论，一面弹着瑟。当孔子问他的志向时，他把瑟放下，明确表示自己的志向不同于子路、冉有和公西华，而是"莫春者，春服既成，冠者五六人，童子六七人，浴乎沂，风乎舞雩，咏而归"。意思是，暮春三月，已经穿上了春天的衣服，我和五六位成年人，六七个少年，到沂河里洗洗澡，在舞雩台上吹吹风，一路唱着歌走回来。孔子听完，大加赞赏，"喟然叹曰：'吾与点也！'"孔子的思想是积极入世的，强兵、足食、知礼都是孔子的为政之道。为什么孔子却明确赞同曾皙的志向呢？我们似乎看到了另一个孔子，是一个更加伟岸高大的形象。在混乱的春秋时代和天下熙熙、利来利往的人间社会，他是那么超脱、那么淡定、那么从容。孔子认为，无论入仕为官，还是身居江湖，在人的心灵深处都要超越自我、淡泊名利，爱人助人、完善人生。曾皙描绘的志向正是孔子的人生理想和憧憬：与天同一，与人同聚，与友同乐，没有任何功名，没有任何利害，在自然中嬉戏，在天地间放歌。这是一幅多么美妙的社会图景，也是最高的人生境界。孔子告诉我们：这就是仁！

第四章　孟子之义

　　孟子（约前372—前289）是儒家代表人物，是中国古代伟大的思想家。他以继承孔子衣钵为己任，终身致力于维护和发展孔子思想，"乃所愿，则学孔子也"（《孟子·公孙丑上》。本章凡引用《孟子》一书，只注篇名和卷数），为儒家学派的发展做出了重要贡献，以致儒家思想被称为"孔孟之道"；孟子被称为仅次于圣人孔子的"亚圣"。如果说孔子思想是儒家文化的原点，那么，孟子思想则是儒家文化的最重要的支点，原点和支点连成一线，形成了儒家文化传统，建构了中华文明的主动脉。

一、孟子其人

　　孟子生活于战国中期，其一生大致可分为少年求学；中青年先教书讲学，后周游齐、梁诸国；晚年潜心治学，授徒著书。《史记·孟子荀卿列传》记载如下：

　　　　孟轲，驺人也。受业子思之门人。道既通，游事齐宣王，宣王不能用。适梁，梁惠王不果所言，则见以为迂远而阔于事情。当是之时，秦用商君，富国强兵；楚、魏用吴起，战胜弱敌；齐威王、宣王用孙子、田忌之徒，而诸侯东面朝齐。天下

> 方务于合从连横，以攻伐为贤，而孟轲乃述唐、虞、三代之德，是以所如者不合。退而与万章之徒序《诗》《书》，述仲尼之意，作《孟子》七篇。

从《史记》记载分析，"孟轲，驺人也。受业子思之门人"，子思是孔子的孙子，战国初期著名的思想家。孟子师承子思的学生，学习践行孔子思想，"予未得为孔子徒也，予私淑诸人也"（《离娄下》）。孟子学道之后，周游列国不得志，"道既通，游事齐宣王，宣王不能用。适梁，梁惠王不果所言，则见以为迂远而阔于事情"。"迂远而阔于事情"，是当时诸侯对孟子的评价。在诸侯看来，孟子的政治主张属于书生之见，不符合实际，不能够操作。孟子碰壁的原因，司马迁分析是诸侯只喜霸道而不喜王道，"当是之时，秦用商君，富国强兵；楚、魏用吴起，战胜弱敌；齐威王、宣王用孙子、田忌之徒，而诸侯东面朝齐。天下方务于合从连横，以攻伐为贤，而孟轲乃述唐、虞、三代之德，是以所如者不合"。孟子晚年讲学著书立说，发扬光大孔子思想。约在公元前311年，孟子结束了近20年的游说生涯，回到家乡邹县，从事讲学和著述，主要是整理儒家典籍和创立自己的学说，"退而与万章之徒序《诗》《书》，述仲尼之意，作《孟子》七篇"。

司马迁同情孟子的遭遇，竟在不过千字的二人合传中四次叹息。一叹孟子生不逢时，"余读《孟子》书，至梁惠王问'何以利吾国'，未尝不废书而叹也。曰：嗟乎，利诚乱之始也！"二叹诸侯误解孟子，梁惠王不用孟子所言，且评价孟子的政治主张是"迂远而阔于事情"。三叹王道不如霸道，诸侯对言霸道之人是组织欢迎，礼遇有加，而倡导王道的孔子、孟子则是经常受到困扰。驺忌、驺衍等策士辩才，"其游诸侯见尊礼如此，岂与仲尼菜色陈、蔡，孟轲困于齐、梁同乎哉！"四叹孟子正直不容于世，"持方枘欲内圜凿，其能入乎？"意思是，像木工拿着一个方形隼的木头，能插入凿成圆形卯的木头里吗？司马迁的叹息，道出了孟子的悲情辛酸，也数尽了读书人的悲情辛酸。传统社会中，一切有为的知识分子，书读多了，便立志参与政治、建功立业，度人度世、救国救民。然而，由于各种原因，绝大多数知识分子都是壮怀激烈，空怀报国之志；马放南山，虚洒一腔热血，这是多么的痛苦和悲哀！

《孟子》一书集中反映了孟子的思想和观点，这是毫无疑义的，有所争议的是《孟子》的作者和篇数。关于作者，历来有三种不同看法，一种认为《孟子》是孟子自己所撰，东汉赵岐认为："此书，孟子之所作也，故总谓之《孟子》。"（《孟子题辞》）另一种认为是弟子万章、公孙丑等人根据孟子生前言论编定的，韩愈认为："孟轲之书，非轲自著。"（《韩昌黎集·答张籍书》）还有一种认为是由孟子与其弟子共同编定的，司马迁持这种观点。学界比较一致的看法是，《孟子》一书由孟子及其弟子共同编定，主要作者是孟子。关于篇数，有两个版本，《史记》记载为七篇；《汉书·艺文志》记载为十一篇，除通行的七篇外，还有《性善》《文说》《孝经》《为政》四篇。赵岐注释时把《孟子》十一篇分为《内书》七篇和《外书》四篇，认为《外书》属伪作，不予疏解。赵岐又将《内书》七篇各分为上、下卷，变成十四卷，计261章。朱熹作注时，将《孟子·尽心上》的两章合为一章，计260章。流传至今的《孟子》，是以赵岐作注为主，由朱熹改定的版本。《孟子》文字流畅、犀利精练，气势磅礴、感情充沛，宽厚宏博、驰骋自如，结构合理、论说透彻，既滔滔不绝，又从容不迫，用形象化的语言和故事说明深奥的道理，经常是言必称尧舜二王，论必冠子曰诗云。

如果说孔子重视做人问题，《论语》讲的是为人之道，那么，孟子则重视政治问题，《孟子》讲的是为君之道。孟子所处的战国中期是一个急剧变革的时代，西周王朝建立的分封奴隶制已是

"无可奈何花落去"，新兴的郡县封建制呼之欲出，犹如清晨的太阳，跃升在东方地平线上。战国中期又是一个混乱的时代，诸侯互相争战，百姓生灵涂炭，社会秩序混乱。面对千年未有之变革和乱局，孟子首先想到的是为官从政，直接实施其政治理想，变乱为治，平治天下，"如欲平治天下，当今之世，舍我其谁也？"（《公孙丑下》）然而，天不遂人愿，历史没有给孟子为官从政、平治天下的机会。退而求其次，孟子周游列国，拟以王者师的身份推行其政治主张，教导君王施仁政、行王道，"有王者起，必来取法，是为王者师也"（《滕文公上》）。结果还是不能如愿，被齐宣王、梁惠王认为迂远而阔于事情。孟子只好退而再求其次，聚徒讲学和著书立说。尽管孟子未能为官从政，其所思所想、所作所为却是政治和治国安邦的事情。无论经历还是愿望，无论志向还是追求，孟子都是一个政治性人物。孟子思想的实质是政治哲学，《孟子》一书的主要内容是政治。政治是理解孟子思想的关键，也是打开孟子学说大门的一把钥匙。孟子的政治思想由民本、仁政和王道构成，具有系统性和内在的逻辑统一性。

当然，孟子思想十分丰富，不仅局限在政治领域，在哲学上，他提出了人性本善理论；在人格上，他提出了大丈夫精神；在教育上，他提出了育天下英才思想。孟子对于儒家的最大贡献，是把孔子仁的思想发展为仁义并举的学说。在孔子那里，义从属于仁，孟子则把义的概念提升到与仁并列的地位。孟子认为，仁是人的内心修养，义是实践仁的途径，仁的修养只有通过义的途径，才能外化为人的日常言行，"仁，人心也；义，人路也。舍其路而弗由，放其心而不知求，哀哉！"（《告子上》）仁为人心，表明就人的本性而言，仁是人心中所固有的，意指人性善的形而上依据；义为人路，说明仁的显现需要有正确的方法，意指人性善的形而下路径，从而促进孔子之仁由抽象的理念变成具体的实践。北宋二程给予高度评价："孟子有功于圣门，不可言。如仲尼

只说一个'仁'字，孟子开口便说'仁义'。"(《程氏遗书》)

孟子生活在一个百家争鸣的时代，不得不与各种人论辩，既与统治者论辩，又与各种非儒家思想流派论辩，给人留下了好辩的印象，"公都子曰：'外人皆称夫子好辩，敢问何也？'孟子曰：'予岂好辩哉？予不得已也。'"(《滕文公下》)对于好辩，孟子似乎有点无奈地加以认同，但却是其最大的人格特点和魅力。孟子的好辩是维护圣道，这使孟子占据了思想和道德的制高点，为好辩赢得了合法性和权威性。孟子与时人论辩的范围广、内容多，涉及哲学、政治、经济、伦理道德等诸多领域。无论哪一种论辩，孟子都是以维护圣道为目的，显得理直气壮、咄咄逼人，有一种居高临下、高屋建瓴的态势，"我亦欲正人心，息邪说，距诐行，放淫辞，以承三圣者"(《滕文公下》)。意思是，我要端正人心，抑制谬论，反对偏激行为，驳斥夸诞的言论，来继承尧、舜、周公和孔子等圣人之道。孟子的好辩是批判思维，重点批判统治者，严厉抨击统治者不负责任，视百姓如草芥，不管百姓死活，"狗彘食人食而不知检，涂有饿莩而不知发；人死，则曰：'非我也，岁也。'是何异于刺人而杀之，曰：'非我也，兵也。'王无罪岁，斯天下之民至焉"(《梁惠王上》)。同时，孟子坚决批判各种非儒家思想，"杨子取为我，拔一毛而利天下，不为也。墨子兼爱，摩顶放踵利天下，为之。子莫执中，执中为近之。执中无权，犹执一也。所恶执一者，为其贼道也，举一而废百也"(《尽心上》)。孟子的好辩是敢于骂人。孟子骂杨朱和墨子为禽兽，"杨氏为我，是无君也；墨氏兼爱，是无父也。无父无君，是禽兽也"(《滕文公下》)。孟子还骂统治者，骂商纣王是独夫民贼，"贼仁者谓之'贼'，贼义者谓之'残'。残贼之人谓之'一夫'。闻诛一夫纣矣，未闻弑君也"(《梁惠王下》)。骂一心想称霸的梁惠王为率兽食人，"庖有肥肉，厩有肥马，民有饥色，野有饿莩，此率兽而食人也。兽相食，且人恶之；为民父母，行政，不免于率兽而食人，

恶在其为民父母也？"骂梁惠王的儿子梁襄王不像个君王的样子，
"孟子见梁襄王，出，语人曰：'望之不似人君，就之而不见所畏
焉。'"（《梁惠王上》）

二、人性之善

在儒学发展史上，孟子第一个全面系统地论述了人性问题，
他把孔子具有性善倾向的人性思想发展为性善论，"滕文公为世
子，将之楚，过宋而见孟子。孟子道性善，言必称尧舜"（《滕文
公上》）。朱熹注云："孟子之言性善，始见于此，而详具于《告
子》之篇。然默识而旁通之，则七篇之中，无非此理。"（《四书
章句集注》）孟子立足于天命，为性善论提供形而上的依据。为
了证明天是性善的终极原因，孟子引用《诗经》和孔子言论加以
论证，"《诗》曰：'天生蒸民，有物有则。民之秉彝，好是懿德。'
孔子曰：'为此诗者，其知道乎！故有物必有则，民之秉彝也，故
好是懿德。'"（《告子上》）意思是，《诗经》说上天生养万民，事
物都有法则。百姓把握常规，喜爱美好品德。孔子认为，作这首
诗的人，一定是个了解大道的人啊。因此，有事物便有其不变
的法则；百姓把握了它，所以喜欢美好的品德。孟子立足于生命
体验，为性善论确立事实依据。孟子通过观察和体验，认为人人
都有不忍人之心，即对他人的怜悯、同情和仁爱之心，"所以谓
人皆有不忍人之心者，今人乍见孺子将入于井，皆有怵惕恻隐之
心，非所以内交于孺子之父母也，非所以要誉于乡党朋友也，非
恶其声而然也"（《公孙丑上》）。孟子立足于类的概念，为性善论
提供理论依据。孟子认为，人作为类的存在，必定具有同样的本
性；无论是道德高尚的圣人，还是普通的老百姓，他们都属于人
的范畴。既然圣人可以为善，具有善性，那么普通人也有善性，
必然能够向善为善，"故凡同类者，举相似也，何独至于人而疑

之？圣人与我同类者"(《告子上》)。

先秦思想家为了推行自己的思想主张，都从理论上探讨了人性问题。老子提出了婴儿人性论，认为婴儿的原始素朴状态才是人的本性，"含德之厚，比于赤子"(《老子·第五十五章》)；主张在人生的任何阶段都要保持婴儿般的本真和素朴，"知其雄，守其雌，为天下溪。为天下溪，常德不离，复归于婴儿"(《老子·第二十八章》)。意思是，深知雄强重要，却甘居雌柔的地位，愿做天下的河溪。愿做天下的河溪，美德永不相离，复归于纯真的婴儿。墨子提出了染丝人性论，认为人性如丝，因为后天和环境的影响，变成了黑与白，形成了善或恶。"子墨子言见染丝者而叹曰：染于苍则苍，染于黄则黄，所入者变，其色亦变。五入必，而已则为五色矣"；强调"染不可不慎也"(《墨子·所染》)。荀子提出了性恶人性论，批判了孟子的性善论，"孟子曰：'人之学者，其性善。'曰：是不然。是不及知人之性，而不察乎人之性伪之分者也"。荀子认为："人之性恶，其善者伪也。"(《荀子·性恶》)韩非提出了欲利人性论，实质是性恶论的一种表现形式。他从人的生理机能入手，认为人的生理需求和生存需要造就了人的欲利心，"人无毛羽，不衣则不犯寒；上不属天而下不著地，以肠胃为根本，不食则不能活，是以不免于欲利之心"(《韩非子·解老》)。先秦诸子探讨人性的显著特点，基本是以善恶来规定人的本质，或曰性善，或曰性恶，或曰性有善有恶，或曰性无善无恶。

孟子重在心性修养，主张人性本善，继承和发展了孔子具有性善倾向的人性思想。"性相近也，习相远也"(《论语·阳货》)，是孔子对于人性的基本判断。一方面，孔子肯定了人作为一个类的社会存在，必然有着相近的本性；另一方面，孔子认为人性的差异在于后天不同的社会环境和自身努力。孔子确实没有说过人性是善还是恶，却不能否认其强烈的性善倾向。仁是孔子思想的核心，仁的本质是爱人。仁者爱人从亲情开始，由亲及疏、由近及远、推己及人，把源自血缘的爱亲之情扩而充之、外而化之，将他人视为与自己一样有着共同的生理需求和心理情感的族类，当作亲人来对待，设身处地为他人着想、体谅、同情、善待他人，进而实现"君子敬而无失，与人恭而有礼。四海之内，皆兄弟也"（《论语·颜渊》）。由此可知，孔子之仁的倾向就是善，充满着人性和人道主义的光辉，从而为孟子之性善论打下了坚实的思想基础。

人性本善是孟子思想的基本观点，也是孟子思想的形而上根据。孟子以人有相同的自然性展开论证，"口之于味也，有同耆焉；耳之于声也，有同听焉；目之于色也，有同美焉"。所以，天下人都希望成为像易牙那样的美厨、师旷那样的音乐家和子都那样的美男子，"至于味，天下期于易牙，是天下之口相似也。惟耳亦然。至于声，天下期于师旷，是天下之耳相似也。惟目亦然。至于子都，天下莫不知其姣也。不知子都之姣者，无目者也"。在孟子看来，人的社会性如同自然性一样，也有相同的内容，"至于心，独无所同然乎？心之所同然者何也？谓理也义也。圣人先得我心之所同然耳。故理义之悦我心，犹刍豢之悦我口"。意思是，说到心，难道就没有什么相同的了吗？人心所公认的东西是什么？是理，是义。圣人先于普通人得知了我们心中共同的东西。因此，理义使我心愉悦，就像牛羊猪的肉合乎我的口味一样。孟子把人性善的内容概括提炼为"四心"，具体化为仁义礼智。仁义礼智就是恻隐、羞恶、恭敬和是非之心，"恻隐之心，仁也；羞恶之心，义也；恭敬之心，礼也；是非之心，智也"。孟子认为，仁义礼智是人人共有的普遍现象，而不是个别人拥有的品质，"恻隐之心，人皆有之；羞恶之心，人皆有之；恭敬之心，人皆有之；是非之心，人皆有之"。孟子明确提出仁义礼智是先天固有、与生俱来的，而非后天形成的，"仁义礼智，非由外铄我也，我固有之也，弗思耳矣。故曰：'求则得之，舍则失之。'或相倍蓰而无算者，不能尽其才者也"（《告子上》）。意思是，仁义礼智，不是外人教我的，是我原本就有的，只是没深入思考过罢了。所以说一经探求就会得到它，一旦放弃就会失掉它。人们之间有相差一倍、五倍甚至无数倍的，就是不能全部发挥其天赋资质的缘故。

孟子虽然以人的自然性说明性善是人先天固有的本性，但还是区分了人的自然性与社会性，认为人性善和人的社会性才是人的本质规定，是人与动物的根本区别。"人之所以异于禽兽者几希，庶民去之，君子存之。舜明于庶物，察于人伦，由仁义行，非行仁义也。"（《离娄下》）朱熹注云："几希，少也。"（《四书章句集注》）人与动物在饥渴等一般生理刺激反应上都是相同的，区别仅仅在于人性善，没有善性，就不是人，"由是观之，无恻隐之心，非人也；无羞恶之心，非人也；无辞让之心，非人也；无是非之心，非人也"（《公孙丑上》）。孟子不仅区分了人的自然性与社会性，而且认为人的社会性比自然性重要，为此他提出了大体与小体的概念。大体是指人的仁义礼智等社会本质，小体是指人的耳目口腹之欲等自然本性。孟子认为，人人都爱惜自己的身体，爱惜身体的每一个部分，"人之于身也，兼所爱。兼所爱，则兼所养也。无尺寸之肤不爱焉，则无尺寸之肤不养也"。然而，身体的每一部分并不是同等重要的，孟子强调要养其大体，勿以小失大，这是区分大人与小人的标准，也是区分人的道德品质高低的依据，"体有贵贱，有小大。无以小害大，无以贱害贵。养其小者为小人，养其大者为大人"。孟子不仅看到了人的社会性重于自然性，而且看到了两者之间的联系，认为人的自然性应受到社会性的制约，人的自然性只有服从于社会性时才有意义，"饮食之人，则人贱之矣，为其养小以失大也。饮食之人无有失也，则口腹岂适为尺寸之肤哉？"（《告子上》）意思是，只在吃喝上下功夫的人，人们看不起他，因为他保养小的部分，而失掉了大的部分。如果讲究吃喝的那些人没有丢掉思想的教育，那么他们吃喝的目的难道只为了保养口腹这些小的部分吗？如果人的自然本质不被其社会性所约束，那么，人就会退化为动物，正如马克思所言，"诚然，饮食男女等等也是真正人类的机能。然而，如果把这些机能同其他人类活动割裂开来，并使它们成为最后的和唯一的终极目的，那么，在这样的抽象中，它们就具有动物的性质"①。

　　孟子虽然认为人性本善，却没有否定后天的努力和环境的作用。孟子以牛山的草木存否为例，说明后天和环境的重要。牛山本来有很多草木，因为在城市旁边，不断有人砍伐，又放牧，养牛养羊，导致牛山没有了草木，光秃秃的。孟子问，这难道是牛山本来的面目吗？"牛山之木尝美矣，以其郊于大国也，斧斤伐之，可以为美乎？是其日夜之所息，雨露之所润，非无萌蘗之生焉，牛羊又从而牧之，是以若彼濯濯也。人见其濯濯也，以为未尝有材焉，此岂山之性也哉？"孟子进而论证人性也和牛山一样，不能因为有的人像禽兽一样做坏事，泯灭善性，就认为他的本性是恶的，"人见其禽兽也，而以为未尝有才焉者，是岂人之情也哉？"（《告子上》）孟子没有否定后天和环境的作用，是因为人性善并不是实然的人性，而是应然的人性，指人心中所含有的先天向善的倾向性和可能性。孟子把人性中向善的倾向称为"端"，"恻隐之心，仁之端也；羞恶之心，义之端也；辞让之心，礼之端也；是非之心，智之端也。人之有是四端也，犹其有四体也"（《公孙丑上》）。朱熹将"端"解释为"绪"，"端，绪也。因其情之发，而性之本然可得而见，犹有物在中而绪见于外也"（《四书章句集注》）。端也好，绪也好，都是萌芽的意思，萌芽要开花

① 马克思：《1844年经济学哲学手稿》，人民出版社1979年版，第51页。

结果，长成参天大树，就必须有人为的培育和环境的影响，孟子称之为扩而充之，即将人心中处于细微状态的善性扩充为人的行动并外推至他人，"凡有四端于我者，知皆扩而充之矣，若火之始然，泉之始达。苟能充之，足以保四海；苟不充之，不足以事父母"（《公孙丑上》）。

怎样培育和扩充人之善性呢？孟子提出了思的修养原则，"诚身有道，不明乎善，不诚其身矣。是故诚者，天之道也；思诚者，人之道也"（《离娄上》）。孟子认为，思是人心的活动，而不是感官的活动；思是人的社会性和仁义礼智，而不是人的自然性和感官欲望，"耳目之官不思，而蔽于物。物交物，则引之而已矣。心之官则思，思则得之，不思则不得也"（《告子上》）。思的最大障碍是欲望过多过滥，因此孟子强调要寡欲，"养心莫善于寡欲。其为人也寡欲，虽有不存焉者，寡矣；其为人也多欲，虽有存焉者，寡矣"（《尽心下》）。践行仁义和性善，有可能得不到别人的理解和认同，就要自我反省。孟子提出了反求诸己的修养方法，"爱人不亲，反其仁；治人不治，反其智；礼人不答，反其敬。行有不得者皆反求诸己，其身正而天下归之"（《离娄上》）。孟子还提出了求其放心的修养路径。放心与存心相对立，意味着丢失了人的善性。存心是要保持内心所具有的善性，"君子所以异于人者，以其存心也。君子以仁存心，以礼存心"（《离娄下》）。存心是一个艰难的修身养性的过程，并不是人人都能做到存心，每个人也不是任何时候任何情况下都能存心的。当人不能存心之日，就是放心之时，则要加强自我修身和道德修养，把丢失和放弃的人心寻找回来，"学问之道无他，求其放心而已矣"（《告子上》）。孟子提出了循序渐进的修养原则，就是要遵循规律、坚持不懈，不要拔苗助长、违背规律，"必有事焉而勿正，心勿忘，勿助长也。无若宋人然"。"宋人"意指"揠苗助长"的故事，"宋人有闵其苗之不长而揠之者，芒芒然归，谓其人曰：'今日病矣！

予助苗长矣！'其子趋而往视之，苗则槁矣"（《公孙丑上》）。

三、发政施仁

孟子一生向往为官从政，实现自己的政治抱负，治国平天下，给百姓带来福祉。他把士大夫为官从政比作农夫耕田，认为是很自然的事情，"士之仕也，犹农夫之耕也；农夫岂为出疆舍其耒耜哉？"将士大夫不能为官从政，或失去官职，看得很严重，"士之失位也，犹诸侯之失国家也"（《滕文公下》）。意思是，士人失去官位，就好比诸侯失掉了国家。孟子最重视的是孔子的政治思想，他从性善论出发，把孔子仁的理念发展为一套完整的政治学说。

法先王是孟子政治思想的有机组成部分，这与孔子崇尚的三代之治有着异曲同工之妙。孟子的法先王具有托古改制性质，主要不是效法先王的道德理念和社会制度，而是要推行自己的仁政思想和王道学说，"人皆有不忍人之心。先王有不忍人之心，斯有不忍人之政矣。以不忍人之心，行不忍人之政，治天下可运之掌上"（《公孙丑上》）。孟子赞美最多的是尧舜。在孟子看来，尧舜是治国的典范，尧舜时代是政治理想的典范。尧舜治国以孝悌为本，"尧舜之道，孝弟而已矣"（《告子下》）。舜是孝悌的榜样，在舜的心目中，只有孝顺父母，才能解除忧愁。"天下之士悦之，人之所欲也，而不足以解忧；好色，人之所欲，妻帝之二女，而不足以解忧；富，人之所欲，富有天下，而不足以解忧；贵，人之所欲，贵为天子，而不足以解忧。人悦之、好色、富贵，无足以解忧者，惟顺于父母可以解忧。"（《万章上》）尧舜治国是纲举目张，选贤任能，"知者无不知也，当务之为急；仁者无不爱也，急亲贤之为务。尧舜之知而不遍物，急先务也；尧舜之仁，不遍爱人，急亲贤也"（《尽心上》）。意思是，智者没有什么不知道的，但急于知道当前该做的紧要事情；仁者没有什么不爱惜的，但急于爱亲人和贤人。尧舜的智慧不能遍知所有的事物，是因为他们急于去做眼前的大事；尧舜的仁德不能遍爱所有的人，是因为他们急于去爱亲人和贤人。

尧舜治国树立了君臣之道，尧为君，尽君之道，仁政爱民；舜为臣，尽臣之道，忠于君王。"规矩，方员之至也；圣人，人伦之至也。欲为君，尽君道；欲为臣，尽臣道。二者皆法尧舜而已矣。不以舜之所以事尧事君，不敬其君者也；不以尧之所以治民治民，贼其民者也。孔子曰：'道二，仁与不仁而已矣。'"尧舜治国以仁政为主旨，施行不忍人之政。孟子用正反句式加以论证：否定句式是"离娄之明，公输子之巧，不以规矩，不能成方圆；师旷之聪，不以六律，不能正五音；尧舜之道，不以仁政，不能平治天下"。离娄，相传是黄帝时目力极强的人；公输子即鲁班，为著名的巧匠；师旷，是春秋时期著名的音乐家。而肯定句式是认同先王行使仁政，"圣人既竭目力焉，继之以规矩准绳，以为方圆平直，不可胜用也；既竭耳力焉，继之以六律正五音，不可胜用也；既竭心思焉，继之以不忍人之政，则仁覆天下矣"。因此，孟子强调政治统治必须法先王，"为高必因丘陵，为下必因川泽；为政不因先王之道，可谓智乎？"（《离娄上》）意思是，建高台一定要凭借丘陵，挖深池一定要凭借沼泽，从政不凭借古代圣王之道，能说是明智吗？

民本是孟子政治思想最辉煌的部分。早在殷商之前，圣贤们已经有了"民惟邦本，本固邦宁"（《尚书·五子之歌》）的思想。先秦思想家们都对民本思想有所论述，而在先秦思想家和早期的儒家代表人物中，没有哪一位比孟子更重视民众的社会作用和历史地位了。孟子的贡献在于深刻而系统地阐述了民本思想，并把它发展成为仁政的理论基础，运用到施政纲领之中，"诸侯之宝三：土地、人民、政事。宝珠玉者，殃必及身"（《尽心下》）。赵岐注云:"诸侯正其封疆,不侵邻国,邻国不犯,宝土地也。使民以时,民不离散,宝人民也。修其德教,布其惠政,宝政事也。"(《孟子注疏》)在孟子看来,土地、人民、政事是国家的三个基本要素,土地为立国之基业,人民为守国之根本,政事为经国之纲要。诸侯只有以此三者为宝,才能实现平治天下,如果以珍珠美玉为宝,就会招致祸患。在此基础上,孟子石破天惊地提出"民贵君轻"的思想,"民为贵,社稷次之,君为轻。是故得乎丘民而为天子"。这段话肯定了民众在国家中的基础地位,民众在国家政治中的地位比君王重要得多;得到民众和赢得民心,才能得到天下和成为天子。两千多年前,中国社会正处于分封制向郡县制过渡的变革时代,生产力低下,阶级矛盾十分尖锐,孟子能够提出"民贵君轻"的思想,强调对平民百姓的尊重和人与人之间的平等,不能不令人感佩。"民贵君轻"一经提出,便使传统社会受到极大震动,成为后世批判君主专制的锐利武器。更为可贵的是,孟子还提出了可以变更君王的主张,"诸侯危社稷,则变置。牺牲既成,粢盛既絜,祭祀以时,然而旱干水溢,则变置社稷"(《尽心下》)。意思是,如果诸侯危害国家,那么就改立诸侯。牺牲已经肥壮,祭品已经洁净,祭祀也按时进行,然而依旧发生旱灾水灾,那么就要改立土神、谷神。

保民是孟子政治思想的基本前提。孟子在与齐宣王的对话中鲜明地提出了保民的思想,认为只有保护老百姓的人,才能成为统治者和治国安邦。"曰:'德何如则可以王矣?'曰:'保民而王,莫之能御也。'"在孟子看来,保民而王要有不忍人之心。孟子之所以肯定齐宣王能够保民而王,是因为听到齐宣王以羊易牛去祭祀的故事,"臣闻之胡龁曰,王坐于堂上,有牵牛而过堂下者,王见之,曰:'牛何之?'对曰:'将以衅钟。'王曰:'舍之!吾不忍其觳觫,若无罪而就死地。'对曰:'然则废衅钟与?'曰:'何可废也?以羊易之!'"孟子认为,以羊易牛祭祀的事例说明齐宣王有不忍人之心，具备保民而王的条件，"是心足以王矣。百姓皆以王为爱也，臣固知王之不忍也"。保民而王要推恩于民。推恩于民就是扩充不忍人之心，"老吾老，以及人之老；幼吾幼，以及人之幼。天下可运于掌"。孟子通过《诗经》加以论证，"《诗》云：'刑于寡妻，至于兄弟，以御于家邦。'言举斯心加诸彼而已"。意思是，《诗经》说先给妻子做表率，然后推及兄弟，进而推到封邑国家。说的无非是把不忍人之心推广到别的方面罢了。孟子批评齐宣王只把不忍之心用于禽兽，而没有恩及老百姓，"今恩足以及禽兽，而功不至于百姓者"。孟子告诫齐宣王，不能推恩于民，就不能保民而王，"故推恩足以保四海，不推恩无以保妻子"。孟子提醒齐宣王，"古之人所以大过人者，无他焉，善推其所为而已矣"（《梁惠王上》）。意思是，古代的圣贤之所以能够远远超过别人，没有什么奥妙，只是善于推广他的善行，扩充他的不忍人之心。保民而王还要坚决反对战争。孟子对战争持否定态度，认为发动战争的人应当受到最严重的刑罚处置，"争地以战，杀人盈野；争城以战，杀人盈城，此所谓率土地而食人肉，罪不容于死。故善战者服上刑"（《离娄上》）。

仁政是孟子政治思想的重要内容。孟子继承了孔子"为政以德"的思想，创造性地提出仁政学说。面对战乱频繁、苛捐杂税和徭役繁重、民不聊生的社会现实，孟子痛心不已，他呼吁统治者应该发政施仁，救民众于水深火热之中。在孟子看来，统治者如果不施行仁政，就会失去天下，"三代之得天下也以仁，其失天下也以不仁。国之所以废兴存亡者亦然。天子不仁，不保四海；诸侯不仁，不保社稷；卿大夫不仁，不保宗庙；士庶人不仁，不保四体"（《离娄上》）。孟子认为，仁政是与民生连在一起的，没有民生，就没有仁政。仁政要制民之产，使老百姓有衣穿有饭吃，"是故明君制民之产，必使仰足以事父母，俯足以畜妻子，乐岁终身饱，凶年免于死亡"。进而使老百姓有恒心，能够安居乐业，"若民，则无恒产，因无恒心。苟无恒心，放辟邪侈，无不为已。及陷于罪，然后从而刑之，是罔民也"（《梁惠王上》）。意思是，至于老百姓，如果没有固定的产业，就不会有坚定的心志。假如没有坚定的心志，就会为非作歹，无所不为。等他们犯了罪，然后处罚他们，这叫陷害百姓。仁政要救济"穷民"。穷民即社会上的孤苦无援者，孟子以周文王为例，认为发政施仁必须先帮助和救济穷民。"老而无妻曰鳏，老而无夫曰寡，老而无子曰独，幼而无父曰孤。此四者，天下之穷民而无告者。文王发政施仁，必先斯四者。"（《梁惠王下》）仁政要轻徭薄赋。历史证明，有政府就会有税赋。孟子认为征税要有限度，"有布缕之征，粟米之征，力役之征。君子用其一，缓其二。用其二而民有殍，用其三而父子离"（《尽心下》）。孟子还以文王为例，强调省刑罚、薄税收，"昔者文王之治岐也，耕者九一，仕者世禄，关市讥而不征，泽梁无禁，罪人不孥"（《梁惠王下》）。意思是，从前周文王治理岐地，农夫的税率是九分抽一，做官的世代享有俸禄，关卡和市场只维持秩序而不抽税，到湖泊池塘里捕鱼而不被禁止，处罚犯罪的人而不连累他的妻儿。仁政要教育教化。孟子把教化看成是人与禽兽的本质区别，"无教，则近于禽兽"（《滕文公上》）。在富民的同时，"谨庠序之教，申之以孝悌之义，颁白者不负戴于道路矣"。只要富民教民，就能治国安邦、称王天下，"老者衣帛食肉，黎民不饥不寒，然而不王者，未之有也"（《梁惠王上》）。

王道是孟子政治思想的理想目标。孟子提出了王道思想，即以理想的政治之道建立理想的人间秩序。从现有文献可知，王道思想在儒家产生之前就已出现，"无偏无陂，遵王之义；无有作好，遵王之道；无有作恶，遵王之路。无偏无党，王道荡荡；无党无偏，王道平平；无反无侧，王道正直。会其有极，归其有极"（《尚书·洪范》）。意思是，不要不平，不要不正，要遵守王令；不要作私好，要遵守王道；不要作威恶，要遵行正路。不要行伪，不要结党，王道坦荡；不要结党，不要行伪，王道平平；不要违反，不要倾侧，王道正直。团结那些守法之臣，归附那些执法之君。从这段话可知，王道一词蕴含着社会公平正义的思想。在孟子看来，王道是与霸道相对立的一个概念，王、霸之间的根本差别在于是以仁义行使权力，还是以力量行使权力，"以力假仁者霸，霸必有大国；以德行仁者王，王不待大。汤以七十里，文王以百里。以力服人者，非心服也，力不赡也；以德服人者，中心悦而诚服也，如七十子之服孔子也。《诗》云：'自西自东，自南自北，无思不服。'此之谓也"（《公孙丑上》）。实行王道，就能得到人心；得到人心，就能得到天下。反之，则会失去人心，失去天下，"桀纣之失天下也，失其民也；失其民者，失其心也。得天下有道：得其民，斯得天下矣。得其民有道：得其心，斯得民矣。得其心有道：所欲与之聚之，所恶勿施，尔也。民之归仁也，犹水之就下、兽之走圹也"（《离娄上》）。

孟子认为，王道的榜样是尧舜禹汤文武周公，他们的做法是造福百姓、选贤任能和奖罚分明，"天子适诸侯曰巡狩，诸侯朝于天子曰述职。春省耕而补不足，秋省敛而助不给。入其疆，土地辟，田野治，养老尊贤，俊杰在位，则有庆，庆以地。入其疆，土地荒芜，遗老失贤，掊克在位，则有让。一不朝，则贬其爵；再不朝，则削其地；三不朝，则六师移之。是故天子讨而不伐，诸侯伐而不讨"。孟子指出，霸道的典型是春秋五霸，"五霸者，搂诸侯以伐诸侯者也。故曰五霸者，三王之罪人也"（《告子下》）。孟子反对五霸征战不已，反对侵略他国、危害百姓的不义之战，"春秋无义战。彼善于此，则有之矣。征者，上伐下也，敌国不相征也"（《尽心下》）。意思是，春秋时期没有正义的战争。彼国比此国要好一些，这种情况是有的。征是天子讨伐有罪的诸侯以正其国家，同等级的诸侯之间不能互相征讨。

四、勇猛精进

文化的目的是要塑造理想人格。而人格是一个复杂的概念，20世纪30年代，美国心理学家高尔顿·奥尔波特在《人格：一种心理学的解释》中梳理了50种有关人格的定义。尽管人格的定义很多，很难统一认识，但抽象地看，人格却可简单分为两种，一种为个人人格，意指人所具有的与他人相区别的独特而稳定的思维方式和行为风格；另一种为集体人格，瑞士心理学家荣格指出：一切文化最后都沉淀为人格，不是歌德创造了浮士德，而是浮士德创造了歌德。集体人格，从民族的角度，可称为文化人格；从思想流派的角度，可称为理想人格。集体人格是某一社会、某个民族和某种文化中人们最为推崇的人格模型，集中体现了社会民族和文化发展长期积淀的基本特征和价值标准，可以离开人的肉体、离开人所处的社会条件，而独立地存在于民族的精神之中。理想人格意指理想中的人格状态，这是一种超越现实人格的人格，也是一种想要追求而又很难达到的人格境界。对于中华民族而言，集体人格就是君子；对于儒家学说而言，理想人格还是君子。从这个意义上说，孟子的理想人格仍然是君子。在孟子心目中，君子是天地间的完人，君子人格是所有人学习的目标和榜样，"夫君子所过者化，所存者神，上下与天地同流"（《尽心上》）。孔子的君子是文质彬彬、温文尔雅，孟子则赋予其大丈夫精神，使君子人格更加豪迈激荡、生机勃发。朱熹誉之为勇猛精进，"善人只循循自守，据见定，不会勇猛精进。循规蹈矩则有余，责之以任道则不足"（《朱子语类》）。这是孟子对于儒家理想人格的贡献，从而加强了士大夫的独立地位，提升了读书人的精神境界，激励着一代又一代知识分子为国家和民族慷慨前行、义无反顾。

大丈夫精神有着丰富的人格内容，"居天下之广居，立天下之正位，行天下之大道"（《滕文公下》）。说的是大丈夫的内涵，朱熹注云："广居，仁也；正位，礼也；大道，义也。"（《四书章句集注》）仁、礼、义是儒家的思想核心，也是孔子、孟子反复强调的伦理道德概念。在孔子看来，仁者爱人，统摄其他道德品格。实际上，仁是君子人格的高度抽象，君子人格内聚着仁的全部内容。礼是社会秩序和行为规范，"非礼，无以节事天地之神也；非礼，无以辨君臣、上下、长幼之位也；非礼，无以别男女、父子、兄弟之亲，昏姻、疏数之交也"（《礼记·哀公问》）。义是君子的本质规定和行为准则，"君子之于天下也，无适也，无莫也，义之与比"（《论语·里仁》）。孟子则在孔子的基础上把义与仁并列，纳入君子人格和大丈夫精神之中，"言非礼义，谓之自暴也。吾身不能居仁由义，谓之自弃也"（《离娄上》）。孟子还把仁义礼智看成是与生俱来的天赋道德萌芽，"君子所性，仁义礼智根于心，其生色也睟然，见于面，盎于背，施于四体，四体不言而喻"（《尽心上》）。清王夫之认为，名副其实的大丈夫要做到仁无不覆、礼无不协、义无不审，"其居则天下之广居也，涵四海万民于一心，使各遂其所，仁无不覆也。所立则天下之正位，定民彝物则之常经，而允执其中，礼无不协也。所行则天下之大道，酌进退辞受之攸宜，而率礼不越，义无不审也"（《四书训义》卷三十）。

　　"得志，与民由之；不得志，独行其道"（《滕文公下》）。说的是大丈夫的处境，赵岐注曰："得志行正，与民共之。不得志，隐居独善其身，守道不回也。"（《孟子注疏》）大丈夫一生既可能居于顺境，也可能处于逆境；既可能居庙堂之高，也可能处江湖之远。无论顺境，还是逆境；无论居庙堂之高，还是处江湖之远，大丈夫一以贯之的行为，就是坚守道义，遵道而行。所谓得志，是居于顺境和庙堂的时候，要与老百姓同忧乐，造福于百姓；不得志，则是处于逆境和江湖之远的地方，要独善其身，不能自暴自弃，也不能怨天尤人。无论得志还是不得志，大丈夫一以贯之的行为，仍然是坚守仁义，遵道而行。道是儒家的核心价值和终极信念，孔子要求"笃信好学，守死善道。危邦不入，乱邦不居。天下有道则见，无道则隐"（《论语·泰伯》）。孟子比孔子激进，认为在天下无道的时候还要奋发进取，甚至可以献出生命，这是大丈夫精神为君子人格注入的阳刚之气，"天下有道，以道殉身；天下无道，以身殉道。未闻以道殉乎人者也"（《尽心上》）。余英时认为，道的产生是哲学的突破，对于传统社会读书人具有重要意义，是知识分子人格独立的标志，"'哲学的突破'以前，士固定在封建关系之中而各有职事：他们并没有一个更高的精神凭藉可恃以批评政治社会、抗礼王侯。但'突破'以后，士已发展了这种精神凭藉，即所谓'道'"。有了道之后，"此时'士'的特征已显然不在其客观的社会身份，而在其以'道'自任的精神"①。

"富贵不能淫，贫贱不能移，威武不能屈"（《滕文公下》），说的是大丈夫的境界，朱熹注曰："淫，荡其心也。移，变其节也。屈，挫其志也。"（《四书章句集注》）对应于仁、礼、义三个道德规范，对应于居仁、立礼、行义三种生命实践，孟子分别提出了"富贵""贫贱"和"威武"三种人生境况。面对富贵、贫贱、威武，人之常情是富贵时，容易淫荡其心，沉溺于欲望之中而不能自拔；贫贱时，容易慕富贵而改其志向，变其节操；面对威武时，容易因害怕而屈膝变节，苟全性命。就大丈夫而言，真正的考验是富贵、贫贱和威武三种人生境况。在任何时候、任何情况下，都能做到不淫、不移、不屈的，才是真正的大丈夫。大丈夫真正的标志，不是其精神内涵，也不是其人生处境，而是"三不"境界，任何情况下都能保持自己的独立人格，都不改变自己

---

① 余英时著：《士与中国文化》，上海人民出版社 1987 年版，第 98 页。

的坚定志向，"故士穷不失义，达不离道。穷不失义，故士得己焉；达不离道，故民不失望焉。古之人，得志，泽加于民；不得志，修身见于世。穷则独善其身，达则兼善天下"（《尽心上》）。北宋孙奭把"三不"变成了"三不足"，"虽使富贵，亦不足以淫其心；虽贫贱，亦不足以移易其行；虽威武而加之，亦不足屈挫其志。夫是乃得谓之大丈夫也"（《孟子注疏》）。

大丈夫善养浩然之气。公孙丑问孟子有什么优点，孟子回答："我知言，我善养吾浩然之气。"所谓浩然之气，最大特征是至大至刚，至大则无所不在，无所限制；至刚则无所不胜，不可屈挠，"其为气也，至大至刚，以直养而无害，则塞于天地之间"。浩然之气的内容是义和道，"其为气也，配义与道；无是，馁也"。善养浩然之气的方法是从内心生发而逐步累积，须臾不可离开和放弃，"是集义所生者，非义袭而取之也。行有不慊于心，则馁矣"。这说明浩然之气是精神之气，而不是自然之气，是主观之气，而不是客观之气。孟子指出，善养浩然之气要知言。所谓知言，"诐辞知其所蔽，淫辞知其所陷，邪辞知其所离，遁辞知其所穷。生于其心，害于其政；发于其政，害于其事。圣人复起，必从吾言矣"（《公孙丑上》）。意思是，偏颇的言辞，知道它在哪一方面被遮蔽而不明事理；过分的言辞，知道它耽溺于什么而不能自拔；邪僻的言辞，知道它违背了什么道理而乖张不正；搪塞的言辞，知道它在哪里理屈而词穷。言辞的过失产生于思想认识，危害于政治；把它用于政令措施，就会危害具体工作。如果圣人复生，一定会赞同我的观点。从这段话可知，浩然之气既要有勇敢，更要有理性，才能升华为一种人格文化，融汇于血脉里，成长于心灵间，贯穿于人伦中，实践于为官入仕之途。

大丈夫敢于正视权力。权力的载体是君王和官员，如何对待高官厚禄者，是测定一个人人格高下的重要标志。孟子对待权力是有傲骨而没有傲气，充分体现了大丈夫精神，这就是平等对待位高者，没有奴颜婢膝，不阿谀奉承，"说大人，则藐之，勿视其巍巍然"（《尽心下》）。孟子对于平等甚至有点敏感，认为凡是不平等的，都应当加以拒绝；即使与权势关系不大，也要加以拒绝。当滕国国君的弟弟滕更以不平等的姿态请教问题时，孟子就不给予答复，"挟贵而问，挟贤而问，挟长而问，挟有勋劳而问，挟故而问，皆所不答也。滕更有其二焉"（《尽心上》）。这就是敢于批评君王，孟子批判春秋五霸是罪人。五霸名为会诸侯、朝天子，实为挟天子以令诸侯，破坏周王朝的礼仪秩序。"孟子曰：'五霸者，三王之罪人也。'"当时，五霸会同诸侯立了五条盟约，有利于社会稳定，而诸侯却不遵守，孟子又批评诸侯为罪人。"今之诸侯皆犯此五禁，故曰今之诸侯，五霸之罪人也。"孟子还批评当时的官员为罪人，"长君之恶其罪小，逢君之恶其罪大。今之大夫皆逢君之恶，故曰今之大夫，今之诸侯之罪人也"（《告子下》）。这就是正确认识君臣关系，两者是互相平等、互尽义务的关系，而不是盲从愚忠的关系。孟子对齐宣王说："君之视臣如手足，则臣视君如腹心；君之视臣如犬马，则臣视君如国人；君之视臣如土芥，则臣视君如寇仇。"（《离娄下》）意思是，如果君王对待臣子像手足一样亲切，臣子就会把君王当作心腹一样爱护；如果君王对待臣子像犬马一般轻视，臣子就会把君王当作路人那般疏远；如果君王对待臣子像泥土一般卑贱，臣子对待君王就会像仇人一样痛恨。

大丈夫具有战斗品性，敢于斗争，勇于斗争。在外人看来，大丈夫似乎是"好辩"，孟子却认为是"以承三圣"。所谓三圣，就是尧舜文武周公和孔子，他们都具有战斗品性。一圣为尧舜，平息洪灾，"当尧之时，水逆行，泛滥于中国。蛇龙居之，民无所定"。尧舜"使禹治之"，"然后人得平土而居之"。二圣是文武周公，驱逐暴君，"尧舜既没，圣人之道衰，暴君代作"；"周公相武王诛纣，伐奄三年讨其君"，从而使"天下大悦"。《尚书》

赞曰："丕显哉，文王谟！丕承哉，武王烈！佑启我后人，咸以正无缺。"意思是，伟大而显赫啊，文王的谋略！伟大的继承者啊，武王的功绩！庇佑我们，启发我们，直到后代，使大家都正确而没有错误。三圣是孔子，乱臣贼子惧，"世衰道微，邪说暴行有作，臣弑其君者有之，子弑其父者有之。孔子惧，作《春秋》。《春秋》，天子之事也。是故孔子曰：'知我者其惟《春秋》乎！罪我者其惟《春秋》乎！'"孟子认为，他所处时代的主要问题是孔子思想得不到发扬光大，而杨朱、墨翟的歪理邪说横行，"杨朱、墨翟之言盈天下。天下之言不归杨，则归墨"。如果听任这些理论蛊惑人心，就会阻塞仁义之道，危害极大，"杨墨之道不息，孔子之道不著，是邪说诬民，充塞仁义也。仁义充塞，则率兽食人，人将相食"。孟子对此深为忧虑，发誓要以三圣为榜样，拨乱反正，与不同于儒家的各种思想学说展开激烈争辩，表现出捍卫仁义真理而百折不挠的战斗品性，"吾为此惧，闲先圣之道，距杨墨，放淫辞，邪说者不得作"（《滕文公下》）。

大丈夫是生动的人格实践。孟子既积极倡导大丈夫精神，又亲自践行大丈夫精神。由于孟子具有主体的使命意识和以天下为己任的道德自律，就能够正道直行、正气浩然，自觉抵制外界的各种诱惑，不屈服压力，不迷失方向，不丧失意志。对于富贵，即使得志，也不追求不享受，"堂高数仞，榱题数尺，我得志，弗为也。食前方丈，侍妾数百人，我得志，弗为也。般乐饮酒，驱骋田猎，后车千乘，我得志，弗为也。在彼者，皆我所不为也；在我者，皆古之制也，吾何畏彼哉？"（《尽心下》）对于贫贱，要通过正当的途径加以摆脱，而对于财富，则应取之有道，"一箪食，一豆羹，得之则生，弗得则死，呼尔而与之，行道之人弗受；蹴尔而与之，乞人不屑也"（《告子上》）。意思是，一筐饭，一碗汤，得到了就能活下去，得不到就会死，吆喝着给他，连过路的饿人都不愿接受；用脚踩后再给人，连乞丐都不屑接受。对于威武，更要保持人格的独立和平等，不能"枉尺直寻"。弟子陈代希望孟子枉尺直寻，在小处委屈一些，屈尊去拜见诸侯君王，以便得到重用，实现平生志向。孟子认为，枉尺直寻是以利言之，孔子不为，我也不为，"志士不忘在沟壑，勇士不忘丧其元。孔子奚取焉？取非其招不往也。如不待其招而往，何哉？且夫枉尺而直寻者，以利言也。如以利，则枉寻直尺而利，亦可为与？"更重要的是，"枉尺直寻"是不可能得到他人尊重的，也不可能使别人正直，"枉己者，未有能直人者也"（《滕文公下》）。

五、教者以正

孟子不仅是伟大的思想家，而且是伟大的教育家，有着完整系统的教育思想。更可贵的是，孟子把教育视为人生的快乐之一，"得天下英才而教育之，三乐也"（《尽心上》）。孟子的教育思想源自孔子。孔子的教育实践及其思想是中国教育的源头，自诩为孔子传人的孟子自然是第一潭清泉，扩大充盈了孔子的教育源泉。孟子的教育思想源自亲身实践，孟子与孔子一样开坛设教，即使在游说君王的过程中，也不忘广招弟子，课徒授学，顺便到各诸侯国吃吃喝喝，以致弟子都感到不好意思，说"后车数十乘，从者数百人，以传食于诸侯，不以泰乎？"意思是，跟随其后的车有几十辆，跟从其后的人有几百人，在诸侯之间转来转去找饭吃，这不是太过分了吗？孟子则不以为然，理直气壮地说："非其道，则一箪食不可受于人；如其道，则舜受尧之天下，不以为泰。"（《滕文公下》）孟子的教育思想还源自孟母之教。孟母是一位伟大的母亲，她对孟子的教育和关爱充分展示了母爱的真谛。孟母三迁、断杼教子等典故保证了孟子的健康成长，也对孟子教育思想产生了重要而深刻的影响。或许可以说，孟子乐于教育的实践及其思想正是对母亲的深情回报。

　　古今中外，教育都不是孤立存在的。在整个社会系统中，教育是一个子系统，既从属于政治、经济、文化各个系统，又以相对独立的姿态与政治、经济、文化系统发生着物质、信息和能量的交换。在孟子那里，教育同他的家国构想有着密切关系，"人有恒言，皆曰'天下国家'。天下之本在国，国之本在家，家之本在身"。孟子的家国构想是"身—家—国—天下"系统，教育与身的联系是修身养性，以守护人的孝心，发扬人的善性，"事，孰为大？事亲为大。守，孰为大？守身为大。不失其身而能事其亲者，吾闻之矣；失其身而能事其亲者，吾未之闻也。孰不为事？事亲，事之本也。孰不为守？守身，守之本也"（《离娄上》）。意思是，侍奉谁最要紧？侍奉双亲最要紧。守护谁最要紧？守护自己最要紧。不遗失自己的节操而能侍奉好双亲的，我听说过。遗失了自己的节操而能侍奉好双亲的，我没听说过。谁不该侍奉？侍奉双亲，是侍奉中的根本。谁不该守护？守护自己，是守护中的根本。教育与家的联系是家庭教育，重点在明人伦，"父子有亲，君臣有义，夫妇有别，长幼有叙，朋友有信"（《滕文公上》）。家庭教育的关键是父母，尤其是一家之长要以身作则，"身不行道，不行于妻子；使人不以道，不能行于妻子"（《尽心下》）。教育与国和天下的联系是政治经济，"王如施仁政于民，省刑罚，薄税敛，深耕易耨；壮者以暇日修其孝悌忠信，入以事其父兄，出以事其长上"（《梁惠王上》）。在政治方面，要高度重视教育赢得民心的作用，"仁言不如仁声之入人深也，善政不如善教之得民也。善政，民畏之；善教，民爱之。善政得民财，善教得民心"（《尽心上》）。在经济方面，要重视经济发展对于教育的基础作用。教育属于上层建筑，离不开经济的支撑和生产力的发展。"五亩之宅，树之以桑，五十者可以衣帛矣。鸡豚狗彘之畜，无失其时，七十者可以食肉矣。百亩之田，勿夺其时，数口之家可以无饥矣。"（《梁惠王上》）只有经济发展，老百姓衣食无忧，才能办好学校，开展教育，强化孝悌人伦。

孟子有一句名言："人皆可以为尧舜。"（《告子下》）道出了孟子教育的核心内容，就是要求教育者与被教育者都要像尧舜一样做人做事。在孟子看来，像尧舜一样做人做事，首先必须存心养性，"存其心，养其性，所以事天也"（《尽心上》）。教育者存心养性，有利于为人师表；被教育者存心养性，有利于塑造良好人格。所谓存心养性，一方面是保持赤子之心，"大人者，不失其赤子之心者也"（《离娄下》）。赵岐注云："赤子，婴儿也。少小之心，专一未变化，人能不失其赤子时心，则为贞正大人也。"（《孟子注疏》）另一方面是存养仁义之性，"人之所不学而能者，其良能也；所不虑而知者，其良知也。孩提之童无不知爱其亲者，及其长也，无不知敬其兄也。亲亲，仁也；敬长，义也；无他，达之天下也"（《尽心上》）。

像尧舜一样做人做事，重点在培育发展人的善性。培养善性既要个人自身努力，又要注意环境的作用。按照辩证思维，自身努力是内因，环境作用是外因，外因通过内因起作用，内因比外因更重要。如果个人自身不努力，天天做违反良心的事情，结果不仅不会涵养善的萌芽，还会扼杀善的萌芽，就像斧子对于树木一样，天天去砍，树木怎么可能繁茂葱茏呢？"虽存乎人者，岂无仁义之心哉？其所以放其良心者，亦犹斧斤之于木也，旦旦而伐之，可以为美乎？"当然，环境的作用也不可忽视，好的环境可以使人健康发育成长，不好的环境则会阻碍人的善性发展。孟子用了一个比喻，说明环境对人的性格影响很大，即丰收年份，年轻人比较懒惰；灾害年份，年轻人大多强暴。"富岁，子弟多赖；凶岁，子弟多暴。非天之降才尔殊也，其所以陷溺其心者然也。"像尧舜一样做人做事，关键在教育培养，"苟得其养，无物不长；苟失其养，无物不消。孔子曰：'操则存，舍则亡；出入无时，莫知其乡。'惟心之谓与？"（《告子上》）意思是，假如得到好的滋养，没有东西不能生长；假如丧失了好的滋养，没有东西不会消亡。孔子说：抓住了就存在，放弃了就失去；出来进去没有确定的时间，没有人知道它的去向。说的就是人心吧？

在教育培养善性的过程中，不仅要有恒心，而且要专心。恒心是坚持不懈，长期努力，不能一曝十寒，以致善性丧失，"虽有天下易生之物也，一日暴之，十日寒之，未有能生者也。吾见亦罕矣，吾退而寒之者至矣，吾如有萌焉何哉？"专心是一心一意，不能三心二意。孟子举了围棋的例子加以说明，"今夫弈之为数，小数也；不专心致志，则不得也"。弈秋是全国的下棋高手，如果让他教两个人学棋，"其一人专心致志，惟弈秋之为听。一人虽听之，一心以为有鸿鹄将至，思援弓缴而射之，虽与之俱学，弗若之矣。为是其智弗若与？曰：非然也"（《告子上》）。意思是，其中一个人一心一意地学，专心听弈秋的讲解。另一个人虽然也听着，却心想也许会有大雁飞来，自己拿弓箭去射它，虽然和前一个人一起学下棋，但不如那个人学得好。是因为他的聪明程度赶不上人家吗？当然不是这样。

教育既要重视内容，又要重视方法。教学方法合适，则事半功倍。首先与教师有关。在孟子看来，对教师最基本的要求是正身，言传身教、为人师表，"教者必以正"（《离娄上》）。教者以正，指明了教育的关键环节，犹如射箭，必须先端正自己的姿势才能射中，而教学生以仁义，教师必先正己，"仁者如射，射者正己而后发"（《公孙丑上》）。对教师的另一个要求是必须学懂弄通所教的知识和道理，自己不懂就不能教好学生，"贤者以其昭昭，使人昭昭；今以其昏昏，使人昭昭"（《尽心下》）。对教师还有一个要求是应有确定的教学标准，使学生有明确的学习目标，"羿之教人射，必志于彀。学者亦必志于彀。大匠诲人必以规矩，学者亦必以规矩"（《告子上》）。意思是，羿教人射箭，一定要让人把弓拉满；学习的人一定要努力把弓拉满。技术高超的木匠教人以规矩，学习的人也一定要遵循规矩。确定教学标准，与因材施教并不矛盾，确定教学标准强调统一性，因材施教注重差异性，两者密切联系，互相配合，共同提高教学水平。无论统一性还是差异性，教师都只能给学生一般的知识和道理，却不能保证每个学生都达到同样的水平和能力，正如木工、车匠能够把运用圆规和曲尺的方法传授给别人，却不能使别人像自己一样灵巧自如，"梓匠轮舆能与人规矩，不能使人巧"（《尽心下》）。

教学方法还与学生有关。学生只有掌握正确的方法，才能完成学业，做一个合格的学生。在孟子看来，学生不仅要学知识，而且要学做人，既要掌握正确的学习方法，也要掌握正确的修养方法。在学习方面，主要是获得知识和道理，要掌握盈科而进的方法。盈科而进是以流水为喻，水往下流，必须把坑坑洼洼的地方先填满，才能继续向前流去，以此强调学习的循序渐进，"流水之为物也，不盈科不行；君子之志于道也，不成章不达"（《尽心上》）。要掌握深造自得的方法。学生在学习过程中要发挥主观能动性，增强深造上进的自觉性，更加透彻地理解和把握所学的知识，以便在运用时左右逢源，取之不尽，"君子深造之以道，欲其自得之也。自得之，则居之安；居之安，则资之深；资之深，则取之左右逢其原，故君子欲其自得之也"（《离娄下》）。要掌握持之以恒的方法。学习犹如挖井，一定要挖到泉水才能停止，否则，就是半途而废，无功而返，"有为者辟若掘井，掘井九轫而不及泉，犹为弃井也"（《尽心上》）。

在修养方面，重点在塑造良好人格，要掌握存心养性的方法。存养好仁义礼智的本心，不能受外界物质诱惑而丢失，如果丢失本心，则要尽快寻找回来，即"求其放心"。掌握持志养气的方法。持志就是崇尚仁义，齐王子垫问："何谓尚志？"孟子回答："仁义而已矣。"（《尽心上》）养气则是养浩然之气。持志养气是把志与气结合起来，构建崇高的精神世界，"夫志，气之帅也；气，体之充也。夫志至焉，气次焉；故曰：‘持其志，无暴其气。’”（《公孙丑上》）意思是，思想志向是感情意气的统帅，感情意气是充满体内的力量。思想志向到哪里，感情意气就跟到哪里。所以说，既要坚定自己的思想志向，也不要滥用感情意气。掌握动心忍性的方法。苦难和困境是造就人才的重要途径，要在逆境中学会成长，在忧患中修养道德，在艰苦环境中磨炼意志，“天将降大任于是人也，必先苦其心志，劳其筋骨，饿其体肤，空乏其身，行拂乱其所为，所以动心忍性，曾益其所不能”（《告子下》）。无论掌握学习方法，还是掌握修养方法，都是为了促进学生成为有信仰、有道德、有知识、有勇气的人，这是教育的真正目的和全部内容。

孟子教育的特殊之处在于有君王学生，他是王者师。作为王者师，孟子认为，关键是要保持教师的独立人格和平等地位，甚至认为教师的地位应高于君王学生。这是因为教师占据了仁义道德的制高点，而学生只有官位和财富，却不一定具备仁义道德，孟子引用曾子的观点进行论证，“曾子曰：‘晋楚之富，不可及也。彼以其富，我以吾仁；彼以其爵，我以吾义。吾何慊乎哉？’”孟子还以商汤和齐桓公为例，认为他们尽管是君王，却愿意虚心向伊尹和管仲请教，然后才成就了王道和霸业，“故汤之于伊尹，学焉而后臣之，故不劳而王；桓公之于管仲，学焉而后臣之，故不劳而霸”（《公孙丑下》）。作为君王学生，孟子是居高临下的，要求他们学习仁义之道。当梁惠王问孟子，不远千里而来，必有利于我的国家，孟子回答：“王！何必曰利？亦有仁义而已矣。”要求他们施行仁政，“今王发政施仁，使天下仕者皆欲立于王之朝，耕者皆欲耕于王之野，商贾皆欲藏于王之市，行旅皆欲出于王之涂，天下之欲疾其君者，皆欲赴愬于王。其若是，孰能御之？”（《梁惠王上》）要求他们与民同忧乐，“乐民之乐者，民亦乐其乐；忧民之忧者，民亦忧其忧。乐以天下，忧以天下，然而不王者，未之有也"(《梁惠王下》)。

    研究孟子思想，不时想到鲁迅的名言："我们从古以来，就有埋头苦干的人，有拼命硬干的人，有为民请命的人，有舍身求法的人。"[①]这就是中国的脊梁。而中国脊梁背后的精神支撑就是古代士人的品格。士作为传统社会中特有的一个群体，承担着文化承续和传播的使命，是社会主流价值观的保护者和实践者，具有强烈的历史责任感和政治使命感。某种意义上说，孟子是古代士人品格的奠基者和践行者，孟子思想是古代士人精神的主要源头。许多士人的气节标准实际是孟子确立的，这些标准如日月之光，时时激励、观照着志士仁人奋力前进。"穷不失义，达不离道"(《尽心上》)，这种崇义尚道的理念，陶冶了漫漫历史长河中无数的慷慨悲歌之士；"生于忧患而死于安乐"(《告子下》)，这种忧国忧民的意识，几乎成了每一位家国情怀者的血脉认可，鼓励他们为国家和民族的命运奋斗不已；"生，亦我所欲也；义，亦我所欲也；二者不可得兼，舍生而取义者也"(《告子上》)，这种敬重信仰的精神，几乎超越了任何贤言慧语，对在逆境中和困难时期拼搏的人们有着特别的激励作用。从司马迁的"人固有一死，死有重于泰山，或轻于鸿毛"，到文天祥的"人生自古谁无死，留取丹心照汗青"；从诸葛亮的"鞠躬尽力，死而后已"，到范仲淹的"先天下之忧而忧，后天下之乐而乐"；从东林书院的"风声雨声读书声，声声入耳；家事国事天下事，事事关心"，到顾炎武的"天下兴亡，匹夫有责"，我们都可以感受到中国脊梁的震撼，这就是孟子留给我们的思想结晶和精神遗产。

---

    ① 《鲁迅全集（编年版）》（第八卷），人民文学出版社 2014 年版，第 252 页。

第五章　荀子之礼

荀子（约前313—前238）是儒家代表人物，是中国古代伟大的思想家。他和孟子一样，十分尊崇孔子，认为孔子仁爱智慧而不为任何事物所蒙蔽，可与夏禹、商汤、周文王、周武王、周公齐名。"孔子仁知且不蔽，故学乱术足以为先王者也。一家得周道，举而用之，不蔽于成积也。故德与周公齐，名与三王并，此不蔽之福也。"（《荀子·解蔽》。本章凡引用《荀子》一书，只注篇名）荀子作为先秦诸子中最后一位大师，对儒学发展做出了重要贡献，尤其对儒家经典的传授更是贡献多多，清汪中指出："荀卿之学，出于孔氏，而尤有功于诸经。"（《荀卿子通论》）王先谦认为礼是荀子思想的核心，"荀子论学论治，皆以礼为宗，反复推详，务明其指趣，为千古修道立教所莫能外"（《荀子集解序》）。

一、荀子其人

荀子生活于战国末年。司马迁确实伟大，早在汉初就认识到荀子在儒学中的地位和作用，将荀子与孟子合并作《孟子荀卿列传》。具体记载如下：

> 荀卿，赵人。年五十始来游学于齐。驺衍之术迂大而闳辩，

爽也文具难施，淳于髡久与处，时有得善言。故齐人颂曰："谈
天衍，雕龙爽，炙毂过髡。"田骈之属皆已死，齐襄王时，而荀
卿最为老师。齐尚修列大夫之缺，而荀卿三为祭酒焉。齐人或
谗荀卿，荀卿乃适楚，而春申君以为兰陵令。春申君死而荀卿
废，因家兰陵。李斯尝为弟子，已而相秦。荀卿嫉浊世之政，
亡国乱君相属，不遂大道而营于巫祝，信机祥，鄙儒小拘，如
庄周等又猾稽乱俗，于是推儒、墨、道德之行事兴坏，序列著
数万言而卒。因葬兰陵。

根据《史记》记载，荀子是战国后期赵国人，其后半生经
历为：五十岁时到齐国讲学，曾三次主持齐国稷下学宫；因遭到
陷害离开齐国到楚国，被春申君收留，任命为兰陵县令；春申君
死后被免职，卒而葬于兰陵。对于荀子游学于齐的时间，晁公武
《郡斋读书志》以为"年五十"是"年十五"之误，而刘向、颜
之推等均以为荀子是年五十游学于齐。游学是在宣王之时，还是
在襄王之时？一般认为，荀子应在湣王、襄王之时游学于齐比较
合理。荀子五十岁之前，已西游入秦，与秦昭王讨论了儒家的作
用问题；还到赵国，与临武君议兵于赵成孝王，都没有得到重用，
更谈不上为官从政以实践政治理想了。荀子最大的教育成果是培
养了韩非和李斯两位著名的法家代表人物，韩非"与李斯俱事荀
卿，斯自以为不如非"(《史记·老子韩非列传》)。在儒家正统谱
系中，荀子的面目由此变得模糊，在历史上经常受到诟病。荀子
的主要思想成就是《荀子》一书，而产生的缘由为当时政治黑暗，
儒生浅陋，文人无道，"荀卿嫉浊世之政，亡国乱君相属，不遂
大道而营于巫祝，信机祥，鄙儒小拘，如庄周等又猾稽乱俗"。
意思是，荀子痛恨乱世的政治，亡国昏庸的君王不断出现，他们
不通晓常理正道而被占卜祭祀的人所迷惑，信奉求神赐福去灾；
庸俗鄙陋的儒生拘泥于琐碎礼节，庄周等文人又狡猾多辩，败坏

风俗。荀子思想源自儒家，却吸收了墨家、道家的合理因素，即"推儒、墨、道德之事兴坏，序列著数万言"。

荀子游学于齐，与稷下学宫有着密切关系。稷下学宫又称稷下之学，是战国时期齐国创办的高等学府，始建于齐桓公田午，"齐桓公（田午）立稷下之官，设大夫之号，招致贤人而尊宠之"（徐幹《中论·亡国》）。稷下学宫是一所由官方举办、私家主持的特殊形式的高等学府，实行"不治而议论""无官守无言责"和"不任职而论国事"的方针，荟萃各家学派，汇集天下贤士，思想言论自由，学术氛围浓厚，进而促成了中国思想学术史上蔚为壮观的百家争鸣，孕育了中国学术思想丰沛的源头活水。稷下学宫既是一个学术机构，又是一个政治顾问团体，主要承担咨议、教育和学术功能。在咨议方面，《新序·杂事》认为："稷下先生喜议政事。"司马迁则明确指出："各著书言治乱之事，以干世主。"（《史记·孟子荀卿列传》）在教育方面，宣王时，稷下师生数量多达"数百千人"。游学是稷下教育的鲜明特色，学生可以自由地来稷下寻师求学，老师可以自由地在稷下收徒讲学。在学术方面，稷下学宫是诸子百家集聚的中心，以道家为主，还有儒家、法家、名家、兵家、阴阳家、纵横家等各个学术派别。自秦而后中国社会的各种文化思潮，都可以在稷下找到源头。郭沫若认为："周秦诸子的盛况是在这儿形成了一个最高峰的。"[1]稷下学宫大师云集，荀子能够脱颖而出，三为祭酒，即做学宫的首席和主管，这充分表明荀子是当时最有影响的学者和思想家。

《荀子》一书现存32篇，为西汉刘向整理校定。除少数篇章外，大部分为荀子自己所著，约22篇；《儒效》《议兵》等5篇，似是弟子所记录的荀子言行；《大略》《宥坐》等5篇，似是杂录传记及所引用的资料。《荀子》仿《论语》体例，始于《劝

① 郭沫若著：《十批判书》，科学出版社1956年版，第152—153页。

学》，终于《尧问》，逻辑严密，分析透辟，语言精练，善于比喻，多用排句，富于思想性和论辩性，具有感染力和说服力。《荀子》博大精深，内容丰富，融汇综合儒、墨、道、法、阴阳诸家思想，全面阐述天、地、君、臣、兵、民、修身、治学各方面的理念。同时，《荀子》主题鲜明，始终奉孔子思想为圭臬，坚持儒家的基本精神，突出表现是大量引用儒家经典。其中，《诗经》引用最多，达到80余次；对《礼经》《乐经》特别重视，专著《礼论》和《乐论》。刘向指出："孙卿善为《诗》《书》《礼》《易》《春秋》；至齐襄王时，孙卿最为老师；齐尚修列大夫之缺，而孙卿三为祭酒焉。"（《孙卿书录》）与"经"密切相关的是"传"，叙述儒家经典和孔子言论，是儒学发展的基本方式。《孟子》一书"传曰"只出现了一次，而《荀子》一书则出现了二十多次。荀子推崇和引用儒家经典，既把儒家经典看作是真理和知识的源泉，又为自己的思想观念寻找合理性和正当性依据，更是对传承和弘扬儒家经典做出了重要贡献。汪中认为："盖自七十子之徒既殁，汉诸儒未兴，中更战国、暴秦之乱，六艺之传赖以不绝者，荀卿也。周公作之，孔子述之，荀卿子传之，其揆一也。"（《荀卿子通论》）

《四库全书总目提要》指出："况之著书，主于明周孔之教，崇礼而劝学。"这一论断简洁扼要地指出了荀子思想的归属和主要内容。"明周孔之教"，意指荀子思想属于儒家范畴，不仅以孔子开启的成就人之德性生命的思想为其学术宗旨，而且以上承周公、孔子实现圣王理想于当世为己任。"崇礼而劝学"，既指明了荀子思想的关键词是"礼"和"学"，又指明荀子思想的理论基础是人性恶。正因为人性恶，荀子才强调礼的作用，主张用外在的制度规范去约束控制甚至强制人的言论和行动，而不是靠内心的道德反省去约束人的言论和行动，"故人苟生之为见，若者必死；苟利之为见，若者必害；苟怠惰偷懦之为安，若者必危；苟情说之为乐，若者必灭。故人一之于礼义，则两得之矣；一之于情性，则两丧之矣"（《礼论》）。意思是，假如一个人一味贪生，就一定会死；一个人一味贪利，就一定会招来祸害；一个人安于松懈懒惰，就一定有危险；一个人只以满足性情为乐，就一定会丧失礼义道德。所以一个人专一于礼义，那么性情和礼义都可以得到；一个人一味追求性情的满足，那么两样都会失去。正因为人性是恶的，荀子才强调环境的作用，指出后天教育培养的重要性，"干、越、夷、貉之子，生而同声，长而异俗，教使之然也"。意思是，无论南方的吴、越，还是北方的夷、貉，婴儿呱呱坠地的哭声都是一样的，等长大后，生活习惯和个性就完全不同，这是后天教育和学习所决定的。正因为人性是恶的，荀子才强调学习的作用，提出了学以致圣的修身方法，认为生命不仅需要借助外在的力量才能确立其道德的一面，而且需要通过学习才能规范人的自然性，增进人的社会性。荀子要求学习必须专心致志，追求完美，"学也者，固学一之也。一出焉，一入焉，涂巷之人也。其善者少，不善者多，桀、纣、盗跖也。全之尽之，然后学者也。君子知夫不全不粹之不足以为美也，故诵数以贯之，思索以通之，为其人以处之，除其害者以持养之，使目非是无欲见也，使耳非是无欲闻也，使口非是无欲言也，使心非是无欲虑也"（《劝学》）。

荀子思想的特点是批判精神和好辩气势。在批判方面，《荀子》全书洋溢着批判精神。《非十二子》篇首即充满批判气息，"假今之世，饰邪说，文奸言，以枭乱天下，矞宇嵬琐，使天下混然不知是非治乱之所存者有人矣"。荀子的批判对象无所不包，不仅包括诸子百家，而且包括儒家内部的不同学派，《解蔽》说："昔宾孟之蔽者，乱家是也。墨子蔽于用而不知文，宋子蔽于欲而不知得，慎子蔽于法而不知贤，申子蔽于势而不知知，惠子蔽于辞而不知实，庄子蔽于天而不知人。"在好辩方面，荀子丝毫不逊于孟子，孟子不得已承认自己好辩，荀子则主张君子必须辩论。荀子把辩者区分为小人之辩、君子之辩和圣人之辩，肯定圣人之辩和君子之辩，反对小人之辩。荀子认为，小人之辩是"上不足以顺明王，下不足以和齐百姓，然而口舌之均，嚅唯则节，足以为奇伟偃却之属，夫是之谓奸人之雄。圣王起，所以先诛也"。君子之辩是"先虑之，早谋之，斯须之言而足听，文而致实，博而党正"。圣人之辩则是"不先虑，不早谋，发之而当，成文而类，居错迁徙，应变不穷"。荀子认为，君子一定要积极参与辩论，"君子必辩。凡人莫不好言其所善，而君子为甚焉"。而且，君子的辩论，都与仁爱密切相关，"言而仁之中也，则好言者上矣，不好言者下也"。辩论仁爱，实践仁爱，推广仁爱，有着积极的社会意义，"故仁言大矣。起于上所以道于下，政令是也；起于下所以忠于上，谋救是也。故君子之行仁也无厌。志好之，行安之，乐言之，故言君子必辩"（《非相》）。意思是，所以仁道之言的意义很大。发自君王，用来引导人民的言语，就是政令；出自臣子，忠于君王的言论，就是谋利和救济。所以君子对于仁的践行从不厌倦。一定是志之所好在此，行之所安在此，并以积极宣扬为乐。所以说君子一定是好辩论的。

荀子是先秦思想学术的集大成者，总结了先秦时期的"古今""礼法"之争，"王霸""义利"之辩和"天人""名实"之论。这使得荀子思想既丰富又复杂，导致了孟子与荀子在儒学史上的地位迥异，孟子被视为儒家正宗和嫡传，被尊封为"亚圣"；荀子则被视为儒家的另类和杂学，长期受到压制。秦至汉初，儒家思想不被重视，秦用法家，尽焚百家之书；汉初用黄老，儒家之冠被刘邦用以盛尿。汉武帝"罢黜百家，表章六经"之后，儒家思想正式登上中国政治舞台，取得至高无上的官学地位，成为主导传统社会的意识形态。然而，在整个汉朝，孟子与荀子的地位都不高，孟子略好于荀子。在汉文帝时，《孟子》和《论语》均设置了博士，赵岐为《孟子》注释，而朝廷没有为《荀子》设置博士，也没有人为《荀子》注疏。唐代杨倞甚为疑惑，"独《荀子》未有注解，亦复编简烂脱，传写谬误，虽好事者时亦览之，至于文义不通，屡掩卷焉"（《荀子注序》）。

隋唐时期，孟子与荀子的地位都有所提高，《隋书·经籍志》首次将《孟子》列入经部，《荀子》一书也有杨倞作注，而荀子地位仍不及孟子。韩愈一方面肯定孟子与荀子在儒家的地位，"昔者孟轲好辩，孔道以明。辙环天下，卒老于行。荀卿守正，大论是弘，逃谗于楚，废死兰陵。是二儒者，吐辞为经，举足为法，绝类离伦，优入圣域"（《进学解》）。另一方面又把孟子标举为儒家道统的继承者，"尧以是传之舜，舜以是传之禹，禹以是传之汤，汤以是传之文、武、周公，文、武、周公传之孔子，孔子传之孟轲，轲之死，不得其传焉"（《原道》）。宋元明清，孟子与荀子的地位有着天壤之别，孟子被捧上了天，正式被朝廷册封为"亚圣"，配享孔庙；荀子则被打入冷宫，备受攻讦与诋毁，甚至连儒学的地位亦不能保。北宋二程认为："荀卿才高学陋，以礼为伪，以性为恶，不见圣贤，虽曰尊子弓，然而时相去甚远。圣人之道，至卿不传。"（《河南程氏外书》卷十）近代谭嗣同把荀学与秦政联系在一起，认为两者是祸害中国的政治和文化根源，"二千年来之政，秦政也，皆大盗也；二千年来之学，荀学也，皆乡愿也。惟大盗利用乡愿，惟乡愿工媚大盗，二者交相资，而罔不托之于孔"（《仁学》）。孟子与荀子分别构成了孔子之后儒学的两座高峰，却一荣一辱，反差极大，令人唏嘘不已。荀子在儒家和中国思想史上的地位，还是《四库全书总目提要》的评价比较中肯："平心而论，卿之学源出孔门，在诸子之中最为近正，是其所长。主持太甚，词义或至于过当，是其所短。韩愈大醇小疵之说，要为定论。余皆好恶之词也。"

二、天人之分

天是中国古代哲学的重要范畴；天人关系，是中国古代哲学
的重要命题。天的概念诞生于夏商时期，缘于远古时代人们对自
然界的敬畏和面对苦难时的惶恐无奈心理。《说文解字》释天为
"颠也。至高无上，从一大"。清段玉裁注："颠者，人之顶也。
以为凡高之称。始者，女之初也，以为凡起之称。然则天亦可为
凡颠之称。臣于君，子于父，妻于夫，民于食，皆曰天是也。至
高无上，是其大无有二也。故从一大。"这说明与天联系在一起
的，都是至高至大而无法超越的人和事物。在古代社会，天可称
天命或帝或命，换言之，天与天命、帝、命是一个序列的概念，
"死生有命，富贵在天"（《论语·颜渊》）。现代学者认为："殷
商人心目中的最高主宰者是'帝'，西周人心目中的最高主宰者
为'天'。"[1]按照冯友兰的研究，中国哲学的"天"大致有五种意
义，即物质之天、自然之天、意志之天、主宰之天和义理之天。[2]
无论赋予天怎样的意义，抽象出来就是两种情况，哲学上称之为
物质之天或精神之天，伦理上则是自然之天或义理之天。无论怎
样抽象天的意义，任何对天的认识，本质上都是对天与人关系的认
识。无论怎样认识天的意义，先秦思想家们都不可能彻底否认精神
之天、义理之天的作用，否则，就不可能对不可知的自然现象和
不可控的人间世象作出终极性解释，因而也难以生存和立身处世。

春秋战国时期，诸子百家有的怀疑天，有的否定天；即使
肯定天，也大大消解了神秘性和宗教色彩。荀子对天人关系的认
识，在先秦诸子中是独树一帜的。无论儒家还是道家，无论法

---

① 冯达文、郭齐勇主编：《新编中国哲学史（上册）》，人民出版社2004年版，
第28页。

② 参见冯友兰著：《中国哲学史新编》，人民出版社1998年版，第103页。

家还是墨家，都没有完全消解天与价值、道德、意义和秩序的联系。他们主张天人合一，或多或少、或深或浅都保留精神之天、义理之天的明显印迹。只有荀子，基本消解了天与价值、道德、意义和秩序的联系，认为天即自然，既无意志也无义理，鲜明地提出了天人相分的论断。荀子认为，只有物质之天和自然之天，没有精神之天和义理之天。真正的智者把天与人区分开来，自然界的事情由天自己处理，人世间的事情则由人自己处理，"故明于天人之分，则可谓至人矣"（《天论》）。

明于天人之分，荀子强调天的自然性。在荀子看来，天的运行及其规律是客观存在的，没有什么神秘性，也没有任何主宰。日出日落，月盈月亏，春夏秋冬四季变化都是自然现象，"列星随旋，日月递照，四时代御，阴阳大化，风雨博施，万物各得其和以生，各得其养以成，不见其事而见其功，夫是之谓神。皆知其所以成，莫知其无形，夫是之谓天"。荀子认为，天的运行与人无关，不以人的意志为转移，不因贤明的尧而存在，也不因残暴的桀而消亡，"天行有常，不为尧存，不为桀亡。应之以治则吉，应之以乱则凶"。荀子举例说明农业是丰收还是歉收，国家是大治还是大乱，都与天无关，只与人相关，"受时与治世同，而殃祸与治世异，不可以怨天，其道然也"。一方面，如果人勤劳，不违农时，还节约简省，那么，农业就能养活人，天就会帮助人，自然灾害对人也不会造成大的伤害，"强本而节用，则天不能贫；养备而动时，则天不能病；修道而不贰，则天不能祸。故水旱不能使之饥，寒暑不能使之疾，妖怪不能使之凶"。另一方面，如果人懒惰，又违农时，还奢侈浪费，那么，农业就养不活人，天就不会帮助人，即使没有自然灾害，也会产生人为的灾祸，"本荒而用侈，则天不能使之富；养略而动罕，则天不能使之全；倍道而妄行，则天不能使之吉。故水旱未至而饥，寒暑未薄而疾，妖怪未至而凶"（《天论》）。意思是，农业荒芜而用度奢侈，那么老天不会使其富裕；衣食不足而又懒于劳作，那么老天不会保全其生命；违背天道而胡乱行事，那么老天不会让其安吉。所以会没有水旱之灾却出现饥寒，没有寒暑近身却出现疾病，没有灾异却发生凶灾。

荀子强调天的自然性，还表现在否定了鬼神观念。远古时代，鬼神观念的产生具有一定的必然性。当时人们处于蒙昧状态，生产力水平低下，自然和社会知识很少，不能理解和解释自然界的特殊现象，尤其是一些不可抗拒的自然力，误认为特殊自然现象及不可抗拒的自然力，是能够操纵人世间变化的神秘力量，进而产生了人格化的鬼神观念，后来又随着社会的发展演变成原始宗教。荀子否定鬼神观念，首先从天人相分出发，正确解释了陨星、树叫等奇异的自然现象，认为陨星、树叫是天地的自然现象和阴阳的自然变化，只不过少见而已，对于陨星、树叫，觉得奇怪可以，感到畏惧则大可不必。"星队、木鸣，国人皆恐。曰：是何也？曰：无何也，是天地之变，阴阳之化，物之罕至者也。怪之，可也；而畏之，非也。"（《天论》）同时，他运用武王伐纣取得胜利的事例，否定"太岁""兵忌"等神秘化现象和观念。当时周武王讨伐商纣王，遇到了兵忌，冲撞了太岁，三日内发生了五次灾祸。武王的弟弟霍叔提出罢兵，周公则不赞同霍叔的意见，鼓励武王毅然进兵，灭纣兴周。"武王之诛纣也，行之日以兵忌，东面而迎太岁，至汜而泛，至怀而坏，至共头而山隧。霍叔惧曰：'出三日而五灾至，无乃不可乎？'周公曰：'刳比干而囚箕子，飞廉、恶来知政，夫又恶有不可焉？'遂选马而进，朝食于戚，暮宿于百泉，旦厌于牧之野。鼓之而纣卒易乡，遂乘殷人而诛纣。盖杀者非周人，因殷人也。"（《儒效》）

明于天人之分，荀子主张天与人有着不同职责，只能互相配合，不能越俎代庖，否则就是糊涂和混乱。"天有其时，地有其财，人有其治，夫是之谓能参。舍其所以参，而愿其所参，则惑矣。"荀子还说："天有常道矣，地有常数矣，君子有常体矣。"在荀子看来，因为天与人有着不同的职责，所以天道与人事互不相干，天不会由于人的意愿而改变自己的运行规律，"天不为人之恶寒也辍冬，地不为人之恶辽远也辍广，君子不为小人之匈匈也辍行"。因为天与人有着不同职责，所以不能把人事尤其是国家的治理与动乱归咎于天道，"治乱天邪？曰：日月、星辰、瑞历，是禹、桀之所同也；禹以治，桀以乱，治乱非天也"。意思是，治世和乱世是由天决定的吗？日月、星辰、历象，这些在大禹、夏桀时代都是相同的，大禹用此而治，夏桀用此而乱，可见治世和乱世的原因不在于天。国家的治理与动乱也不能归咎于时间，"时邪？曰：繁启蕃长于春夏，畜积收藏于秋冬，是又禹、桀之所同也；禹以治，桀以乱，治乱非时也"。国家的治理与动乱更不能归咎于空间，"地邪？曰：得地则生，失地则死，是又禹、桀之所同也；禹以治，桀以乱，治乱非地也。《诗》曰：'天作高山，大王荒之。彼作矣，文王康之。'此之谓也"（《天论》）。

因为天与人有着不同职责，所以人间的事情只能由人负责。比较天灾与人祸，人祸更可怕，"物之已至者，人妖则可畏也"。对于国家治理而言，具体有三种人祸，即经济人祸，"楛耕伤稼，耘耨失秽，政险失民，田秽稼恶，籴贵民饥，道路有死人，夫是之谓人妖"。意思是，耕作粗劣，伤害庄稼；锄草粗糙，影响收成；政治险恶，失去民心；田地荒芜，庄稼粗恶；粮价昂贵，百姓饥饿；路有死人，这就叫人为的灾祸。政治人祸，"政令不明，举错不时，本事不理，夫是之谓人妖"。文化人祸，"礼义不修，内外无别，男女淫乱，父子相疑，上下乖离，寇难并至，夫是之谓人妖"。荀子认为，如果经济、政治和文化的人祸接踵而至，社会就不得安宁，国家则陷于动乱，"三者错，无安国"（《天论》）。

荀子主张天与人有着不同职责，他还仔细区分了天的职责与人的事情。对于天的职责，荀子提出了"天""天职""天功"的概念，天是"皆知其所以成，莫知其无形，夫是之谓天"；天职是"不为而成，不求而得，夫是之谓天职"；天功亦称神，是"万物各得其和以生，各得其养以成，不见其事而见其功，夫是之谓神"。荀子认为，属于天的职责范畴，人是无能为力的，也没有必要去探寻和详细了解，"唯圣人为不求知天"。属于天的职责范畴，人更没有必要去替代天的作用，"如是者，虽深，其人不加虑焉；虽大，不加能焉；虽精，不加察焉。夫是之谓不与天争职"。意思是，天道虽然深远，圣人不会随意测度；天道虽然广大，圣人不会以为自己有能力去施加什么；天道虽然精微，圣人也不去考察，这就叫不与老天争职。对于人的事情，荀子提出了"天情""天官""天君""天养""天政"的概念。其中，天情、天官、天君是人的生理器官、思维方式和情感表现，天养、天政则是人的社会职责。天情是"天职既立，天功既成，形具而神生，好恶喜怒哀乐臧焉，夫是之谓天情"；天官是"耳目鼻口形，能各有接而不相能也，夫是之谓天官"；天君是"心居中虚，以治五官，夫是之谓天君"；天养是"财非其类以养其类，夫是之谓天养"；天政是"顺其类者谓之福，逆其类者谓之祸，夫是之谓天政"。荀子认为，处理人的事情，一种是灾难性的做法，即违背规律，倒行逆施，"暗其天君，乱其天官，弃其天养，逆其天政，背其天情，以丧天功，夫是之谓大凶"。另一种是圣人的做法，顺应天道运行，充分发挥人的主观能动性，从而实现天下大治，"圣人清其天君，正其天官，备其天养，顺其天政，养其天情，以全其天功"。荀子主张天与人有着不同职责，不是要人不作为，而是要人大作为；不是鼓励灾难性的做法，而是倡导圣人的做法，"如是，则知其所为，知其所不为矣，则天地官而万物役矣"（《天论》）。

明于天人之分，荀子要求制天命而用之。"大天而思之，孰与物畜而制之？从天而颂之，孰与制天命而用之？望时而待之，孰与应时而使之？因物而多之，孰与骋能而化之？思物而物之，孰与理物而勿失之也？愿于物之所以生，孰与有物之所以成？"这是荀子天人观中最光辉耀眼的内容，既是天人相分的逻辑必然，又是对人及理性的讴歌颂扬。面对浩瀚无垠的宇宙，面对神秘莫测的大自然，人确实渺小。同时，人又是伟大的，虽然人的身体和生理机能是有限的，但人的精神、心灵和思想却无远弗届。荀子的制天命而用之，不能简单理解为人定胜天，而是表明在充满神奇变幻的大自然面前，人不是无能为力的，而是能够有所作为的，可以用行动为自己造福，用理性掌握自己的命运。在荀子看来，人能否掌握自己的命运，关键在于人自身的努力，充分发挥人的理性作用和精神力量，"若夫志意修，德行厚，知虑明，生于今而志乎古，则是其在我者也"。意思是，如果一个人意志端正、德行美好、思虑精明，生活在今天却向往古代圣贤之道，那就是在意自己的努力了。荀子认为，人在天面前，自身是否努力，是区别君子与小人的重要标志，"君子小人之所以相县者，在此耳"。君子重视自己的努力，而不简单地羡慕上天的安排；小人放弃自己的努力，而一味地服从上天的安排，"故君子敬其在己者，而不慕其在天者；小人错其在己者，而慕其在天者"。因为君子努力小人懒惰，所以君子进步小人退步，"君子敬其在己者，而不慕其在天者，是以日进也；小人错其在己者，而慕其在天者，是以日退也"。荀子指出，如果人放弃自身努力，那就不能利用客观规律让万物为人类社会服务，"故错人而思天，则失万物之情"（《天论》）。

荀子要求制天命而用之，还提出了知天的思想，"其行曲治，其养曲适，其生不伤，夫是之谓知天"。意思是，人的行动在各方面都处理得很好，养民之术完全得当，使万物生长不被伤害，这就叫做知天。荀子一方面不求知天，另一方面却要知天，看似矛盾，实则统一，即统一于天人之分的思想。所谓不求知天，是对天和天道的尊重，不要妄想去干扰和改变客观规律；知天是在尊重天和天道的基础上，顺应客观规律而制天命，努力造福百姓。知天是制天命的前提，制天命是知天的目的，两者密切相关，共同求助于人的主观能动性。知天，意指人要认识和把握天地、四时和阴阳的变化规律；制天命则是通过人的作用，让客观规律服务于政治统治和社会管理的需要。"所志于天者，已其见象之可以期者矣；所志于地者，已其见宜之可以息者矣；所志于四时者，已其见数之可以事者矣；所志于阴阳者，已其见和之可以治者矣。官人守天，而自为守道也。"（《天论》）

在知天的过程中，要防止被蒙蔽；一旦被蒙蔽，就难以知天，"凡人之患，蔽于一曲，而暗于大理"。荀子认为，蒙蔽的方式多种多样，"欲为蔽，恶为蔽，始为蔽，终为蔽，远为蔽，近为蔽，博为蔽，浅为蔽，古为蔽，今为蔽"。人很容易受到蒙蔽，"凡万物异则莫不相为蔽，此心术之公患也"。意思是，世界上的事物都有差异，有差异就会互相形成蔽塞，这是人思想方法上的通病。如要防止被蒙蔽，就必须发挥天官的作用，做到虚心、专一、宁静，"人何以知道？曰：心。心何以知？曰：虚壹而静"（《解蔽》）。荀子指出，知是为了行，知天是为了制天命，"不闻不若闻之，闻之不若见之，见之不若知之，知之不若行之。学至于行之而止矣。行之，明也，明之为圣人"。荀子认为，圣人之所以为圣人，就在于他表里如一，知行合一，知天与制天命相统一，"圣人也者，本仁义，当是非，齐言行，不失豪厘，无它道焉，已乎行之矣。故闻之而不见，虽博必谬；见之而不知，虽识必妄；知之而不行，虽敦必困"（《儒效》）。

三、化性起伪

人性是古今中外思想家普遍关注的问题，迄今为止还没有统一的认识，今后也难以统一认识。认识难以统一，只能说明人性之复杂，不能否认论辩之必要。论辩永远是思想进步与学术发展的动力和主要途径。人性是先秦诸子普遍关注的问题，而形成比较完整系统人性理论的只有儒家，但却是矛盾对立的双方，"孟子道性善"（《孟子·滕文公上》），是人性善的代表；荀子言性恶，是人性恶的代表。对于人性认识的一字之差，竟导致了孟子与荀子及其思想在历史上的不同地位和命运，孟子被捧上了天堂，荀子被打入了地狱。宋儒态度最为鲜明，北宋二程指出："荀子极偏驳，只一句性恶，大本已失"（《河南程氏遗书》）。朱熹要求弟子"不须理会荀卿，且理会孟子性善。……如天下之物，有黑有白，此是黑，彼是白，又何须辨？荀、扬不惟说性不是，从头到底皆不识。当时未有明道之士，被他说用于世千余年"（《朱子语类》）。近代学者的评价则比较理性平静，冯友兰指出："荀子以主张'人性恶'而著名。这与孟子所主张的'人性本善'正好相反。表面看来，荀子对人性的评价很低，而事实上，恰恰相反，荀子的理论可以称之为一种文化哲学。他的理论主旨是认为，一切良善和有价值的事物都是人所创造的。价值来自文化，而文化则是人的创造性成就。"[①]

荀子与孟子的关系"剪不断，理还乱"，他的人性恶是在批判孟子人性善的过程中建立的观点。在《性恶》一文中，荀子四次直呼孟子其名，批驳其性善论。荀子全方位地对人性善进行批判，是既有内容又有方法的批判，也是既有依据又有结果的批判。在内容方面，"孟子曰：'人之学者，其性善。'曰：是不然"。理由是人性善没有真正认识人的本性以及本性与人为之间的区别，"是不及知人之性，而不察乎人之性伪之分者也"。在依据方面，"孟子曰：'今人之性善，将皆失丧其性故也。'曰：若

① 冯友兰著：《中国哲学简史》，新世界出版社 2004 年版，第 127 页。

是，则过矣"。理由是"今人之性，生而离其朴，离其资，必失而丧之。用此观之，然则人之性恶明矣"。意思是，如果人的本性生下来就脱离了它的自然素质，那就一定要丧失本性。由此看来，人之性恶是非常明白的。在结果方面，"孟子曰：'人之性善。'曰：是不然"。理由是如果人的本性是善的，那就不需要圣王治理了，也不需要建立礼义法度了，"凡古今天下之所谓善者，正理平治也；所谓恶者，偏险悖乱也。是善恶之分也已。今诚以人之性固正理平治邪，则有恶用圣王，恶用礼义矣哉！虽有圣王礼义，将曷加于正理平治也哉！今不然，人之性恶"。在方法方面，"今孟子曰：'人之性善。'无辨合符验，坐而言之，起而不可设，张而不可施行，岂不过甚矣哉！"理由是"故善言古者必有节于今，善言天者必有征于人。凡论者，贵其有辨合，有符验。故坐而言之，起而可设，张而可施行"。意思是，善于谈论古代的人，一定能在当今得到验证；善于谈论天道的人，一定能在人间得到验证。大凡建言立说，重要的是要有证明、有根据。所以坐而论道，站起来就应该能够张设，张设了就要施行实践。

荀子论性恶，首先对人性的基本概念进行了界定，最重要的界定是性与伪。荀子在天人相分的理论架构内对性与伪给予界定，认为性是天生如此，自然而成，没有人工的雕琢和人为的痕迹；伪是人的努力、环境影响和社会教化的结果，"凡性者，天之就也，不可学，不可事；礼义者，圣人之所生也，人之所学而能，所事而成者也。不可学、不可事而在人者，谓之性；可学而能、可事而成之在人者，谓之伪，是性伪之分也"（《性恶》）。在荀子看来，与性密切相关的概念是情，"性之好、恶、喜、怒、哀、乐谓之情"；与性相联系的概念还有欲，"情者，性之质也；欲者，情之应也。以所欲为可得而求之，情之所必不免也"（《正名》）。意思是，情是性的实质内容，欲是情的感应。认为自己的意愿是可以达到的，而去追求它，这是人之常情所不可避免的。

荀子认为，与伪密切相关的概念是善，善是指人的行为合乎礼法规范，社会安定而有秩序。善不是天生的，只能依靠圣王治理和礼义教化，"是圣王之治，而礼义之化也"（《性恶》）。荀子指出，连接性与伪是恶的概念。因为人性恶，就要化性起伪，去恶向善。先秦儒家论证人性有着不同路径，《中庸》以命论性，"天命之谓性，率性之谓道，修道之谓教"。孟子以心论性，"尽其心者，知其性也。知其性，则知天矣。存其心，养其性，所以事天也"（《孟子·尽心上》）。荀子是以生论性，"生之所以然者谓之性。性之和所生，精合感应，不事而自然谓之性"（《正名》）。

荀子以生论性，在形式上主要是指人的耳目等身体器官，"今人之性，目可以见，耳可以听。夫可以见之明不离目，可以听之聪不离耳，目明而耳聪，不可学明矣"。同时指人的生理欲望，"今人之性，饥而欲饱，寒而欲暖，劳而欲休，此人之情性也"。而在内容上，荀子却得出了人性恶的结论，认为身体器官和生理欲望本身无所谓善恶，而顺着人的欲望发展，不加以约束和规范，就会产生争夺、混乱和不道德的恶行。人性恶的根源不在于欲望而在于放纵欲望。"今人之性，生而有好利焉，顺是，故争夺生而辞让亡焉；生而有疾恶焉，顺是，故残贼生而忠信亡焉；生而有耳目之欲，有好声色焉，顺是，故淫乱生而礼义文理亡焉。"荀子担忧人性恶，天下会不太平，社会将不安宁，"然则从人之性，顺人之情，必出于争夺，合于犯分乱理而归于暴"（《性恶》）。正因为人性恶，荀子将性与伪紧密联系在一起，"无性则伪之无所加，无伪则性不能自美。性伪合，然后成圣人之名一，天下之功于是就也"（《礼论》）。荀子明确提出了"化性起伪"的著名论断，"故圣人化性而起伪，伪起而生礼义，礼义生而制法度"（《性恶》）。所谓化性起伪，就是通过圣人、礼义和法度的作用，引导规范人的自然本性，促进人向善行善的社会性，树立良好的人伦观念和道德品行。从某种意义上说，荀子人性观的核心不是人性恶，而是化性起伪。

化性起伪的意义是去恶向善。在荀子看来，去恶是因为人性中有恶，就像树木中大多数是弯曲的一样，"直木不待檃栝而直者，其性直也。枸木必将待檃栝、烝、矫然后直者，以其性不直也"。意思是，不依靠檃栝而直的，是因为它天生是直的；曲木必须经过檃栝、加热矫正之后才直，是因为其天性不直。去恶是纠正人性之恶，即偏险而不正，悖乱而不治。具体而言，要纠正不好的人情，"尧问于舜曰：'人情何如？'舜对曰：'人情甚不美，又何问焉？妻子具而孝衰于亲，嗜欲得而信衰于友，爵禄盈而忠衰于君。人之情乎！人之情乎！甚不美，又何问焉？唯贤者为不然'"。而且，还要减少过多的欲望，防止为所欲为，"夫薄愿厚，恶愿美，狭愿广，贫愿富，贱愿贵，苟无之中者，必求于外。故富而不愿财，贵而不愿势，苟有之中者，必不及于外"。荀子认为，向善是要"正理平治"，培育人的善良品行，促进人的行为合乎礼义法度，遵守社会秩序。向善就像要把弯曲的树木变成直的树木，把钝的刀剑变成锋利的刀剑，目的是把恶的人性改造为好的人品，"故枸木必将待檃栝、烝、矫然后直，钝金必将待砻、厉然后利。今人之性恶，必将待师法然后正，得礼义然后治"。向善的目的是要把人培养成圣人，"涂之人可以为禹"（《性恶》）。由此可见，无论人性善还是人性恶，都是要人向善行善。清钱大昕说得好："孟子言性善，欲人之尽性而乐于善；荀子言性恶，欲人之化性而勉于善。言性虽殊，其教人以善则一也。"（《潜研堂文集·跋〈荀子〉》）

化性起伪的前提是圣人之治。在荀子看来，化性起伪的依据以及伦理道德的起源，既不是自然之天，也不是人的内心世界，而是圣王创造的礼义法正，"问者曰：'人之性恶，则礼义恶生？'应之曰：凡礼义者，是生于圣人之伪，非故生于人之性也"。荀子认为，圣人能够创造礼义法度，在于圣人有着不同于众人的资

质，"故圣人之所以同于众，其不异于众者，性也；所以异而过
众者，伪也"。荀子还以陶人埏埴、工人斫木比喻圣人之伪，说
明圣人有着不同于众人的才能和品质，"故陶人埏埴而为器，然
则器生于陶人之伪，非故生于人之性也。故工人斫木而成器，然
则器生于工人之伪，非故生于人之性也。圣人积思虑，习伪故，
以生礼义而起法度。然则礼义法度者，是生于圣人之伪，非故生
于人之性也"。荀子指出，圣人化性起伪，主要作用是立规矩、
定标准，"性恶则与圣王，贵礼义矣。故隐栝之生，为枸木也；
绳墨之起，为不直也；立君上，明礼义，为性恶也"。主要内容
是礼义和法度，"古者圣王以人之性恶，以为偏险而不正，悖乱
而不治，是以为之起礼义、制法度，以矫饰人之情性而正之，以
扰化人之情性而导之也。始皆出于治，合于道者也"。主要做法
是加强政治统治和礼义教化，"故为之立君上之势以临之，明礼
义以化之，起法正以治之，重刑罚以禁之，使天下皆出于治，合
于善也"（《性恶》）。

　　化性起伪的保障是人为的努力。在荀子看来，化性起伪不
仅需要圣人之治，更需要人为的努力。人为的努力是学习和思考
礼义，"今人之性，固无礼义，故强学而求有之也；性不知礼义，
故思虑而求知之也"。人为的努力既要知道礼义法度，又要实践
礼义法度。是否践行礼义法度，是区分君子与小人的重要尺度，
君子遵守礼义，小人违背礼义，"今之人，化师法，积文学，道
礼义者，为君子；纵性情，安恣睢，而违礼义者，为小人"。荀
子认为，人为的努力必须坚持不懈，长期积善。荀子之所以认为
路上的普通人都可以成为圣人，就在于这些人能够坚持向善行善
的长期努力，"今使涂之人伏术为学，专心一志，思索孰察，加
日县久，积善而不息，则通于神明，参于天地矣。故圣人者，人
之所积而致矣"。意思是，如果让普通人掌握道术的方法，努力
学习，专心致志，认真思索，仔细考察，日积月累，积累善行而

不停息，就会达到神明的境界，与天地相参。所以，圣人是通过
积累仁义而达到的。荀子指出，除了人为努力，还要重视环境的
作用。良好的环境是指贤师良友，更有利于化性起伪，使人向善
行善，"夫人虽有性质美而心辩知，必将求贤师而事之，择良友
而友之。得贤师而事之，则所闻者尧舜禹汤之道也；得良友而友
之，则所见者忠信敬让之行也。身日进于仁义而不自知也者，靡
使然也"。荀子还引用古代的名言加以证明，"传曰：'不知其子视
其友，不知其君视其左右。'靡而已矣！靡而已矣！"（《性恶》）
意思是，古书上说，不了解一个人的儿子，看看他儿子的朋友就
清楚了；不了解他的君王，看看君王身边的人就知道了。说的就
是环境潜移默化的影响罢了。

四、隆礼重法

礼是传统文化的重要范畴，具有悠久的历史。对《礼记》这
一标题的疏曰："礼事起于遂皇，礼名起于黄帝。"遂皇即燧人氏，
是中华民族可以考证的第一位祖先。这说明在远古石器时代就有
了礼的行为，而轩辕黄帝时期已有了礼的观念。西周是礼的制度
和文化的鼎盛时期，《周礼》涵盖了社会政治生活的各个方面，
形成了完善而庞大的礼乐文化体系。孔子说："郁郁乎文哉！吾从
周。"（《论语·八佾》）春秋时期则是"礼崩乐坏"，社会动乱，
民不聊生。为了拯救春秋乱世，孔子创立儒家学派，建构以仁为
核心，仁、义、礼互相关联的学说。其中，仁是理想，"樊迟问
仁。子曰：'爱人。'"（《论语·颜渊》）义是贯通仁与其他道德规
范的价值准则，"君子之于天下也，无适也，无莫也，义之与比"
（《论语·里仁》）。礼是社会秩序和行为规范，"颜渊问仁。子曰：
'克己复礼为仁。'"（《论语·颜渊》）孟子从修身的角度传承了
孔子的学说，建构了仁、义并重的思想体系，"仁，人心也；义，

人路也。舍其路而弗由，放其心而不知求，哀哉！"（《孟子·告子上》）荀子则从外在规范的角度继承发展了孔子的学说，建构了仁、礼并重的思想体系，"先王之道，仁之隆也，比中而行之。曷谓中？曰：礼义是也。道者，非天之道，非地之道，人之所以道也，君子之所道也"（《儒效》）。意思是，古代圣王之道，是仁的最高体现，是按照适中的标准去实行的。什么叫适中呢？回答是礼义。圣王之道，不是天之道，也不是地之道，而是人们应该遵循的法则，君子应当遵循的法则。如果说，孔子的思想奠定了中华文明发展的方向和社会秩序结构的基础，那么，孟子的思想则奠定了传统伦理道德文化的基础，荀子的思想奠定了传统制度规范文化的基础。孟子与荀子一起，共同建构了外儒内法的古代政治文化传统。

在儒学发展史上，荀子对礼最大的贡献是援法入礼，认为治理好国家的关键就在于礼义和法制，"治之经，礼与刑，君子以修百姓宁"（《成相》）。荀子强调隆礼重法，认为这是治国之道，"隆礼至法，则国有常"（《君道》）；又是为君之道，"君人者，隆礼尊贤而王，重法爱民而霸，好利多诈而危"（《大略》）。在荀子看来，礼与法的关系是礼高于法，礼不仅是政治秩序和社会运行的基本规范，而且是法的纲领和准则，"礼者，法之大分、类之纲纪也。故学至乎《礼》而止矣。夫是之谓道德之极"（《劝学》）。荀子认为，礼与法既密切联系，又各自独立，互相不可替代。无论是礼还是法，都难以单独承担治国的重任，只有二者结合，才能相得益彰。而在实践中，礼与法又有着各自作用的对象和范围，必须区分清楚，"听政之大分：以善至者待之以礼，以不善至者待之以刑"。只有区分礼与法，才能分清是与非以及君子与小人，"两者分别，则贤不肖不杂，是非不乱"。只有区分礼与法，才能招来英雄豪杰，治平天下，"贤不肖不杂则英杰至，是非不乱则国家治"。只有区分礼与法，才能完成圣王事业，"若是，名声日闻，天下愿，令行禁止，王者之事毕矣"(《王制》)。意思是，弄清楚礼与法的不同作用，名声就会一天天显赫，天下就会仰慕向往，就能做到有令必行，有禁必止，使圣王的事业得以完成。

在荀子看来，人治与法治有着密切联系，而且是人治重于法治，治理好国家的要点在人不在法，"有治人，无治法"。人治之重要，在于法是由人制定的，"君子者，法之原也"。人治之重要，还在于好的法律需要人来执行，否则就是一纸空文，"羿之法非亡也，而羿不在世中；禹之法犹存，而夏不世王。故法不能独立，类不能自行；得其人则存，失其人则亡"。意思是，后羿的射箭方法并没有失传，但后羿并不能使世世代代的人都百发百中；大禹的法制仍然存在，但夏后氏并不能世世代代称王天下。所以法制不可能单独有所建树，律例不可能自动被实行。得到了那些善于治国的人才，那么法制就存在；失去了人才，法制就会灭亡。人治之重要，更在于法律需要人的具体掌握和灵活运用，才能应对非常复杂而又经常变化的国家事务，"故有君子，则法虽省，足以遍矣；无君子，则法虽具，失先后之施，不能应事之变，足以乱矣"(《君道》)。荀子援法入礼和隆礼重法是一把双刃剑，一方面为儒学添加了许多新鲜养料，增强了儒学的活力和生机；另一方面却为法家打开了方便之门。由于援法入礼，淡化了礼的道德自律，加强了礼的制度他律，必然消解礼原有的内涵，使礼渐失信仰和情感的意蕴，进而混同伦理规范与严刑峻法，培养出韩非和李斯两名法家代表人物，为秦王朝的苛政提供了思想基础。

尽管荀子经常礼法并提，但他念兹在兹的还是礼的范畴，把礼提升到道的高度，"礼者，人道之极也"。据统计，《荀子》一书266次运用礼的概念，足以显示荀子对礼的重视。礼是荀子思想的核心，礼治是荀子政治思想的主要特征。在荀子看来，礼是

天人相分的产物，礼源自人，而不是源自天。礼源自人，是因为
人类的生存需要。荀子认为，自然的人类群体是漫无秩序、杂乱
无伦的；人性是恶的，是损人利己的；养生的物质有限，而人的
欲望无穷，这些都需要礼的规范和引导，否则就会引起争夺厮
杀，动乱不已。"礼起于何也？曰：人生而有欲，欲而不得，则
不能无求；求而无度量分界，则不能不争；争则乱，乱则穷。"
圣人为了制止社会乱象而创设了礼义制度，"先王恶其乱也，故
制礼义以分之，以养人之欲，给人之求，使欲必不穷乎物，物必
不屈于欲，两者相持而长，是礼之所起也"。荀子认为，圣人是
依据"三本"来创设礼义制度的。所谓三本，意谓天地、先祖和
君师。天地是指人类生存环境，人类依天地而生存绵延；先祖是
指人的血缘系统，有血缘才有人类的绵延发展；君师是指政治教
化，有君师，社会才会安定，人类才能生存发展。荀子赋予三本
以宗教道德意义，"礼有三本：天地者，生之本也；先祖者，类
之本也；君师者，治之本也。无天地，恶生？无先祖，恶出？无
君师，恶治？三者偏亡，焉无安人。故礼，上事天，下事地，尊
先祖而隆君师，是礼之三本也"（《礼论》）。荀子指出，礼是人之
为人的本质规定，是人脱离和超越自然界的标志。"然则人之所
以为人者，非特以二足而无毛也，以其有辨也。"意思是，人之
所以成为人，不在于他能直立行走和赤体无毛，而在于人类有礼
义制度，即"辨莫大于分，分莫大于礼"（《非相》）。归根结底，
人的本质所在是礼，国之命脉也在礼，"故人无礼则不生，事无
礼则不成，国家无礼则不宁。《诗》曰：'礼仪卒度，笑语卒获。'
此之谓也"（《修身》）。

礼的社会功能在养和别，"君子既得其养，又好其别"。在
荀子看来，养是满足人们正常合理的欲望，包括食物满足口腹之
欲，"刍豢稻粱，五味调香，所以养口也"；芬芳满足鼻子闻香之
欲，"椒兰芬苾，所以养鼻也"；精美的器皿和华丽的衣服满足眼

睛审美之欲，"雕琢刻镂，黼黻文章，所以养目也"；钟声鼓乐满
足耳朵欣赏音乐之欲，"钟鼓管磬，琴瑟竽笙，所以养耳也"；高
屋大房满足身体舒适之欲，"疏房檖貌，越席床笫几筵，所以养
体也"（《礼论》）。荀子认为，既要以礼养欲，更要以礼节欲。
只养欲不节欲，就会引来纷争，难以治平天下。以礼节欲是全方
位的，在情感认知方面，"凡用血气、志意、知虑，由礼则治通，
不由礼则勃乱提僈"。在衣食住行方面，"食饮、衣服、居处、动
静，由礼则和节，不由礼则触陷生疾"。在言行举止方面，"容
貌、态度、进退、趋行，由礼则雅，不由礼则夷固僻违，庸众而
野"（《修身》）。意思是，脸色、仪表、进入、退出、疾走、慢
行，有礼就雍容儒雅，无礼则倨傲偏邪、庸俗粗野。

在荀子看来，别异是礼重要的社会功能，"乐合同，礼别异"
（《乐论》）。所谓别异，就是区分人在社会关系中的不同角色、
身份和地位，制定出相应的礼仪规范供人们遵循，进而形成和谐
的社会之网和人伦秩序。"曷谓别？曰：贵贱有等，长幼有差，
贫富轻重皆有称者也。"（《礼论》）荀子所说的别异似乎不是人
格意义上的不平等，而是明确社会角色的不同，梁启超概括为五
个方面的别异，"（一）贵贱，（二）贫富，（三）长幼，（四）知
愚，（五）能不能"①。这些区分别异不是为了拉大人与人之间的距
离，疏远人与人之间的关系，而是为了促进社会和谐，维护人伦
秩序。从消极层面而言，别异好像是一种约束，限制人的欲望在
合理的范围得到满足；从积极层面而言，别异也是养，以保障和
满足人的合理欲望，"贵贱有等，则令行而不流；亲疏有分，则
施行而不悖；长幼有序，则事业捷成而有所休"（《君子》）。意思
是，尊贵卑贱有了区别，那么政令法规就能畅行无阻；亲近疏远
有了区别，那么施于恩惠就不会违背情理；长幼有了区别，那么

---

① 梁启超著：《先秦政治思想史》，天津古籍出版社 2004 年版，第 115—116 页。

事业就能迅速成功，而老年人就有了休息时间。

礼的政治功能是治国安邦，这就是以礼治国。在荀子看来，礼是治国的基本准则，犹如权衡是轻重的标准，绳墨是曲直的标准一样，礼是具有普遍规范意义的国家制度，是政治统治和国家管理的标准，"国无礼则不正。礼之所以正国也，譬之犹衡之于轻重也，犹绳墨之于曲直也，犹规矩之于方圆也"（《王霸》）。荀子还说："礼者，治辨之极也，强国之本也，威行之道也，功名之总也。"意思是，礼是治理社会的最高准则，是使国家强大的根本措施，是威力得以扩展的有效办法，是功业名声得以成就的总纲领。荀子认为，以礼治国是治国的最高境界，"隆礼效功，上也；重禄贵节，次也；上功贱节，下也；是强弱之凡也"（《议兵》）。"故用国者，义立而王，信立而霸，权谋立而亡。"以礼治国要对礼有着坚定的信念，"拵然扶持心国，且若是其固也"。意思是，对待礼仪要像磐石那样坚定不移，并用来约束自己的思想，治理好国家。要有仁心，决不做不仁不义之事，"挈国以呼礼义，而无以害之，行一不义，杀一无罪，而得天下，仁者不为也"。要君臣一道遵守礼义，共同治平天下，"之所与为之者，之人则举义士也；之所以为布陈于国家刑法者，则举义法也；主之所极然帅群臣而首乡之者，则举义志也。如是则下仰上以义矣，是綦定也；綦定而国定，国定而天下定"（《王霸》）。

在荀子看来，不以礼治国，则必然是国灭身亡。荀子以春秋时期齐国为例加以说明，当齐国以"信立而霸"时，齐桓公能够主持天下会盟，成为春秋五霸之首，"然九合诸侯，一匡天下，为五伯长，是亦无他故焉，知一政于管仲也，是君人者之要守也"。当齐国以权谋治国时，就放弃以礼治国和以信立国，只是不断勾结别国，向外扩张，"故用强齐，非以修礼义也，非以本政教也，非以一天下也，绵绵常以结引驰外为务"。在齐国强盛的时候，还能有所作为和取得战功，"故强，南足以破楚，西足

以诎秦，北足以败燕，中足以举宋"。一旦衰弱，就会国破人亡，
"及以燕赵起而攻之，若振槁然，而身死国亡，为天下大戮，后
世言恶，则必稽焉"。意思是，当燕赵联军攻打齐国的时候，就
如同振摇枯树一般容易，而他们也身死国亡，成为天下的奇耻大
辱，后代人讲到恶果，就把齐国作为例证和笑料。荀子总结齐国
的败亡，"是无它故焉，唯其不由礼义而由权谋也"（《王霸》）。

五、学以致圣

塑造理想人格是文化的终极目的，儒家的理想人格是圣人
和君子，都是由孔子创造的。孔子认为圣人高不可攀，是难以企
及的做人目标，君子才是现实中的理想人格。孟子和荀子继承了
孔子的人格理想，却比孔子有信心，认为圣人也是现实能够达到
的理想人格；普通人只要坚持修身，都能够成为圣人。孟子是
"人皆可以为尧舜"（《孟子·告子下》），荀子是"涂之人可以为
禹"。荀子论证了普通人致圣的缘由，指出大禹之所以能够成为
大禹，在于大禹能做到仁义法正，"然则仁义法正有可知可能之
理，然而涂之人也，皆有可以知仁义法正之质，皆有可以能仁
义法正之具，然则其可以为禹明矣"（《性恶》）。意思是，这样
说来，仁义法正就有可以知道、可以做到的道理；这样说来，普
通人都有能够知道仁义法正的才质，都有能够做到仁义法正的条
件，所以他能够成为禹，这个道理是很明显的。

不过，在成为圣人的方法上，孟子与荀子发生了分歧，孟子
主张人性本善，认为道德的根源不能从外部寻找，只能返回生命
内部探求，主张思以致圣，"心之官则思。思则得之，不思则不
得也"（《孟子·告子上》）。荀子指出人性是恶的，认为生命需要
借助外在的力量才能确立起道德的品性，强调学以致圣，"吾尝
终日而思矣，不如须臾之所学也；吾尝跂而望之，不如登高之博

见也"(《劝学》)。荀子著有《劝学》篇，专门论证了学以致圣的道理，全面而深刻地阐述了学以致圣的重要意义、主要内容和方式方法。学习的目的主要不是获得知识，而是学习做人、学以致圣，"学恶乎始？恶乎终？曰：其数则始乎诵经，终乎读礼；其义则始乎为士，终乎为圣人"。某种意义上说，《劝学》凝聚了荀子学以致圣的全部思想，展示了荀子学以致圣的路径。

《劝学》深刻阐述了学习的意义，学习是一个塑造道德生命的过程。人的生命从根本上说有两种形态，一种是生理形态，即从生到死，从儿童、少年、青年、中年到老年；另一种是道德形态，即人文精神的培育和良好道德的养成。生理形态是人所不可控的，道德形态却是可控并经过人的努力能够塑造的。生命的道德形态是生理形态的升华，没有道德的生命是没有质量的生命，甚至无异于动物。荀子从性恶论出发，强调学习是积善化性，培养道德生命，"神莫大于化道，福莫长于无祸"(《劝学》)。意思是，学习最大的作用就是把人培养成为有道德的人，最大的幸福就是通过修身避免可能招致的祸害。在荀子看来，学习是为了造就圣人，这是道德生命的最高境界。荀子把人的道德生命区分为士的境界、君子的境界和圣人的境界。"好法而行，士也；笃志而体，君子也；齐明而不竭，圣人也。"(《修身》)《荀子》一书是从《劝学》篇开始，最后一篇是《尧问》，似乎都是在倡导学以致圣。荀子的圣人标准是非常高的，不能有任何缺憾，就像射箭，只能百发百中；像千里行程，不能差半步；像一生坚守仁义，不能有任何差池，"百发失一，不足谓善射；千里蹞步不至，不足谓善御；伦类不通，仁义不一，不足谓善学"。荀子强调："天见其明，地见其光，君子贵其全也。"(《劝学》)

在荀子看来，学习是为了培育人的良好品格。"君子博学而日参省乎己，则知明而行无过矣。"意思是，君子只有通过广泛的学习和不断地自省，才能提升自己的道德生命，在实际行动中少犯错误。荀子认为，学习需要日积月累，从而使人的品性发生质的变化，"青，取之于蓝，而青于蓝；冰，水为之，而寒于水"。对于每个人的生命来说，学习是任何时候都不能忽视和放弃的，如果放弃，那就是禽兽，"故学数有终，若其义则不可须臾舍也。为之，人也；舍之，禽兽也"。荀子指出，学习是为了避免不良环境教育对人的影响。环境教育对人的道德生命影响很大，既可以把人教育成有道德的人，也可以使人成为无良之人，"蓬生麻中，不扶而直；白沙在涅，与之俱黑"。环境教育一旦对人的品性造成影响，就很难改变，"木直中绳，輮以为轮，其曲中规，虽有槁暴，不复挺者，輮使之然也"。意思是，笔直的木头，用火把它烤煨弄弯后做成车轮，弧度符合圆规画的圆。即使以后干枯了，也不能再伸直，这是因为烤煨弄弯的缘故啊。荀子要求人们关注环境教育，选择好的环境，与好人相处，"故君子居必择乡，游必就士，所以防邪僻而近中正也"（《劝学》）。

《劝学》深刻揭示了学习的规律，学习是一个坚持不懈、永无止境的过程。荀子认为，学问是无穷无尽的；人是越学习越感到自己的不足，越学习越想更多地学习，"故不登高山，不知天之高也；不临深溪，不知地之厚也；不闻先王之遗言，不知学问之大也"。在荀子看来，学习的第一条规律是善假于物，"君子生非异也，善假于物也"。荀子用了四个譬喻说明善假于物的道理，它们是：利用地势，"登高而招，臂非加长也，而见者远"；利用风向，"顺风而呼，声非加疾也，而闻者彰"；利用车马，"假舆马者，非利足也，而致千里"；利用舟楫，"假舟楫者，非能水也，而绝江河"。从字面上看，善假于物是为了提高人的能力尤其是生理能力，而站在人性高度来分析，其意义就要深刻得多，是指人性之恶决定了生命主体需要借助于外力来改造和完善自己，善假于物是为了塑造道德生命。学习的第二条规律是长期积累。荀子认为，学习是生命的本质，只能与人的生命相伴终身，"真积力久则入，学至乎没而后止也"。意思是，一个人只要不断地学习，自然能够深入而有所收获；学习是要学到死才能停止的。学习还是一个循序渐进、逐步积累的过程，只有长期坚持和不懈努力，才会学有所获、学有所成，"积土成山，风雨兴焉；积水成渊，蛟龙生焉；积善成德，而神明自得，圣心备焉"。"神明自得，圣心备焉"，这就是荀子要求人们终身追求的道德生命。荀子还强调学习是渐进的积累过程，而不能靠跳跃、突击的方式进行，"骐骥一跃，不能十步；驽马十驾，功在不舍"；学习贵在坚守和持之以恒，"锲而舍之，朽木不折；锲而不舍，金石可镂"。

在荀子看来，学习的第三条规律是专心致志。"是故无冥冥之志者，无昭昭之明；无惛惛之事者，无赫赫之功。"冥冥与惛惛都表明精诚专一。意思是，在学习上没有刻苦钻研的志向，就不能取得豁然贯通的成就；在工作上没有埋头苦干的经历，也就做不出优异的成绩。荀子认为，学习最忌三心二意，"行衢道者不至，事两君者不容。目不能两视而明，耳不能两听而聪"。荀子以蚯蚓和螃蟹的例子加以说明，蚯蚓专心致志，就能上吃尘土、下饮泉水，"蚓无爪牙之利，筋骨之强，上食埃土，下饮黄泉，用心一也"；而螃蟹虽有爪牙之利，却连寄居的洞穴也没有，原因是不能专心致志，"蟹六跪而二螯，非蛇鳝之穴无可寄托者，用心躁也"。荀子进一步引用《诗经》指出："《诗》曰：'尸鸠在桑，其子七兮。淑人君子，其仪一兮。其仪一兮，心如结兮！'故君子结于一也。"（《劝学》）意思是，《诗经》上说：在桑树上的布谷鸟啊，一心一意哺育着七个小雏儿。善人君子啊，举止也要专一。举止专一了，用心就坚固了。所以君子学习要专心致志，做学问要目标集中。

《劝学》深刻揭示了学习的态度和方法，学习是一个为了自己、提升自身德性的过程。荀子论述学习的内容十分丰富，除了学习的意义、规律和内容外，还用较大篇幅谈论学习的态度和方法。在荀子看来，既然学习是一个塑造道德生命的过程，那么学习的态度就具有重要意义，良好的态度是塑造道德生命的保证。荀子把学习态度区分为君子之学与小人之学，褒奖君子，贬斥小人。具体表现在君子之学是为了培育德性，小人之学是为了追名逐利。"古之学者为己，今之学者为人。君子之学也，以美其身；小人之学也，以为禽犊。"君子之学是言行一致、躬身实践，小人之学是言行不一，说一套做一套。"君子之学也，入乎耳，箸乎心，布乎四体，形乎动静。端而言，蠕而动，一可以为法则。小人之学也，入乎耳，出乎口；口耳之间，则四寸耳，曷足以美七尺之躯哉！"意思是，君子的学习，是听在耳里，记在心上，还要以身作则，表现在日常行动中，哪怕最微小的一言一动，都可以供别人效仿。小人的学习，是耳朵听了，口里说说而已，口耳之间的距离不过四寸，这怎么能使自己的七尺之躯得到好处呢！君子之学是谨言慎行，小人之学是夸夸其谈。当人们问小人一个问题时，小人就要回答两个以上的问题，以炫耀自己有学问，"故不问而告谓之傲；问一而告二谓之囋。傲，非也；囋，非也；君子如向矣"。

在荀子看来，学习的方法也是塑造道德生命的重要条件，正确的学习方法是塑造道德生命的保证。荀子的学习办法是"近其人"和"好其人"。所谓"近其人"，就是要亲近于良师益友、请教于良师益友。"《礼》《乐》法而不说，《诗》《书》故而不切，《春秋》约而不速，方其人之习君子之说，则尊以遍矣，周于世矣。故曰：学莫便乎近其人。"意思是，《礼》和《乐》有一定的法度而无详细的解释；《诗》和《书》都记载掌故，未必切合当前的情况；《春秋》词旨隐约，不容易迅速理解。只有请教良师益友，才能更好地理解这些典籍，进而接受更多的知识，养成高尚的人格，对世事也会有比较全面的了解和把握。因而学习最方便的法门，莫过于亲近良师益友。"好其人"，就是要见贤思齐，把圣人和君子当作自己学习的榜样。荀子把"好其人"与"隆礼"联系在一起，从而强调实践的作用和意义。学习如果不能"好其人"和"隆礼"，则至多不过是一个浅陋的儒生，"学之经莫速乎好其人，隆礼次之。上不能好其人，下不能隆礼，安特将学杂识志顺《诗》《书》而已耳。则末世穷年，不免为陋儒而已"。荀子还认为，如果不能"好其人"和"隆礼"，尤其是不能"隆礼"，学习就好像用指头去测量河水的深浅，用戈矛去舂米，用尖锥到壶中去吃饭，"不道礼宪，以《诗》《书》为之，譬之犹以指测河也，以戈舂黍也，以锥餐壶也，不可以得之矣。故隆礼，虽未明，法士也；不隆礼，虽察辩，散儒也"（《劝学》）。陋儒、散儒均为贬义，正确的学习方法，就是要避免成为陋儒、散儒。

　　对于荀子，心里总会感觉他委屈，甚至有点为他鸣不平。他尊崇孔子，自认为是儒家传人，却被儒门抛弃；他积极入世，希冀建立功勋，却被世人冷落；他思想深邃，影响传统深远，却被后世误读。荀子的历史影响与社会评价反差之大，令人喟然长叹。这使人想到如何评价历史人物这一大问题，即评价历史人物应当把握什么样的尺度。陈寅恪认为："凡著中国古代哲学史者，其对于古人之学说，应具了解之同情，方可下笔。"①钱穆指出："（读此书）必附随一种对其本国以往历史之温情与敬意。"②综合陈寅恪和钱穆的理念，评价历史人物应当把握"了解之同情"和"温情与敬意"的尺度。首先是敬意。任何一位历史人物，无论是思想家还是政治家，无论是社会科学家还是自然科学家，都对历史发展和社会进步做出了贡献，从而在人类文明史上留下了他

　　①　陈寅恪：《冯友兰中国哲学史上册审查报告》，出自《金明馆丛稿二编》，上海古籍出版社 1980 年版，第 247 页。
　　②　钱穆著：《国史大纲》，商务印书馆 1994 年版，第 1 页。

们的印迹。后人怎么能对他们不怀有崇敬之情呢？其次是了解。只有全面了解历史人物的所言所行和所作所为，才能对历史人物作出正确评价。尤其要深入了解当时的社会环境能够对历史人物提出的时代命题以及提供解决问题的基本条件，才会得出比较客观的结论。最后是同情。任何历史人物都是人而不是神，是人就会有局限，就会犯错误。对于历史人物的局限和错误，不应抱怨指责，而应设身处地，始终坚守同情之心。如此，评价历史人物就会更加客观，更加公正，更加温情和理性；荀子的历史形象会更加崇高伟大，人们对荀子的历史记忆会更加美好，荀子会更加受人尊敬。

第六章　先秦道家

　　道家是老子创立的思想学术流派。道家以道为宗旨，把道看作是世界的本原，视为人的精神家园和终极存在。无论先秦时期，还是漫长的传统社会，道家都没有占据主流地位。先秦时期的显学是儒家和墨家；汉武帝之后，儒家历史地主导着传统文化的发展。然而，道家在儒家的挤压和外来佛教的冲击之下，始终毅然挺立，没有像墨家及其他诸子百家那样被历史所湮没以至于消失。这说明道家具有强大的生命力，其秘诀是道法自然，"天长地久，天地所以能长且久者，以其不自生，故能长生"（《老子·第七章》）。道家还和儒家、佛家一起成为中国文化的支柱，极大地影响了中华文明的发展流变，合力塑造了中华民族的集体人格。

一、道家源流

　　道家从源头追溯，可以到轩辕黄帝，所以在汉初称为"黄老之学"。真正使道家成为一门学问和一家学派的，则是先秦掌管历史及典籍的官员。传统社会很重视历史的记录，每个朝代都设置记录历史的官员，"古之王者世有史官。君举必书，所以慎言行，昭法式也。左史记言，右史记事，事为《春秋》，言为《尚

书》"。意思是，古代帝王世代都有史官。君王的举动一定加以
记录，其目的是以此使君王言行谨慎，其言行可为民之法则。左
侧史官记其言，右侧史官记其行。行动记下来就是《春秋》，言
论记下来就是《尚书》。史官既记录帝王的言行，又熟悉历史典
籍，久而久之，就对历史的发展及其规律有了认识和把握，进而
作理论上的思考和形而上的抽象，逐步形成了道家思想和学派，
"道家者流，盖出于史官，历记成败存亡祸福古今之道，然后知
秉要执本，清虚以自守，卑弱以自持，此君人南面之术也"(《汉
书·艺文志》)。老子本人就是"周守藏室之史也"(《史记·老子
韩非列传》)。

　　道字最早出现于西周早期的青铜器铭文，本意是道路，为人
行走。段玉裁注释"道者，人所行"(《说文解字注》)。道字从行
从首，行是道路，首是方向，道是按照一定的方向在道路上行走
迈进。先秦思想家面对动乱不已的社会现实，苦苦寻觅匡正时弊
的仙方，不约而同地把目光投注于道，不断对道的概念进行改造
和加工，逐步从道路的含义演化为事物的本原、规律、境界、方
法和途径，成为各方都认同的思想范畴。《周易·系辞上》说"一
阴一阳之谓道"，意指事物的基本规律;《管子·任法》说"故法
者，天下之至道也"，意指政治原则;《论语·里仁》说"朝闻道，
夕死可矣"，意指自然界和人世间的大道理。有的思想家还把道
与天联系起来，称之为"天之道"，意指日月星辰运行的法则;
把道与人联系起来，称之为"人之道"，意指社会运行和人事活
动的法则。在先秦思想家中，唯有老子从哲学高度认识道，把道
抽象升华为形而上范畴，建立了完整而严密的道家思想体系，以
阐述自然界、人类社会和个体生命的终极意义。英国学者李约瑟
高度评价道家思想，"中国人性格中有许多最吸引人的因素都来
源于道家思想。中国如果没有道家思想，就像是一株深根已经烂

掉的大树"①。

　　道家思想资源不仅有丰富的史官经验,而且有遥远上古时代的回忆。老子不吝笔墨描绘了一幅安宁平和的上古社会图景,政治是小国寡民,经济是自耕自种、自养自息,社会场景是人性自然流露,其乐融融,"小国寡民,使有什佰人之器而不用,使民重死而不远徙。虽有舟舆,无所乘之;虽有甲兵,无所陈之;使民复结绳而用之。甘其食,美其服,安其居,乐其俗。邻国相望,鸡犬之声相闻,民至老死不相往来"(《老子·第八十章》)。老子的回忆不是宽泛的原始社会,而是母系氏族社会。老子从母系社会汲取哲思的灵感和源泉,还以女性为喻象阐述其玄思妙想。《老子》通篇充满了母系主题和女性特点,无论是母、雌、谷、阴、牝、玄牝等表现女性性别的词语,还是水、静、柔、弱、韧等表现女性特征的词语,都能形象化地阐明和论证道的思想。老子的哲思与女性的特质有着高度契合,"我有三宝,持而保之:一曰慈,二曰俭,三曰不敢为天下先。慈,故能勇;俭,故能广;不敢为天下先,故能成器长"(《老子·第六十七章》)。在这段话中,我们仿佛看到了一位母系氏族女首领的生动形象和全部美德。所谓"慈",是氏族女首领赢得人们爱戴的基本美德,既有母性的呵护备至、细致入微的柔情,又有女性忍辱负重、无私曲成的宽容。慈爱并非软弱,故慈能勇。"俭"是女性重要的美德,也是氏族女首领善于持家、管理氏族经济社会生活的基本手段。母系氏族社会生产力低下,没有节俭,原始人类就难以生存;只有节俭,才能用得更多、用得长久,维系人类的生存。千百年来,女性总是节俭持家,节俭是女性的象征。节俭并非吝啬,故俭能广。"不敢为天下先",意指女性的阴柔之美,表现出

---

　　① 〔英〕李约瑟:《中国科学技术史》(第 2 卷),科学出版社、上海古籍出版社 1990 年版,第 178 页。

氏族女首领宽容谦和、温良忍让的高尚品德。谦卑并非软弱，"故能成器长"。成器，指的是成就器具，造就万物；意指所以能成为造就万物的母体。

先秦时期，道家有着重要影响，阵容也不小。老子之后，比较著名的道家代表人物有关尹、列子和杨朱。《吕氏春秋》认为"关尹贵清"；《庄子·天下》记载了关尹崇尚清寂的言论，"在己无居，形物自著。其动若水，其静若镜，其应若响。芴乎若无，寂乎若清，同焉者和，得焉者失。未尝先人而常随人"。"列子贵虚"，《庄子·逍遥游》认为列子能够淡然对待世俗的幸福，"夫列子御风而行，泠然善也，旬有五日而后反。彼于致福者，未数数然也"。"杨朱贵己"，贵己也就是为我，《孟子·尽心上》认为"杨子取为我，拔一毛而利天下，不为也"。战国时期，道家内部分化为不同学派，除老庄学派外，还有杨朱学派、黄老学派、彭蒙田骈慎到学派、老子学派和宋尹学派，其中黄老学派最为兴盛。黄老学派不仅成了稷下学宫的主导思想，而且成了田齐治国的指导思想。黄老学派尊奉黄帝和老子为创始人，思想主旨为"贵清静而民自定"。在社会政治领域，主张君王"无为而治"，让民众自发组织，不要过多干预民众生活，还主张省苛事，薄赋敛，毋夺民时。特别是不贵治人贵治己，因俗简礼、与时迁变、除衍存简、休养生息的思想，成了中国历史上大乱之后统治者必然采取的救世良方。黄老学派通过稷下学宫和百家争鸣，一枝独秀而艳压群芳，极大地重塑了战国末期的思想格局。当然，先秦时期，真正对道家思想集大成的是庄子。庄子从本体论、认识论、政治论和人生论各个角度，全面继承发展了老子的思想，将老子以道治国为主旨的政治思想转变为以道佑人为主旨的生命哲学。"道之真以治身，其绪余以为国家，其土苴以治天下"（《庄子·让王》），由此开始了道家对人的价值和存在方式的追问与探讨。道家思想及其学派能够在中华文明历史长河中绵延不绝，庄子功不可没。

《四库全书》合道家与道教为一，所收典籍只有44部，共430卷。正宗道家的经典更少，元典只有《老子》和《庄子》，勉强可加上《淮南子》及《黄帝四经》。《淮南子》是汉淮南王刘安召集宾客所著，计有"内书"二十篇，"外书"若干，"中篇"八卷，言神仙、黄白之术，约20万余言。现存《淮南子》只有"内书"，思想十分驳杂，以黄老为主，混合着儒家及其他学派的思想，《万历续道藏》收入此书。《汉书·艺文志》有《黄帝四经》的记载，后失传。1973年，长沙马王堆考古发现了四篇古佚书，有的专家认为是《黄帝四经》，用韵文写成，分别是"经法""十六经""称"和"道原"。《黄帝四经》的历史影响甚微，但对于认识起于战国盛于西汉时期的黄老之学却有帮助。此外，《列子》《文子》《鹖冠子》虽然真伪难辨，也可算是道家的典籍。道家典籍不多，而道教的典籍甚多，内容广泛而复杂，可谓浩如烟海。明代编辑的《正统道藏》和《万历续道藏》，按照三洞四辅十二类的分类方法，收集汇总各类道书1476种，分装成512函，共5485卷。《道藏》所收重要典籍，除《老子》《庄子》外，还有《老子化胡经》《黄庭经》《大洞真经》《度人经》《三皇经》《阴符经》《清静经》《玉皇经》《心印经》《太上感应篇》等。道士则主要诵读《老子》《庄子》《清静经》《玉皇经》《黄庭经》《阴符经》和《太上感应篇》。

道家发展坚持"唯道是从"，却有其自身的演变轨迹。先秦时期，道家思想经历了由形上之道向形下之术的转变。稷下道家慎到、田骈、宋钘、尹文，把道家哲学与政治结合起来，将深藏于老子之道中的"君人南面之术"加以发挥，引申为一套清醒冷峻的政治权术，实现了道家思想由"学"向"术"的转变。"慎到，赵人。田骈、接子，齐人。环渊，楚人。皆学黄老道德之术，因发明序其指意。故慎到著十二论，环渊著上下篇，而田骈、接子皆有所论焉。……于是齐王嘉之，自如淳于髡以下，皆命曰列大夫，为开第康庄之衢，高门大屋，尊宠之。"（《史记·孟子荀卿列传》）西汉初期，黄老之学转变为黄老之治。从最高统治者到身居要职的重臣，都崇尚黄老之学，奉行"无为而治"。《风俗通义》记载："文帝本修黄老之言，不甚好儒术，其治尚清净无为。"《史记·孝景本纪》"索隐述赞"记载："景帝即位，因修静默，勉人于农，率下以德。"曹参曾为先秦齐国丞相，拜人为师，学习黄老之术；相齐九年，齐国大治，人称贤相，"闻胶西有盖公，善治黄老言，使人厚币请之"（《史记·曹相国世家》）。后来他为汉丞相，萧规曹随，因循而治。由于君臣同心协力推行清净无为、与民休息的黄老之学，催生了传统社会第一个盛世"文景之治"。"文景之治"证实了老子思想的社会政治价值和积极意义，为后世王朝所重视并加以实践。南怀瑾认为："细读中国几千年历史，会发现一个秘密。每一个朝代，在其最盛的时候，在政事的治理上，都有一个共同的秘诀，简言之，就是'内用黄老，外示儒术'。自汉、唐开始，接下来宋、元、明、清的创建时期，都是如此。内在真正实际的领导思想，是黄老之学，即是中国传统文化中的道家思想。"[①]诚哉斯言，美哉斯言！

汉武帝确立儒家独尊的地位后，道家发展受到了限制，但没有成为绝学。道家退出殿堂，走入民间，作为精神寄托，与读书人和高人隐士相伴，不愿为政治权力所羁束。在漫长的历史进程中，道家发生了两次重要转型，一次转型是魏晋玄学，以老庄思想为主干，促进儒道结合。魏晋玄学关注的问题可归纳为"三辩"，即本体论是有无之辩，认识论是言意之辩，文化价值观是自然与名教之辩。何晏、王弼是魏晋玄学的奠基者，"魏正始中，何晏、王弼等祖述《老》《庄》，立论以为：天地万物皆以无为

---

① 　《南怀瑾选集》（第二卷），复旦大学出版社 2013 年版，第 6—7 页。

本。无也者，开物成务，无往不存者也。阴阳恃以化生，万物恃以成形，贤者恃以成德，不肖恃以免身。故无之为用，无爵而贵矣"（《晋书·王衍传》）。王弼是魏晋玄学的标志性人物，著有《老子注》《老子指略》和《周易注》《周易略例》以及《论语释疑》。在本体论上，王弼主张"以无为本"，"天下之物，皆以有为生；有之所始，以无为本"。而且，王弼认为："《老子》之书，其几乎可一言而蔽之。噫！崇本息末而已矣。"在认识论上，王弼主张"得意忘言"，"然则，忘象者，乃得意者也。忘言者，乃得象者也。得意在忘象，得象在忘言。故立象以尽意，而象可忘也。重画以尽情，而画可忘也"。在政治论上，王弼主张"静为躁君，安为动主"，要求统治者以静制动，"息乱以静"，反之"离其清静，行其躁欲"，则必然造成天下大乱。在王弼思想影响下，魏晋名士打破汉朝经学的束缚，援道入儒，融合儒道，不仅促进了道家文化的活跃和转型，而且推动了古代哲学、文化、思想学术的发展。

另一次转型是道教。道教是中国本土产生的宗教，与道家关系密切。西汉儒家独尊后，道家与读书人和高人隐士相结合的同时，则与民间流行的方术和巫术相结合，逐渐演绎出道教。道教奉老子为教主，以黄老思想为理论基础，以《老子》《庄子》为基本教义，崇拜诸多神明，主要宗旨是追求长生不死，得道成仙和济世救人。道教内容远承战国时期的神仙方术，道家组织则源于东汉末年的太平道、五斗米道。至魏晋南北朝，道教的宗教形式得以完善成熟，北魏太武帝时期，道教成为国教，寇谦之被皇帝承认为天师，对北朝道教进行改造；南朝宋文帝时期，上清派传人陆修静对南朝道教进行改造。经过寇谦之和陆修静的改革，全面系统地建立了道教的规章制度，使道教的教规教戒、斋醮仪范基本定型。隋唐时期，则是道教发展的顶峰。唐朝尊老子为祖先，奉道教为国教，封老子为"太上玄元皇帝"，采取"道大佛小，先老后释"的宗教政策。唐玄宗积极推动道教内部改革，剔除巫术迷信成分，弘扬道家义理，让道教回归道家，回归黄老之治的辉煌时代。明清时期，道教失去了官方的支持，在停滞中走向衰微。今天，以道士和宫观为载体的道教仍有着一定影响。道家不是宗教，道家学者也不一定承认道教，而道教有助于道家思想的传播及其学派的生存发展，却是不争的事实。某种意义上说，没有道教，可能就没有道家的发展生存，这就是历史的吊诡之处。

二、老子贵柔

众所周知，老子思想的核心范畴是道。老子认为，道在创生宇宙万事万物的过程中，主要依靠两种力量，一种力量是"反"，另一种力量是"弱"。"反者，道之动。"（《老子·第四十章》）在老子看来，反是矛盾和物极必反，事物是在对立统一中发展变化的，从而形成了丰富多彩的世界，"天下皆知美之为美，斯恶已；皆知善之为善，斯不善已。故有无相生，难易相成，长短相较，高下相倾，音声相和，前后相随"（《老子·第二章》）。反还有循环往复的意思，事物的发展变化无穷无尽，是在"否定之否定"中螺旋式前行的。"吾不知其名，字之曰道，强为之名曰大。大曰逝，逝曰远，远曰反"（《老子·第二十五章》），强调道大到无边而又无所不至，无所不至即运行遥远，运行遥远而又回归本原。"弱者，道之用。"（《老子·第四十章》）在老子看来，弱即柔弱，是道的基本品质。道创生万物是一个自然而然的过程，不勉强、不造作、不作秀，不以人的意志为转移，即"人法地，地法天，天法道，道法自然"（《老子·第二十五章》）。自然就是柔弱，而不是刚愎自用，不是强制规范和强力而为。柔弱还有生命力的含义，是天下万事万物生存发展的基础，"柔弱者生之徒"（《老子·第七十六章》）。老子把柔弱和矛盾并列，既看成是道的内在规定，又看成是道的外在形式，赋予了形而上的意义，这使得柔弱具有了崇高而神秘的色彩。

《吕氏春秋·不二》认为"老子贵柔"，指明了老子之道的真谛。老子对于柔弱可谓偏爱之至，不仅给予理论的说明，而且赋予形象的比喻。老子哲学善用比喻来阐述其深奥的思想，最重要的喻体是水、女性和婴儿。这三个喻体都和柔弱有着千丝万缕、密不可分的联系。我们在阅读《老子》时，经常会感到恍惚，这是在说柔弱呢，还是在说水、女性和婴儿呢？仿佛柔弱就是水、女性和婴儿，反之亦然。"天下莫柔弱于水。"（《老子·第七十八章》）水是柔弱最好的形象，柔弱是水的本质规定。水之柔弱表现在经常变化自身的形态，升为云霞，降为雨露；在山间是溪流，在平地是长河，在洼处是大海。无论哪一种形态，水都在泽被万物、施而不争。水又表现在喜欢往低处走，常常居于下游，却在滋润养育万物。任何生命无论是灿烂辉煌，还是高大巍峨，都离不开水的滋养。水还表现在因物就形、能圆能方，随物易形、无所不成，绝不会要求外物与自己保持一致，而是自己主动适应外物，在塑造自身形态的同时，也在改造着外物。这是水最明显的柔弱表现形式，也是柔弱对于自然界和人类社会最大的作用。

女性是柔弱的重要形象，而且是生命的形象。《老子》一书多处赞美女性，不仅用女性喻道，而且把女性与道等同起来。有时，老子运用女性的生殖特点赞美道，虽然虚无柔弱却有绵延不绝的创造力，"谷神不死，是谓玄牝。玄牝之门，是谓天地根。绵绵若存，用之不勤"（《老子·第六章》）。王弼从字形出发，认为谷似山谷之谷，意为虚无，谷神就是道；牝是指女性的重要特征（《老子道德经注》）。这段话的大意是，道是那样神妙而永恒，它就像深妙莫测的母体。深妙莫测的母体，就是天地的本根。母体绵密不断而又川流不息，它的功用无穷无尽。清魏源指出："《老子》主柔宾刚，而取牝、取雌、取母、取水之善下，其体用皆出于阴。"(《老子本义》)婴儿是柔弱的另一个生命形象,"专气致柔,能婴儿乎?"(《老子·第十章》)王弼注云:"言任自然之气,致至柔之和,能若婴儿之无所欲乎?则物全而性得矣。"(《老子道德经注》)这段话是从政治和修身角度阐述柔弱的意义,也说明婴儿是柔弱的重要形象,柔弱是婴儿的最大特点。在人的一生中,婴儿时期是最为柔弱的,却蕴含着一个人成长为少年、青年、中年、壮年、老年的所有因子。所以,柔弱中有本根、有生机、有活力,这正是老子推崇柔弱的重要原因。

谦卑是柔弱的本质规定。《老子》从矛盾的对立统一中赋予柔弱的内容;大与小、贵与贱、上与下都是相对而言的,二者之间既互相依存,又互相转化;老子给予柔弱最根本的规定是谦卑。安小是谦卑的首要规定。任何事物都是从微小开始,由小到大,微小意味着新生和希望。这在水和婴儿上表现得更为明显。水之多来源于微小。当水刚形成时,是很微小的,晨露是微小的,雨水是微小的,泉眼是微小的,而江河湖海都是由这些微小的水源汇聚而成的。人之壮来源于微小。当婴儿刚来到人间时是很微小的,而人的成长壮大却是从婴儿开始的。婴儿是生命之始基,即使在赤裸裸的新生时,也有着健壮的表现,即"骨弱筋柔而握固",因而"蜂虿虺蛇不螫,猛兽不据,攫鸟不搏"(《老子·第五十五章》)。

处下是谦卑的重要规定。人往高处走,水往低处流。一般认为,高贵为荣、卑贱为耻,位高为荣、位低为耻,老子却认为,贵以贱为根本,高以下为基础,有道之士不愿像美玉那样精美,宁愿像石头一样质朴,"故贵以贱为本,高以下为基。是以侯王自谓孤、寡、不谷。此非以贱为本邪?非乎?故致数舆无舆。不欲琭琭如玉,珞珞如石"(《老子·第三十九章》)。孤为孤儿,寡为无夫或无妻之人,不谷为父母亡故而不能终养,皆为古代君主的自谦之词。处下还表现在能大就小、能高就低,保持谦卑态度，"常无欲，可名于小；万物归焉而不为主，可名为大。以其终不自为大，故能成其大"（《老子·第三十四章》）。这段话阐述了大与小的辩证关系。意思是，它没有任何欲望，可以说是很渺小；万物都归附于它，它却不当万物的主宰，可以说真是伟大。所以圣人能成就伟业，是因为他不承认自己伟大，才成为真正的伟大。居后是谦卑的又一规定。对于居后而言，水是榜样，江河湖海是典范，"江海所以能为百谷王者，以其善下之，故能为百谷王。是以欲上民，必以言下之；欲先民，必以身后之"（《老子·第六十六章》）。这段话说明江海能容纳百川，在于其自甘处下居后，圣人欲养育万民、治理天下，也应像江海那样处下居后，而不给老百姓造成负担和损害。居后就是谦卑，管子认为"卑也者，道之室，王者之器也"（《管子·水地》）。

　　无为不争是柔弱的具体运用。老子之柔弱在政治和人生实践中的推论就是无为不争，相对而言，无为更多地用于政治领域，不争更多地用于人生领域。无为不争理论的基点是"道法自然"。老子倡导无为，并不是无所作为，而是根据自然之道，顺应事物变化之规律，促进其自然发展，以达到无不为之的目的。"道常无为而无不为，侯王若能守之，万物将自化。化而欲作，吾将镇之以无名之朴。无名之朴，夫亦将无欲。不欲以静，天下将自定。"（《老子·第三十七章》）意思是，道经常不作为，却又无所不为。侯王如能得到它，万物将自然化育成长。化育生长过程中会产生贪欲，我将用道的真朴来镇服。这个道的无名真朴，就能根绝贪欲。根绝贪欲就能安静，天下将会自然安定。在这段话中，老子希望统治者采纳无为而治的思想，达到"天下将自定"的效果。老子把古往今来的统治状态分为四类，即"太上，不知有之。其次，亲而誉之。其次，畏之。其次，侮之"（《老子·第十七章》）。在老子看来，理想的政治境界是"太上，不知有之"。意思是，最好的统治者，是把国家治理好了，老百姓却不知他的存在。老子认为，最好的统治者是不以私情临物，不以私意处事，不以私欲统政，而要循理举事，因势利导，任民自为，"是以圣人处无为之事，行不言之教，万物作焉而不辞，生而不有，为而不恃，功成而弗居。夫唯弗居，是以不去"（《老子·第二章》）。

老子高度重视不争。《老子》最后一章最后一句话就是"天之道，利而不害。圣人之道，为而不争"。老子倡导不争，既是为人处世的策略，也是避免过错、消解矛盾的重要手段，"夫唯不争，故天下莫能与之争"（《老子·第二十二章》）。老子的不争也不是无所作为，不是无原则的迁就忍让，而是以退为进的处事谋略，"天之道，不争而善胜，不言而善应，不召而自来，绰然而善谋。天网恢恢，疏而不失"（《老子·第七十三章》）。意思是，天之道，不争而善于取胜，不说话而善于回应，不召唤而使万物自来归附，坦荡无私而善于谋划。天网广大无边，稀疏却无所漏失。老子认为，不争的关键是无私无欲，知足常乐，"故知足不辱，知止不殆，可以长久"（《老子·第四十四章》）。反之，就是"祸莫大于不知足，咎莫大于欲得"（《老子·第四十六章》）。

柔弱胜刚强是柔弱的价值取向。柔弱与刚强是一对矛盾，在经验世界里，人们偏爱刚强，认为刚强是雄健、有力量的象征；轻视柔弱，认为柔弱是怯懦无能的表现。老子却认为："强大处下，柔弱处上。"（《老子·第七十六章》）进而认为："弱之胜强，柔之胜刚。"（《老子·第七十八章》）一定意义上说，柔弱胜刚强是老子之柔弱最深刻的思想，包含着老子辩证法的全部因素。在老子看来，柔弱比刚强更具有本体论色彩。道是有与无的统一，"天下万物生于有，有生于无"（《老子·第四十章》）。对于创生万物来说，无比有更重要；刚强与柔弱类似于有与无的关系，柔弱比刚强更重要。这是因为柔弱比刚强更充满生机和活力，是生命力的象征，"人之生也柔弱，其死也坚强。万物草木之生也柔脆，其死也枯槁"（《老子·第七十六章》）。柔弱不是软弱、虚弱，而是柔中有刚、弱中有强，从而使柔弱有了战胜刚强的内因和基础。否则，柔弱胜刚强，就是镜中花月、空中楼阁。

老子认为，柔弱胜刚强是自然界和人类社会各种矛盾对立统一关系的缩影。矛盾是普遍存在的，"曲则全，枉则直，洼则盈，敝则新，少则得，多则惑"（《老子·第二十二章》）。柔弱与刚强是其中的一对矛盾，之所以引起老子的特别重视，是因为这对矛盾具有本体论、认识论和实践论的意义。矛盾是在运动的，都在向它的对立面转化，"故物，或损之而益，或益之而损"（《老子·第四十二章》）。意思是，对于事物而言，有时减损它却反而使它得到增益，有时增益它却反而使它受到减损。柔弱胜刚强也是如此，看似弱者，却能战胜强者，正像水一样，"天下莫柔弱于水，而攻坚强者莫之能胜，其无以易之"（《老子·第七十八章》）。矛盾转化是有条件的，这就需要人的因素和人的努力，创造或改变一些条件，促进事物从刚强向着柔弱的方向转化，实现柔弱胜刚强。《老子·第三十六章》以排比方式提出了歙与张、强与弱、废与兴、夺与与的矛盾，并指明了互相转化的原因和条件，"将欲歙之，必固张之；将欲弱之，必固强之；将欲废之，必固兴之；将欲夺之，必固与之，是谓微明"。老子把柔弱胜刚强看成是治国之利器，强调"鱼不可脱于渊，国之利器不可以示人"。

三、庄子跟进

庄子继承发展老子思想，是道家的集大成者。庄子敬重老子，没有直接证据，而有间接证明。尽管庄子"作《渔父》《盗跖》《胠箧》，以诋訿孔子之徒"（《史记·老子韩非列传》），却对孔子保持了尊重，多次称颂孔子。清吴世尚指出："庄子之说，所见极高，其尊信孔子，亦在千古诸儒未开口之前。观篇中称孔子为圣人、至人。夫至人无己，神人无功，圣人不名。不离于宗，谓之天人。不离于精，谓之神人。不离于真，谓之至人。以天为宗，以德为本，以道为门，兆于变化，谓之圣人。圣人、天人、神人、至人，总一人也。此老从不肯以此名许人，此老徒不肯以此名许人，独以之称孔子，此是何等见地。"（《庄子解》）

庄子将孔子与老子描述为请教的关系，间接证明了庄子对老子的敬重，超过了对孔子的尊重。"孔子谓老聃曰：'丘治《诗》《书》《礼》《乐》《易》《春秋》六经，自以为久矣。孰知其故矣，以奸者七十二君，论先王之道而明周、召之迹，一君无所钩用。甚矣夫！人之难说也？道之难明邪？'老子曰：'幸矣，子之不遇治世之君也！夫六经，先王之陈迹也，岂其所以迹哉！今子之所言，犹迹也。夫迹，履之所出，而迹岂履哉！夫白鶂之相视，眸子不运而风化；虫，雄鸣于上风，雌应于下风而风化。类自为雌雄，故风化。性不可易，命不可变，时不可止，道不可壅。苟得于道，无自而不可；失焉者，无自而可。'孔子不出三月，复见，曰：'丘得之矣。乌鹊孺，鱼傅沫，细要者化，有弟而兄啼。久矣夫，丘不与化为人！不与化为人，安能化人。'老子曰：'可，丘得之矣！'"从这一资料可知，老子与孔子像老师与学生的关系，似乎有一次长时间的相处和集中讨论，老子之论深邃而飘逸，孔子所得欣然而窃喜。更重要的是，庄子记载了孔子对老子的赞誉，实质是庄子对老子由衷的称颂。孔子见老子回来后，三天不说话。弟子不解地问孔子对老子有什么规劝，孔子回答："吾乃今于是乎见龙。龙合而成体，散而成章，乘乎云气而养乎阴阳。予口张而不能嗋，予又何规老聃哉！"（《庄子·天运》）意思是，我现在才见到真正的龙。龙，合在一起是一个整体，分散开来又呈现华美的纹彩，乘着云气，翱翔于天地之间。我张着嘴不能合拢，又哪能对老子有什么规劝呢！

庄子继承了老子之道，认为道是天地万物的本体和起源，"夫道，有情有信，无为无形；可传而不可受，可得而不可见；自本自根，未有天地，自古以固存。神鬼神帝，生天生地；在太极之先而不为高，在六极之下而不为深；先天地生而不为久，长于上古而不为老"（《庄子·大宗师》）。道视之不见，听之不闻，搏知不得，且无形无象，"道不可闻，闻而非也；道不可见，见而非也；道不可言，言而非也。知形形之不形乎！道不当名"（《庄子·知北游》）。而且，道就是无，天地万物也是生于无，"天门者，无有也。万物出乎无有。有不能以有为有，必出乎无有，而无有一无有"（《庄子·庚桑楚》）。庄子发展了老子之道。老子言道是论断性的，没有作什么论证，庄子对道生万物作了论证。在庄子看来，包括天地在内的东西都是物，物之前必有一个产生物的东西。这个东西不能是物，否则，物还是物，就无所谓产生物。庄子称之为"非物"，也就是道，"有先天地生者物邪？物物者非物。物出，不得先物也，犹其有物也。犹其有物也，无已"。庄子对道与万物的关系作了论证，认为道具有普遍性，与万物不可分割，就存在于万物之中，"东郭子问于庄子曰：'所谓道，恶乎在？'庄子曰：'无所不在。'东郭子曰：'期而后可。'庄子曰：'在蝼蚁。'曰：'何其下邪？'曰：'在稊稗。'曰：'何其愈下邪？'曰：'在瓦甓。'曰：'何其愈甚邪？'曰：'在屎溺。'"（《庄子·知北游》）庄子对"有生于无"作了论证，追问宇宙之有始与无始的关系，"有始也者，有未始有始也者，有未始有夫未始有始也者；有有也者，有无也者，有未始有无也者，有未始有夫未始有无也者"（《庄子·齐物论》）。庄子进而得出有出于无的无中生有结论，"泰初有无，无有无名"（《庄子·天地》）。

庄子对老子之道的最大贡献是对气作了论证。老子只有一处提到了气，"万物负阴而抱阳，冲气以为和"（《老子·第四十二章》）。庄子则全面阐述了气的概念，某种程度上沟通了道与天下万事万物的联系，即道通过阴阳两气而创生万事万物。庄子认为，宇宙充满着气，气是构成万物的最初元素，"通天下一气耳"（《庄子·知北游》）。气分阴阳，"是故天地者，形之大者也；阴阳者，气之大者也；道者为之公"（《庄子·则阳》）。阴阳两气和则万物生，"至阴肃肃，至阳赫赫；肃肃出乎天，赫赫发乎地；两者交通成和而物生焉，或为之纪而莫见其形"（《庄子·田子方》）。意思是，至阴之气十分寒冷，至阳之气异常酷热；寒冷之气出于苍天，炎热之气发自大地。阴阳二气相互融合就产生万物，似乎有什么东西在安排秩序，却又看不见其形迹。阴阳两气错乱则会发生天灾人祸，"阴阳错行，则天地大绖，于是乎有雷有霆，水中有火，乃焚大槐。有甚忧两陷而无所逃，螴蜳不得成，心若县于天地之间，慰暋沈屯，利害相摩，生火甚多，众人焚和，月固不胜火，于是乎有僓然而道尽"（《庄子·外物》）。作为万物之灵，人的生死不过是气的聚散而已，"生也死之徒，死也生之始，孰知其纪！人之生，气之聚也；聚则为生，散则为死。若死生为徒，吾又何患！"（《庄子·知北游》）人的喜怒哀乐也与阴阳两气相关，"人大喜邪，毗于阳；大怒邪，毗于阴。阴阳并毗，四时不至，寒暑之和不成，其反伤人之形乎"（《庄子·在宥》）。

庄子继承了老子的认识论，强调认识的目的就是悟道。庄子细化了人的认识层次，最高是无物境界，悟道者顺随事物自身，不作主观区分，"古之人，其知有所至矣。恶乎至？有以为未始有物者，至矣，尽矣，不可以加矣"。意思是，古代的悟道者，他们的见识达到了极致的境地。达到了什么样的境地呢？他们认为根本不曾有物存在。这就到了极致，到了尽头，无以复加了。次则为无封境界，即人与物之间有了区分，而物与物之间没有区分，"其次以为有物矣，而未始有封也"。再则为有封境界，既区分了人与物，又区分了物与物，却不执着，也不辨是非好坏，"其次以为有封焉，而未始有是非也"。最后是有是有非，固执己见，损害大道，"是非之彰也，道之所以亏也。道之所以亏，爱之所以成"。庄子认为，无物是认识的最高境界，是真正的悟道，"知止其所不知，至矣。孰知不言之辩，不道之道？若有能知，此之谓天府。注焉而不满，酌焉而不竭，而不知其所由来，此之谓葆光"（《庄子·齐物论》）。意思是，知道在其不知道的地方停止，见识就达到了极点。谁能知道无须语言辩论、不用言说的大道？如果知道，那他的心胸就像天然的宝库。注入水不会满溢，取出水也不会枯竭，但又不知道源流在哪里，这就叫做潜藏之光。

庄子和老子一样，认为感官不可能认识大道，只有理性直觉才能体悟大道，进而全面阐述论证理性直觉的具体方式。这就是心斋、坐忘、悬解和撄宁，四者是理性直觉逐步升级的过程，也是心理体验不断深化的过程，最后悟道得道，走向精神自由。心斋，意指虚静自己的心灵，凝聚起精神，"若一志，无听之以耳而听之以心，无听之以心而听之以气！听止于耳，心止于符。气也者，虚而待物者也。唯道集虚。虚者，心斋也"（《庄子·人间世》）。坐忘，意指安详自我的神情，忘却已经掌握的种种知识，"堕肢体，黜聪明，离形去知，同于大通，此谓坐忘"。悬解，意指因任自然，清空自身的一切杂念和欲望，解除现实痛苦而走向心灵的自由，"且夫得者，时也；失者，顺也。安时而处顺，哀乐不能入也。此古之所谓县解也，而不能自解者，物有结之"。撄宁，意指经过朝彻、见独等修炼而形成的宁静自如的心态和天人合一的境界。朝彻是清空自身的杂念和欲望后，由黑暗走向光明的心灵感受，"已外生矣，而后能朝彻；朝彻，而后能见独"。见独是在想象中体验到与道和宇宙本体的融合混一，"见独，而后能无古今；无古今，而后能入于不死不生，杀生者不死，生生者不生"。最后臻于撄宁，"其为物无不将也，无不迎也，无不毁也，无不成也。其名为撄宁。撄宁也者，撄而后成者也"（《庄子·大宗师》）。意思是，道对于万物，无不相送，无不相迎，无不损坏，无不成全，这就叫作撄宁。所谓撄宁，就是在这些纷纭的变化中保持宁静，悟道得道。

庄子继承了老子的圣人人格，"见素抱朴，少私寡欲"（《老子·第十九章》）。圣人是道家的理想人格，庄子将其幻化为至人、神人、圣人等多个形象。所谓至人，"潜行不窒，蹈火不热，行乎万物之上而不栗"。原因在于"彼将处乎不淫之度，而藏乎无端之纪，游乎万物之所终始。壹其性，养其气，合其德，以通乎物之所造。夫若是者，其天守全，其神无隙，物奚自入焉！"（《庄子·达生》）意思是，至人将自然的分寸，藏于无首无尾的大道中，遨游在无终无始的万物里。专一其本性，保持其元气，使德性与自然相通。像这样的人，自然天性不失，精神凝聚，外物又怎么能侵害他呢！神人"肌肤若冰雪，淖约若处子；不食五谷，吸风饮露。乘云气，御飞龙，而游乎四海之外。其神凝，使物不疵疠而年谷熟"。对于神人的存在，有人不相信，庄子认为这就像盲人看不见美丽的花纹，聋人听不见钟鼓的乐声，"瞽者无以与乎文章之观，聋者无以与乎钟鼓之声。岂唯形骸有聋盲哉！夫知亦有之"。神人与万物混为一体，不会劳心费力于世间的俗事，"之人也，之德也，将磅礴万物以为一，世蕲乎乱，孰弊弊焉以天下为事！之人也，物莫之伤，大浸稽天而不溺，大旱金石流、土山焦而不热"。神人有着伟大的本领和崇高的境界，"是其尘垢秕糠，将犹陶铸尧舜者也，孰肯分分然以物为事"（《庄子·逍遥游》）。庄子的圣人，否定仁义道德等人为的事物，"故圣人有所游，而知为孽，约为胶，德为接，工为商"。意思是，圣人栖息于世，视智巧为祸根，视人为的约束如漆胶，视施惠为收买人的手段。圣人否定知、约、德和工，原因在于圣人不需要它们，"圣人不谋，恶用知？不斫，恶用胶？无丧，恶用德？不货，恶用商？"圣人的本性是自然的，"四者，天鬻也。天鬻者，天食也。既受食于天，又恶用人"（《庄子·德充符》）。意思是，圣人不谋、不斫、无丧、不货的四种德性，是天赋予的，而天赋予的就是自然的，既然是自然而然，哪里还需要人为的手段呢。

老子把他的圣人引向了政治领域，"以正治国，以奇用兵，以无事取天下。吾何以知其然哉？以此。天下多忌讳，而民弥贫；民多利器，国家滋昏；人多伎巧，奇物滋起；法令滋彰，盗贼多有。故圣人云，我无为而民自化，我好静而民自正，我无事而民自富，我无欲而民自朴"（《老子·第五十七章》）。庄子却把他的理想人格引向人生领域，推崇人的自然本性，渴慕心灵的自由，那就是"至人无己，神人无功，圣人无名"（《庄子·逍遥游》）。如果说老子服务统治者，提供的是"君人南面之术"，那么，庄子就是服务普通人，开出的是"精神的解蔽"药方，医治的是心灵创伤，绽放的是人生大智慧。在庄子看来，无己无功无名是要返璞归真，顺应人的本性生活，反对人为的枷锁，"牛马四足，是谓天；落马首，穿牛鼻，是谓人。故曰：无以人灭天，无以故灭命，无以得殉名。谨守而勿失，是谓反其真"（《庄子·秋水》）。无己无功无名是要无待，不为世俗的毁誉所动，超越世俗的道德束缚。《逍遥游》描述鲲鹏"背若泰山，翼若垂天之云，抟扶摇羊角而上者九万里，绝云气，负青天，然后图南，且适南冥也"；列子"御风而行，泠然善也，旬有五日而后反"。一般人看来，鲲鹏和列子已十分自由了，庄子却认为他们还不是真正的自由，原因在于有待，"犹有所待者也"。无论鲲鹏还是列子，都有待于风，不借助风，就无法飞行。而真正的自由是无待的，"若夫乘天地之正，而御六气之辩，以游无穷者，彼且恶乎待哉"（《庄子·逍遥游》）。无己无功无名是要像鱼一样，与其相呴以湿、相濡以沫于陆地，不如相忘于江湖，"鱼相造乎水，人相造乎道。相造乎水者，穿池而养给；相造乎道者，无事而生定。故曰：'鱼相忘乎江湖，人相忘乎道术。'"（《庄子·大宗师》）人得道如同鱼儿得水一样，各适其性，各得其是。鱼在江

湖里自由自在，无忧无虑，忘乎万物；人得道后，也会忘乎他人
和天下，自由自在、无拘无束地生活。

四、老子与孔子

老子是智慧大师，创立了道家学派，孔子是道德大师，创立
了儒家学派。道家与儒家是中华文明的基因密码，共同绘制了中
国文化的基本面貌、主要特质和深层结构。自古及今，中国人都
在儒道两种不同的文化模式中选择自己的人生道路，出老子道家
则入孔子儒家，出孔子儒家则入老子道家。比较老子与孔子，实质
是比较道家与儒家，有利于更好地认识中华文明的基因密码，更加
正确地把握中国文化的基本特征和内在品质。从思想渊源和演变过
程分析，老子与孔子既有同一性又有差异性，但差异是主要的，从
而形成了不同的思想体系，建构起各具特色的思想大厦。

老子与孔子的差异是多方面的，首先是道与仁的差异。老
子是道，由此形成了思辨哲学；孔子是仁，由此形成了伦理哲
学。《老子》一书74次论及道的概念，老子从道出发，穷近自然
界、人类社会和个体生命的本原及终极目的，进而构筑起道家思
想体系。在老子那里，道无声无形，浑然一体，是天地万物的
本原，先于天地生成，"有物混成，先天地生。寂兮寥兮，独立
不改，周行而不殆，可以为天下母。吾不知其名，字之曰道，强
为之名曰大"（《老子·第二十五章》）。老子认为，道是天地万
物的起源，"道生一，一生二，二生三，三生万物"（《老子·第
四十二章》）。老子指出，道是天地万物运行的动力和规律，"故
有无相生，难易相成，长短相较，高下相倾，音声相和，前后相
随"（《老子·第二章》）。

《论语》一书109次论及仁的概念，孔子从仁出发，深究人世
间和社会中各种关系，尤其是人与人关系的准则，进而构筑起儒

家思想体系。在孔子那里，爱人是仁的首要含义，"樊迟问仁。子曰：'爱人。'"（《论语·颜渊》）爱人是以孝悌为基础，从血缘亲情出发的，"其为人也孝弟，而好犯上者，鲜矣；不好犯上，而好作乱者，未之有也。君子务本，本立而道生。孝弟也者，其为仁之本与！"（《论语·学而》）孔子认为，克己是仁的主要内容，"颜渊问仁。子曰：'克己复礼为仁。'"（《论语·颜渊》）孔子从正反两个方面阐述克己的内容，正的方面是帮助人、关爱人，"夫仁者，己欲立而立人，己欲达而达人。能近取譬，可谓仁之方也已"（《论语·雍也》）。意思是，仁是只要自己想站得住，便也帮助人能站得住；自己想过得好，便也帮助人能过得好。凡事能推己及人，这就是仁的方法了。反的方面是不强加意志于人，"子贡问曰：'有一言而可以终身行之者乎？'子曰：'其恕乎！己所不欲，勿施于人。'"（《论语·卫灵公》）

　　无为与有为的差异。老子与孔子生活在礼崩乐坏的春秋末期，两人都关心时政，都在为匡正时弊寻找办法，而开出的药方却大相径庭。老子依据"道法自然"原则，提出无为而治的主张，表现出超凡脱俗的人生智慧，"故道生之，德畜之，长之，育之，亭之，毒之，养之，覆之。生而不有，为而不恃，长而不宰，是谓玄德"（《老子·第五十一章》）。孔子依据"仁者爱人"原则，提倡积极有为的人生态度，表现出高度的社会责任感，"士不可以不弘毅，任重而道远。仁以为己任，不亦重乎？死而后已，不亦远乎？"（《论语·泰伯》）具体表现在政治路径不同。老子尊自然，强调政治统治和社会管理要依据人和物自身的性质，让其独立自主、率性而为，自己成就自己，而不要外在人为因素的无端干扰和任意审判，"是以圣人欲不欲，不贵难得之货。学不学，复众人之所过。以辅万物之自然而不敢为"（《老子·第六十四章》）。孔子贵仁政，强调人为的作用，积极推行德治，"为政以德，譬如北辰，居其所而众星共之"（《论语·为政》）。同时要求建立礼制，形成等级分明的和谐秩序，"礼之用，和为贵"（《论语·学而》）；形成统治者内部的和谐秩序，"君使臣以礼，臣事君以忠"（《论语·八佾》）；形成统治者与被统治者之间的和谐秩序，"上好礼，则民莫敢不敬"（《论语·子路》）。

圣人与君子的差异。老子与孔子都有自己的人格理想，也是他们的道德主张。老子的人格理想是圣人，孔子的人格理想是君子，两人人格理想的交集是应该由人格完善、精神高尚的人来治理国家。尽管如此，老子之圣人和孔子之君子有着很多差异，最大的差异在于圣人守道，"故道大，天大，地大，王亦大。域中有四大，而王居其一焉。人法地，地法天，天法道，道法自然"（《老子·第二十五章》）；君子守仁，"君子去仁，恶乎成名？君子无终食之间违仁，造次必于是，颠沛必于是"（《论语·里仁》）。具体而言，圣人愿意处下，君子勇于争先。老子认为，圣人治理天下，不张扬，不居功，"是以圣人为而不恃，功成而不处，其不欲见贤"（《老子·第七十七章》）。孔子则认为，君子为了崇高的理想，必须意志坚定、百折不挠，"三军可夺帅也，匹夫不可夺志也"（《论语·子罕》）；愿意付出重大牺牲，甚至献出生命，"志士仁人，无求生以害仁，有杀身以成仁"（《论语·卫灵公》）。圣人凭直觉，君子靠好学。老子重视智慧，推崇理性直觉，"不出户，知天下；不窥牖，见天道。其出弥远，其知弥少。是以圣人不行而知，不见而名，不为而成"（《老子·第四十七章》）。孔子则重视知识，重视感性认识和经验积累，《论语》开篇就说："学而时习之，不亦说乎？"圣人纯真，君子优秀。老子注重原始纯朴的人生品质，希望人们无论在哪个年龄段都要返璞归真，保持婴儿般的心态，"含德之厚，比于赤子"（《老子·第五十五章》），孔子则强调人生品质的后天养成，最重要的品质是仁、智、勇，"君子道者三，我无能焉：仁者不忧，知者不惑，勇者不惧"（《论语·宪问》）。

　　老子与孔子、道家与儒家，差异是基本的。但是，差异并不否认同一，更不意味着泾渭分明的对立。最大的同一是背景相同。孔子生于公元前551年，老子约长孔子二十余岁，他们生活在大动乱、大变革的春秋时代。面对同样的历史趋势，即春秋的社会形态由奴隶制向封建制转变，政治体制由君主、贵族等级分封制走向君主专制、中央集权和官僚体制，全国局势由分裂趋于统一，华夏族与周边族群以政治认同和文化认同为纽带而日趋融合。身处同样的生存环境，一言以蔽之就是乱。西周灭亡，都城东迁，周王室衰微而愈加溃败，统治秩序日益败坏；诸侯争霸不已，征战讨伐、攻城略地；诸侯国内部是弑君杀父、内乱不止；旧的价值观念和行为准则失效了，旧的政治经济秩序瓦解了，新生的思想观念和体制机制还没有建立起来，老百姓不仅朝不保夕，而且无所适从。面对春秋乱世，有识之士试图从理论上探索战乱的根源，寻求实现和平相处的社会方案；思想家进而探究人世的哲理，抒发自己的理想抱负，由此形成了百家争鸣的局面。老子与孔子是同时代出类拔萃的思想伟人，他们提出了不同的社会政治思想，却生长在同一土壤中，怀抱着同一志向。

　　目标趋同。诸子百家都离不开为政治服务，他们著书立说的根本缘由，就是要消除社会动乱；他们共同的政治理想和目标，就是要治国安邦，实现天下太平，百姓安居乐业。老子与孔子都有入仕从政的经历，这使他们熟知统治阶级内部的各种关系，有着丰富的政治经验，又使他们对周王朝及诸侯国的典章制度，有着广博的认识。老子生于楚苦县厉乡曲仁里，成年后任周之守藏史，因"见周之衰，乃遂去"，辞官归隐；孔子曾任鲁国司空、大司寇，因不满统治者声色犬马，毅然辞鲁周游列国。两人集一生经验和学问之大成，以批判的眼光审视现实，各自提出了内容虽有差异而目标实为同一的政治主张。

　　老子思想表面上是无为，是柔弱虚静、谦退避世，实质却是入世的，这和孔子有了交集和同一。在老子看来，无为不是目的，只不过是实现治国安邦目标的方略；无为不是无所作为，而是效法天道、顺应自然，反对妄为和勉强，从而实现民化、民正、民富、民朴的治世目的。老子认为，政治统治和治国安邦是必须的，只不过要遵守无为之道和不争之德，"是以欲上民，必以言下之；欲先民，必以身后之。是以圣人处上而民不重，处前而民不害，是以天下乐推而不厌。以其不争，故天下莫能与之争"（《老子·第六十六章》）。孔子则毫不掩饰自己的入世精神和为政欲望，"如有用我者，吾其为东周乎！"（《论语·阳货》）孔子认为，要修明政治，统治者必须做到身正，"政者，正也。子帅以正，孰敢不正"（《论语·颜渊》）。统治者身不正，就不能正人，"苟正其身矣，于从政乎何有？不能正其身，如正人何？"（《论语·子路》）要修明政治，必须推行德治，"道之以政，齐之以刑，民免而无耻。道之以德，齐之以礼，有耻且格"（《论语·为政》）。要修明政治，必须重视民生和教化，"子适卫，冉有仆。子曰：'庶矣哉！'冉有曰：'既庶矣，又何加焉？'曰：'富之。'曰：'既富矣，又何加焉？'曰：'教之。'"（《论语·子路》）

异中有同。令人感兴趣的是，在老子与孔子思想的最大差异之处，往往隐藏着同一性。道是老子思想的最高范畴和逻辑基础，也是区别老子与孔子思想的显著标志。然而，就在道这一范畴中，可以找到老子与孔子思想的共同因子。道是老子与孔子共同使用的主要概念，存在同一性是必然的，集中表现在道的人文内容。老子之道不仅是形而上本体，而且是人间世的基本准则，"持而盈之，不如其已。揣而锐之，不可长保。金玉满堂，莫之能守。富贵而骄，自遗其咎。功遂身退，天之道也"（《老子·第九章》）孔子之道就是人道，两人思想就有了同一。老子与孔子都把道看成是事物的本质和规律，在老子那里，道是本体、本原和规律的统一体；孔子也把道看成是事物的本质，"笃信好学，

守死善道"(《论语·泰伯》)。意思是，笃实地信仰道，好好地
学习道，誓死守卫道。老子与孔子都要求人们尊道守道、顺道而
行，老子说："孔德之容，惟道是从。"(《老子·第二十一章》)
孔子则说："君子谋道不谋食，……君子忧道不忧贫。"(《论语·卫
灵公》)老子与孔子的政治之道都是推崇百姓安居乐业，老子
依据道提出的理想社会是"甘其食，美其服，安其居，乐其俗"
(《老子·第八十章》)；孔子是"志于道，据于德，依于仁，游
于艺"(《论语·述而》)，当弟子问孔子志向时，孔子回答："老
者安之，朋友信之，少者怀之。"(《论语·公冶长》)

互补协同。老子与孔子、道家与儒家互补协同，铸造了中华
民族之魂，凝聚成整体人格，使得中国人既表现出道家精神——
崇尚自然、知足常乐、追求个性自由，又表现出儒家精神——重
家庭、重伦理、重信义。互补协同，是阴阳互补。中国哲学的主
流是阴阳哲学，老子却没有发展阳刚思想，而是崇尚阴柔，称颂
水德，"上善若水。水善利万物而不争，处众人之所恶，故几于
道"(《老子·第八章》)。孔子则不然，他崇尚"天行健，君子以
自强不息"(《周易·象传》)，要求君子"可以托六尺之孤，可以
寄百里之命，临大节而不可夺也"(《论语·泰伯》)。老子尚阴，
孔子重阳，一阴一阳，刚柔相济。互补协同，是隐显互补。中国
传统思想文化是儒显道隐、外儒内道，道中有儒、儒中有道。道
家是隐的，讲逍遥，讲道法自然，主张从容地生活，保留可进可
退的灵活；儒家是显的，讲参与，讲社会责任感，主张以天下为
己任，治国平天下。范文澜认为，儒家是一个显流，看得清楚，
道家是一个隐流，不能小看，它的影响是巨大的，一显一隐形成
互补。①互补协同，是虚实互补。中国理性思辨和抽象思维最发

① 参见范文澜著：《中国通史简编》（修订本 第一编），人民出版社1964年
版，第273—274页。

达的是老子及道家思想。老子之道是具有无限生机的宇宙之源和价值之本，它把人的精神从世俗的日常生活解脱出来，甚至要超越社会道德，从形而上本体的高度看待自然、社会和个体生命。孔子则专注于"内圣外王"，着力阐述政治主张和伦理思想，对终极价值采取存而不论的态度，抽象思辨比较贫乏，"季路问事鬼神。子曰：'未能事人，焉能事鬼？''敢问死。'曰：'未知生，焉知死。'"（《论语·先进》）冯友兰把老子与孔子的思想概括为"极高明而道中庸"，认为极高明即玄虚精神，主要来自道家，道中庸即入世精神，主要来自儒家，两者的统一便是中国哲学精神。[①]

五、道家与道教

道教是中国本土产生的宗教，是在汉初黄老道家理论基础上，吸收古代神仙家的方术和民间巫术鬼神信仰而形成的宗教。道家的哲学理念，神仙家的养生方术，古代民间的巫术和鬼神崇拜活动，是道教构造其宗教神学、修炼方术和宗教仪式的三个重要来源。道教始于东汉末年张角创立的太平道和张陵的五斗米道，成熟定型于魏晋南北朝寇谦之的天师道和陆修静的上清派。道教的宗旨是"仙道贵生，无量度人"（《度人经》），相信人通过修炼，身形生命可以得到延续，精神生命可以得到升华，最后得道成仙。在道教看来，神仙是可学而实有的；神仙住在一个与现实社会相对立的彼岸仙界，无忧无虑，以金玉为宫室，伴随着不死之药和奇花异草。得道成仙之人可进入仙界，老而不死，或竦身入云，无翅而飞；或驾龙乘云，上造天阶；或化鸟成兽，浮游青山。道教是多神教，尊奉的神灵众多，天神、地祇、人鬼皆受奉祀，主要神灵是三清。所谓三清，指道教的最高神与教主，皆

---

① 参见冯友兰著：《新原道》，生活·读书·新知三联书店2007年版，第3页。

为道的化身，即玉清元始天尊、上清灵宝天尊和太清道德天尊。元始天尊造化天地，象征"天地未形，万物未生"的无极状态；灵宝天尊度化万物，象征"混沌始判，阴阳初分"的太极状态；道德天尊也称太上老君，老子是他的第十八个化身，其功能是教化世人，象征"冲气为和，万物化生"的冲和状态。

"道无术不行"，道寓于术中，由术而行道。道术杂而多端，主要有占卜、符箓、内丹、外丹、内观、守静、存思、守一、服气、行气、胎息、导引、辟谷、服饵、沐浴、按摩、武功、望气、观星、扶乩等。其中符箓，是指依凭天神所授的信符，按照诸神名册所定的职责，命令某神去执行；服气，也叫吐纳、食气，是吸收天地间的生气；胎息，就是像婴儿在母体胞胎之中，不以口鼻呼吸；辟谷，也叫断谷、绝粮、却粒，就是不吃五谷杂粮；服饵，也叫服食，意指服食丹药和草木药物以达到长生的一种方法。与道术相联系的，还有一定的仪范。譬如斋醮仪范，也称道场、法事，就是道士们在宫观中身着道袍、手持法器，演奏仙乐、吟唱道曲和翩翩起舞。斋为斋戒洁静，醮为祭祀祈祷。斋醮即供斋醮神，其法为清心洁身、筑坛设供，书表章以祷神灵，求福免灾。无论道术还是仪范，其功能不外乎消灾祛病、修身养性和长生成仙。消灾祛病属于基本功能，长生成仙则是最高境界，而修身养性为中间层次，进而实现长生成仙。除修身养性外，道教的消灾祛病和长生成仙都有怪诞惑世的嫌疑。

道教与世界几大宗教有着不同特点，道教发展及其教义信仰、修持方术和制度仪式烙上了鲜明的中国文化印迹。道教的思想教义，融合自然法则与神圣法则、二元论宇宙观与多神信仰、出世精神与在世功德，符合中国哲学天人合一、内圣与外王相结合的传统。道教的修持方术，主张性命双修，炼形养生与心性修养并重，巫术道法与科学技术混融不分，具有东方文化神秘主义的特色。道教的组织形式则是上下兼备，民间性的非法教团与官方化的合法宗派交替发展，宫观管理制度形式多样，体现了传统文化专制集权的特点。尤其是道教各派，不管采取何种方式修炼，都是要追求肉身成仙、长生不死，更是不同于世界几大宗教。基督教、佛教、伊斯兰教都是鼓励人们追求死后天国乐园的生活，现实人生则是通往天国生活的桥梁。道教则不然，它既不像佛教认为人生为苦，也不像基督教认为人有原罪，而是认为人活着的时候就可以脱胎换骨，超凡入仙。某种意义上说，宗教是人生苦难的产物。道教不是没有看到人生的苦难困惑，而是看到了人生的种种不幸，却以乐观的态度来迎接不幸和苦难，以永生和成仙来摆脱不幸和苦难，进而永享此生的快乐。

道家与道教是个说不尽的关系。道家一词始见于司马谈《论六家要旨》，其中将先秦诸子百家提炼概括为儒、道、法、墨、名、阴阳等六家。道家是指先秦时期以老庄为代表的思想学派，以及盛行于秦汉之际的黄老之学。司马谈崇尚道家，评价明显高于其余五家，认为"道家无为，又曰无不为，其实易行，其辞难知。其术以虚无为本，以因循为用。无成势，无常形，故能究万物之情。不为物先，不为物后，故能为万物主"。道教一词始见于汉末《老子想尔注》，当时并不专指道教，而是以道教人怎么做而已，即"道教人结精成神"，后来才演变为专有名词。顾名思义，道教就是道的教化或说教，企图通过精神形体的修炼而成仙得道。道教不仅有其独特的经典教义、神仙信仰和仪式活动，而且有宗派传承、教团组织、科戒制度和活动场所。这与先秦道家思想学派有着明显的差异。冯友兰指出："有趣的是，道教也是在汉末兴起，这种道家思想的普及形式也被有些人称为'新道家'。古文学派把阴阳家的思想从儒家清除出去，阴阳家此后与道家思想结合形成了道教。这个过程固然使孔子由神还原为人，却又使老子成为道教创始人。道教后来模仿佛教，发展出道观（寺庙）、道士（僧人）和道场法事（仪式）。这种有组织的宗教虽以老子为祖师，却与早期的道家哲学毫无相似之处，因此而称为'道教'。"①

　　道家与道教虽然有差别，却不能说没有联系。最大的联系是老子，老子是道家的创始人，却被道教尊为教主;《老子》一书被尊为道教的主要经典，是教徒必须习诵的功课。庄子没有被奉为教主，其书却是道教的主要经典，称为《南华经》。老子创立了道的思想，否定了上帝和天命，也否定了宗教，而老子本人却成了道教的始祖，这真是"天命靡常"和绝妙的讽刺。道家与道教真正的联系在于思想资源，道家思想确实是道教的理论基础，道是道家和道教共同的核心范畴。《魏书·释老志》在谈到道教的本原和宗旨时指出，老子之道与道教之道有着密切关系，"道家之原，出于老子。其自言也，先天地生，以资万类。上处玉京，为神王之宗;下在紫微，为飞仙之主。千变万化，有德不德，随感应物，厥迹无常"。老子之道深邃幽远，是不可捉摸而又确实的存在，"道之为物，惟恍惟惚。惚兮恍兮，其中有象;恍兮惚兮，其中有物。窈兮冥兮，其中有精;其精甚真，其中有信"（《老子·第二十一章》）。同时，道是"视之不见名曰夷，听之不闻名曰希，搏之不得名曰微。此三者不可致诘，故混而为一"（《老子·第十四章》），老子把道作为天地万事万物的根源，且是看不见、听不到、摸不着的超越时空的存在，具有浓厚的神秘色彩，这就接近了宗教思想，为道教从宗教角度进行解释提供了基础。老子之道玄而又玄，为道教进行发挥创造了可能。老庄思想的超凡脱俗，追求永恒之境，直接引申出了追求长生，提倡守神保精、养气全真的道教宗旨。因而老子之道被道教所吸收运用，有其内在的逻辑必然性;老子被奉为道教始祖和教主，并不冤枉。但道教没有原封不动地照搬老子之道，而是做出了创新性改造，给予了宗教性阐述。在道教看来，道是"神秘之信，灵而

---

①　冯友兰著:《中国哲学史》，生活·读书·新知三联书店2009年版，第231页。

有信"；道"为一切之祖首，万物之父母"。

道家与道教虽有联系，差异却是主要的。道家不是道教，道家与道教并没有直接的理论继承和发展，而是道教利用和发挥了道家思想，道家为道教发展提供了一个文化背景。道家与道教的差异实质是哲学与宗教的差别。哲学与宗教都是对宇宙和生命终极意义的追问与认知，但却是人类精神文明两种不同的表现形式。从世界观分析，哲学思考的对象是一种逻辑上的宇宙观，所反映的客体是经验世界加可能性世界。这个世界是一种建构在思辨理性之上的逻辑本体，中国哲学称为道，西方哲学称为"反思的思想"。而宗教信仰的对象具有较多的想象成分，而且多半是幻象或扭曲的想象。宗教所反映的客体基本上是经验世界，只不过在描述经验世界时加进了许多缺乏或扭曲经验世界真实性的成分，相信世界上存在着超自然的神明和神秘力量。就方法论而言，哲学与宗教有着很大的差异，甚至是互相排斥的。哲学在于思，注重建立在理性基础上的思辨，着力在满足人的理性需要。哲学也有信仰，却是先理解后信仰，强调人的理性主体地位，其结果可能完全排斥宗教式的信仰。德国诗人海涅称赞康德的《纯粹理性批判》，认为康德作为一个铁面无私的哲学家，用理性思辨的匠斧砍下了神学上帝的头颅。[①]而宗教在于信，注重建立在体验式幻象基础上的信仰，重点是为了满足人的情感需要。宗教也有思辨，却是以信仰为基础的思辨，思辨只限于已经被信仰的客体，其结果只能加深对超自然力量的思辨，进而可能陷入迷信的境地。据人文价值考察，哲学与宗教虽然都有人生论的共同议题，都关注生与死、善与恶、美与丑、自由与秩序的意义，但两者的差异也是明显的，哲学的追求是人的自由而全面发展，宗教

---

① 〔德〕亨利希·海涅著，海安译：《论德国宗教和哲学的历史》，商务印书馆 1974 年版，第 101—103 页。

关注的是"天国"的外在救赎。英国哲学家罗素对哲学与宗教、科学的关系有一个十分睿智的说法："一切确切的知识——我是这样主张的——都属于科学；一切涉及超乎确切知识之外的教条都属于神学。但介乎神学与科学之间还有一片受到双方攻击的无人之域，这片无人之域就是哲学。"①

道家与道教不仅具有一般意义上的哲学与宗教的差异，而且有其自身特殊的差异。在时间方面，宗教早于哲学而产生，哲学是从宗教中分化出来的，而道家与道教则反之，是先产生道家思想，后产生道教。在理念方面，道家与道教都以道为基本理念，两者却有着明显差异，道家之道是形上的存在和逻辑的预设，目的是探讨宇宙的起源及其运行规律，宇宙是从无到有、从虚到实的自然发展过程，要求人们坚持"道法自然"，顺应客观发展规律，用以治国，用以养生，用以尽其天年。而道教之道是人格神，元始天尊、灵宝天尊、道德天尊都是道的化身，"老君者，乃元气道真，造化自然者也，强为之容，则老子也。以虚无为道，自然为性也"（《云笈七签·纪》）。道教认为神主宰着宇宙，安排了祸福，要求人们敬天事神、求仙问药，追求得道成仙和长生之术。在对付儒家方面，道家通常是非议批判，"大道废，有仁义；慧智出，有大伪；六亲不和，有孝慈；国家昏乱，有忠臣"（《老子·第十八章》）。道教则持肯定的态度，认同纲纪和人君，"故天之法，常使君臣民都同，命同，吉凶同；一职一事失正，即为大凶矣。中古以来，多失治之纲纪，遂相承负，后生者遂得其流灾尤剧，实由君臣民失计"（《太平经》卷四十八）。在体制机制方面，道家以思想和智慧吸引人们，没有任何组织体系；而道教则是以信仰聚集信徒，有固定场所、有神职人员、有教规仪范的宗教组织。因此，我们既要看到道家与道教的联系，更要看

---

① 〔英〕罗素著，何兆武译：《西方哲学史》，商务印书馆2015年版，第7页。

到两者之间的本质差异，绝不能混为一谈。

　　溯源先秦道家，不能不重点研读老子；而研读老子，不能不想到孔子。老子和孔子是中国历史上最伟大的思想家，他们对于建构中华民族的人格模式起到了决定性作用，尤其是对于传统的知识分子，更是影响深远，积淀为儒道互补的人格结构。传统知识分子用道家逍遥、以儒家进取，把道的玄妙空灵与仁的积极入世紧密结合起来，既能适应顺境又能适应逆境，使生命富有弹性、保持张力。人生无常，世事难料。儒道互补的人格体现在人生的不同阶段，逆境或处江湖之远时，以老子为依归，淡泊名利、独善其身、洒脱自在，不改变天真纯朴之性；顺境或居庙堂之高时，则以孔子为向导，坚守良知、兼济天下、勤勉敬业，争做忠臣良将。人是身体与心灵的统一体，两者既可合一又可分离。儒道互补的人格调节着身体与心灵的平衡，那些受到传统文化严格训练、深受老子与孔子思想熏陶的读书人，即使为官从政、春风得意，也要在心灵上保留一片绿洲，与那些恩恩怨怨、是是非非拉开距离，在做生活主人的同时也做生活的旁观者，身不为形体所役，心不为外物所使，漫游在精神的自由王国中。即使人生遭遇挫折、身在山林，也可做到心存魏阙，促进身心的和谐。无论从政、经商还是做学问，最后都会成为平民，无论成功还是不成功，最后都会走向平淡。儒道互补的人格有助于人们物我两忘，在平民中感悟生命真谛，在平淡中追求永恒无限。中国历史上儒道互补的典范是苏东坡，他的《定风波》一词真是写尽了优秀知识分子的悠悠情韵和潇洒人生，录于此以共享：

　　　　莫听穿林打叶声，何妨吟啸且徐行。竹杖芒鞋轻胜马，谁怕？一蓑烟雨任平生。　　料峭春风吹酒醒，微冷。山头斜照却相迎。回首向来萧洒处，归去，也无风雨也无晴。

第七章　老子之道

老子（约前571—前471）是道家创始人，是中国古代最伟大的思想家。在先秦诸子中，老子是唯一一个比较自觉探索研究哲学本体论的思想家。《老子》一书又称《道德经》，是中国古代最早的哲学著作，文意深奥玄远，内容包罗万象，被传统社会誉为万经之王，尊为治国修身的宝典。老子及其思想在国外也有很大影响，黑格尔认为："中国哲学中另有一个特异的宗派，这派是以思辨作为它的特性"；"这派的主要概念是'道'，这就是'理性'"；"这一派的哲学和与哲学密切相关的生活方式的创始人是老子。"[①]美国学者蒲克明认为："当人类隔阂泯除，四海成为一家时，《老子》将是一本家传户诵的书。"[②]据联合国教科文组织统计，除了《圣经》，《老子》是被译为外国文字最多的文化经典。

一、老子其人

老子其人其书，近代以来争议颇多。了解老子其人，绕不开

①　〔德〕黑格尔著，贺麟、王太庆译：《哲学史讲演录》（第一卷），商务印书馆1959年版，第124—126页。

②　李世东、陈应发、杨国荣著：《老子文化与现代文明》，中国社会科学出版社2008年版，第249页。

司马迁。司马迁提供了最早的有关老子的信息，也为老子其人的争论埋下了伏笔。《史记·老子韩非列传》记载如下：

> 老子者，楚苦县厉乡曲仁里人也，姓李氏，名耳，字聃，周守藏室之史也。孔子适周，将问礼于老子。老子曰："子所言者，其人与骨皆已朽矣，独其言在耳。且君子得其时则驾，不得其时则蓬累而行。吾闻之，良贾深藏若虚，君子盛德，容貌若愚。去子之骄气与多欲，态色与淫志，是皆无益于子之身。吾所以告子，若是而已。"孔子去，谓弟子曰："鸟，吾知其能飞；鱼，吾知其能游；兽，吾知其能走。走者可以为罔，游者可以为纶，飞者可以为矰。至于龙，吾不能知，其乘风云而上天。吾今日见老子，其犹龙邪！"老子修道德，其学以自隐无名为务。居周久之，见周之衰，乃遂去。至关，关令尹喜曰："子将隐矣，强为我著书。"于是老子乃著书上下篇，言道德之意五千余言而去，莫知其所终。或曰：老莱子亦楚人也，著书十五篇，言道家之用，与孔子同时云。盖老子百有六十余岁，或言二百余岁，以其修道而养寿也。自孔子死之后百二十九年，而史记周太史儋见秦献公曰："始秦与周合，合五百岁而离，离七十岁而霸王者出焉。"或曰儋即老子，或曰非也，世莫知其然否。老子，隐君子也。老子之子名宗，宗为魏将，封于段干。宗子注，注子宫，宫玄孙假，假仕于汉孝文帝。而假之子解为胶西王卬太傅，因家于齐焉。世之学老子者则绌儒学，儒学亦绌老子。"道不同不相为谋"，岂谓是邪？李耳无为自化，清静自正。

从《史记》记载分析，司马迁明确表达了以下几层意思：春秋时期有老子其人，姓李名耳字聃，为周守藏室之史；老子曾著书上下篇，言道德之意五千余言；老子崇尚无为自化，清静自正；孔子曾问礼于老子；汉初道家与儒家已形成不同学派，相互排斥。关于老子和老莱子，应为两人是无疑的，却同是春秋时期人，同为孔子的老师。老子是史官，著书言"道德"，而老莱子是位隐者，终身不仕，著书十五篇。所以，《史记·仲尼弟子列传》写道："孔子之所严事：于周则老子；于卫，蘧伯玉；于齐，晏平仲；于楚，老莱子；于郑，子产；于鲁，孟公绰。"关于老子与太史儋，由于两人都是周朝史官，且名中"聃"与"儋"的古音相同而字义相通，容易引起混淆。但是，老子与太史儋应为两个人，也是无疑的。太史儋见秦献公的时间是公元前374年，此时老子仍在世的话应有200余岁，这是不可能的。而且，两人的处世原则和理念截然不同，老子虽为史官，关心政治，却不愿直接为官从政，最后西出函谷关，不知所终；太子儋则志于入仕，积极为秦献公献计献策。司马迁在记载两人时持谨慎态度，用了"或曰""盖"等存疑之词。

关于老子生活的年代，老子的年龄大于孔子，应为春秋末期，这可以从两方面得到证明，一方面，孔子问礼于老子，这不仅在《史记》中多有记载，而且在《庄子》《礼记》《左传》等战国时期的史料中也有记载。另一方面，1993年湖北郭店竹简本的发现，据科学技术测定，竹简本形成的时间大约在公元前300年之前，说明在战国中期《老子》一书已存在并流传，那么，作为著者的老子就应生活在更早的年代。

尽管《老子》一书声名远播、历久传诵，却像老子其人一样，也是争议不断、认识不一，主要问题是作者是谁和成书时间。关于此书作者，大体有三种观点，基本的观点认为历史上确有老子其人，《老子》一书应为老子所作；另一种认为，"《老子》，战国好事者，剽窃庄周书作也"；还有一种认为，"《老子》一书实非一人所能作，今传本《老子》如果把他看作是绝对完整的一人之言，则矛盾百出，若认为是篡辑成书，则《老子》作者显然不止

一人"。^①关于成书时间，也有三种观点，基本的观点认为老子早
于孔子，《老子》成书于春秋末期；另一种认为，《老子》成书于
战国时期；还有一种认为，《老子》成书于秦汉之际或汉文帝时。
无论如何，《老子》的作者及成书时间，或许是"烟涛微茫信难
求"，而《老子》一书却是历史上真实的存在，"云霓明灭或可
睹"。本文依从《老子》作者及其成书时间的基本观点，并将其
作为研读的逻辑前提。传统社会流传的《老子》版本，是魏晋时
期王弼的注本。《老子》一书言简而意丰，疏朗而浑融，隽永而
透达，逻辑而系统，是一本专著而不是纂辑；《老子》理论前后一
贯，层层推论演进，自成一家之言，这样严谨而连贯的著作，一
般应出于一人的手笔，即可认为是老子自著。

在先秦诸子百家中，老子是真正的哲学家，甚至可以说是
唯一的哲学家。他创立了"道"的学说，建构了中华民族抽象
思维和理性思辨的整体框架。黑格尔在《哲学史讲演录》一书
中，对老子的思辨哲学作出较高评价，对孔子却颇有微词。他认
为，孔子"只是一个实际的世间智者"，其著作不过是"一些善
良的、老练的、道德的教训"，"在他那里思辨的哲学是一点也没
有的"^②。在黑格尔的评价中，既可以体会到中西哲学的差别，又
可以感悟儒道学说的差别。西方哲学以古希腊为代表，以自然为
出发点，以实验为主要方法，着力研究人与自然的关系。本体研
究和形上思维是西方哲学的主流。而中国哲学以先秦为代表，以
社会为出发点，着力研究人与社会的关系，比较关注政治和人生
问题，且局限于社会领域探讨人生和政治问题，带有浓重的伦理
道德色彩。总体而言，伦理道德思想是中国哲学的主流。

---

① 朱谦之：《老子史料学》，载《世界宗教研究》2002 年第 2 期。
② 〔德〕黑格尔著，贺麟、王太庆译：《哲学史讲演录》（第一卷），商务印书馆 1959 年版，第 119 页。

　　孔子创立的儒家学说与老子创立的道家学说还是有着明显差别的，孔子学说只有伦理内容，老子学说却具有思辨色彩。孔子学说的主题是人，是人生而不是人的存在。孔子提倡人道有为，关注的是人伦秩序而不是人存在的根据和终极价值，他努力从宗教制度和血缘纽带中探寻政治统治和道德生活的普适原则，这就是仁者爱人的伦理学说，"夫仁者，己欲立而立人，己欲达而达人。能近取譬，可谓仁之方也已"（《论语·雍也》）。老子学说的主题也是人，却是人的生存而不仅仅是人生。所谓生存，相当于西方哲学的"存在"范畴，并非简单地指"生命的存活"，而是指"生成着的存在"。老子提倡天道无为，关注的是人存在的根据及其终极价值，这就是人作为有生命的存在根据何在，其生命的根源在哪里，人应当如何生存、怎样生存才符合人之存在的本性等高度抽象的形上问题。老子通过批判反思和抽象思辨，最后概括升华为道这一哲学范畴。康德指出，哲学是关于可能性的科学的某种纯粹观念，并不以某种具体的方式存在。老子之道正是康德所说的某种纯粹观念，这是老子作为哲学家的重要标志。道是天下万事万物的根源，是事物运动变化的规律。道是老子思想的理论基础和逻辑前提。老子以道为核心范畴，注释拓展，创建了道家思想体系，构筑起古代中国哲学的宏伟大厦，从而对天下万事万物的存在、生长和归宿作出了本原性思考，为人的生存和社会的发展提供了形而上根据。

　　由于道是老子思想的最高范畴，无形中消解了"上帝""天命"等宗教和迷信观念，实现了古代思想史上的革命。在古代社会，统治者为了证明统治的合法性和权威性，需要借助宗教和超自然的力量，这就是天命观。天命观的本质是神秘主义，认为宇宙间有个至高无上的神；主要内容是相信神灵经常关心并干预包括自然界和人类社会在内的各种事务，相信神灵具有一定的智慧，知道通过什么样的方式来显示他的意愿，相信神灵具有实现其意图的权能和超自然力量。不过，古代殷商王朝和周王朝的天命观有着明显差异。殷商时期的天命观带有浓厚的原始社会巫术传统，核心概念是"帝"或上帝。殷商的帝与祖先合二为一，它是殷商族群专有的守护神，而不是所有族群的守护神，更不是普遍的裁判者。"周虽旧邦，其命维新。"（《诗经·大雅·文王》）周王朝天命观的核心概念是"天"，比起殷商的"帝"有了明显进步，主要表现在周朝的天是所有族群的保护神，具有普遍性、公正性和人文性。同时，周朝为了说明取代商朝的合理性，提出了"天命靡常"的观念，认为"非我小国敢弋殷命，惟天不畀，允罔固乱，弼我"（《尚书·多士》）。意思是，不是我们周朝敢违背殷商王朝的命令，是天不保佑商朝，而辅助我们。周朝还把天与祖先分离为二，赋予天以伦理意义和道德内容，提出"以德配天"，认为君王只有敬德保民，才能实现天人合一，得到上天的保佑。尽管周朝的天命观有了进步，但春秋末世的战乱、苛政、重赋、酷刑，不仅意味着社会混乱和价值失序，而且意味着"天命摇坠"和精神世界的危机。老子对当时的社会生存状况进行了哲学反思，对统治者的天命观进行了思想批判，提出以道的观念取代"帝"和"天"的概念，以哲学取代宗教。在老子看来，道是"有物混成，先天地生"（《老子·第二十五章》，本章凡引用《老子》一书，只注章名）；"吾不知谁之子，象帝之先"（《第四章》）。这实质是中国古代思想史上的一场深刻革命，砍掉了天、帝和天命的头，为中华文明减少宗教色彩、增进理性光芒开辟了道路。

梳理和探究老子思想，还应该认识老子思想的特点。老子思想的最大特点是玄而又玄思维。中国哲学一般关心社会而不关心自然领域，具有浓重的伦理道德色彩，以致学界有人认为中国没有哲学，先秦时代没有像古希腊那样的哲学。老子是个异数，他虽然从政治和人生问题出发进行研究，却没有局限于社会领域，而是拓展到宇宙范围来研究社会问题，从而把先秦思想提升到形而上高度，抽象升华为道的范畴。这是老子对中华文明最大的贡献，也是老子被称为中国哲学之父的主要根据。道是老子思想的根基，创生天地万物而又内在于万物之中。道不能被感觉知觉，只能通过理性直觉的思维方式进行把握，"玄之又玄，众妙之门"（《第一章》）。

老子思想的主要特点是批判反省思维。面对春秋末年周王室衰微和礼崩乐坏的形势，老子对文明基本持一种批判的态度。古今许多思想家批判过文明，但只有老子把整个文明都拿来批判，"大道废，有仁义；慧智出，有大伪；六亲不和，有孝慈；国家昏乱，有忠臣"（《第十八章》）。在老子看来，当时倡导和力图恢复的仁义礼教，都是统治者积极有为的结果，不仅不是解决问题的手段，而且还是造成问题的根源。仁义是一套宣传说辞，让人变得虚伪无耻；礼教成了一套干瘪僵硬的桎梏，似乎在强制地拉着人们前行；知识和巧智造就了更多的麻烦，似乎变成了互相之间的算计关系。为此，老子明确提出了"无为"和"自然"的主张。批判性思维并不是否定一切，而是在接受已有的各种观点之前必须进行审查和质疑，这是人类应具备的健康的思维能力。

老子思想的重要特点是"正言若反"思维。钱锺书认为："夫'正言若反'，乃老子立言之方，五千言中触处弥望。"①老子的正言若反，主要是对事物本质和规律的认识，这就是矛盾，"反者，道之动"（《第四十章》）。矛盾是老子最具原创性和穿透力的思想，具有强大的辐射能力，渗透于宇宙、社会和政治等诸多方面，形成了一种运用得非常普遍、通达和经得起阐释的语言方式。在宇宙方面，矛盾由观念推衍到宇宙时空，演化为相反相成的认知视境；在社会方面，矛盾由宇宙时空转变为人生社会，演

---

① 钱锺书著：《管锥编》（二），生活·读书·新知三联书店 2001 年版，第 717 页。

化为以曲求全的生存原则；在政治方面，矛盾由人生社会集中于政治领域，演化为柔弱胜刚强的谋略方针。同时，正言若反是一种语言风格和修辞手法，将一些对立的概念组织在一起，以说明相互之间的联系、区别、转化和流动。这不仅增添了老子思想的内涵，而且加强了表达效果，使研读《老子》更加耐人寻味。正言若反与批判性思维密切关联，批判性思维是正言若反的本质内容，正言若反是批判性思维的最好表达方式。

老子思想的另一个特点是善用比喻。中国哲学不善于定义概念和范畴，却善于运用故事或比喻来阐述深奥的道理。思想家的比喻，总是建立在想象的基础上，产生出某种感觉效果，使抽象化的思辨获得形象生动的间接表达。老子是比喻高手，所用喻体卓然不群、个性鲜明，老子思想最主要的喻体是水、女性和婴儿。以水喻道，是生命源泉的形象追索；以女性喻道，是生命原始力量的深情回忆；以婴儿喻道，是生命原初状态的天真体验。在第六十四章中，老子一连用了三个比喻，可谓密集之至，说明事物从微小发展至壮大以及防患于未然、治之于未乱的道理，"其安易持，其未兆易谋，其脆易泮，其微易散。为之于未有，治之于未乱。合抱之木，生于毫末；九层之台，起于累土；千里之行，始于足下"（《第六十四章》）。

二、道法自然

雅斯贝斯在《大哲学家》一书中将老子列为"原创性形而上学家"。为什么称老子为形而上学家呢？这就需要弄清楚哲学与形而上学两个概念及其相互关系。哲学一词源于古希腊，意为"热爱智慧、追求真理"，19世纪由日本学者翻译并进入中国；哲在汉字中有"善于思辨、学问精深"的含义，因而哲学一词既符合古希腊的原意，又有中国的文化基础，从而被广泛接受和运用。但是，中国哲学传统与西方哲学传统有着明显差异，中国哲学侧重于探究"人与人"的关系，以"有知探索未知"的方式归纳提炼政治道理和伦理准则；西方哲学侧重于探究"人与物"的关系，以"有知验证未知"的方式提炼升华为科学道理和自然法则。对于哲学的概念，古今中外一直存有争议，却普遍认为哲学是研究整个世界一切事物、现象的共同本质和普遍规律；哲学研究的基本范围还是由古希腊学者奠定的，主要是形而上学、知识论和伦理学。由此可见，哲学与形而上学是主从关系，形而上学属于哲学范畴，是哲学的重要组成部分。所谓形而上学，是指哲学中探究宇宙万物根本原理的那一部分内容。在西方，形而上学又形成了本体论、宇宙论和生命科学。本体论，研究宇宙万物之上、一切现象之外的终极实在；宇宙论，研究宇宙的生成、变化和时空结构；生命科学，研究生命的起源、进化和本质及其与宇宙、终极实在的关系。老子提炼升华道这一概念，把道作为宇宙的根源和终极实在，建立起以道为最高范畴的哲学体系，较好地解释了宇宙万物的共同本质和基本规律。

　　老子之道首先是天道，阐述了人与自然的关系。对于中国思想史的发展而言，老子之道具有里程碑意义，否定了天命和神的存在。任何民族的文化都是从宗教开始的，都有天命和鬼神的观念。在中国古代思想史上有一条不成文的规则，就是统治者都是以天命神权来诠释皇朝、皇权的合法性；思想家都把天命作为解释一切社会、政治和历史现象的重要依据。先秦时期虽然是天命鬼神逐步衰落的时期，但当时的思想家大都保留着天命鬼神的观念，即使像孔子这样比较理性的思想家，仍强调要"畏天命"；认为"祭如在，祭神如神在"（《论语·八佾》）。唯有老子彻底抛弃了天命鬼神观念，强调"道法自然"，道是"象帝之先"。与此同时，老子之道奠定了中国古代一元本体论哲学的理论基础。先秦思想家在论及世界本原时，大都还是多元本体论者，他们认为世界的本质和起源是多元的，而不是一元的，"八卦"说、"五行"说以及"阴阳"说就是多元本体论的理论形式。唯有老子创造出以"道"为天地万物本原和起源的本体论哲学，取代以往的多元本体论。此外，老子之道决定了中国古代两种互相对立的哲学路线的发展方向。老子之后，一些哲学家把道解释为无或无有，建构起精神本体论的哲学路线，宋明理学就是精神本体论的代表；另一些哲学家则把道解释为精气、元气，建构起物质本体论的哲学路线，稷下道家的精气说和黄老学者的元气说就是物质本体论的代表。当然，老子之道的贡献不仅在于思想发展史中的地位和作用，更在于它深刻的思想内涵和耀眼的智慧结晶。

老子之道是本体论。老子以抽象思维方式探究回答了世界本原问题，认为道就是世界的本原。作为世界本原，老子之道超越了天地万物的现象和表征，具有永恒性和普适性。永恒性是从时间维度思考的，只要人类社会存在，道都是对世界本原和起源的一种解释；普适性则是从空间维度思考的，只要是人类能够感觉感知的事物，大至宇宙深空，小至基本粒子，道都能够给予说明和论证。

老子之道不可能被感觉感知，只能通过理性直觉来把握，这是因为道无形无物。道的无形表现在"视之不见名曰夷，听之不闻名曰希，搏之不得名曰微。此三者不可致诘，故混而为一"。有人注解"致诘，犹言思议"。道的无物表现在"其上不皦，其下不昧，绳绳不可名，复归于无物。是谓无状之状、无物之象。是谓惚恍。迎之不见其首，随之不见其后"（《第十四章》）。意思是，道的上面不显得光亮，下面也不显得阴暗。道绵绵不绝而不可名状，一切的运动都会回到不见物体的状态。这是没有形状的形状，不见物体的形象，称为惚恍。迎着它，看不见它的前头；随着它，却看不见它的后面。这是因为道不可名状，《老子》第一章开篇就指出，"道可道，非常道；名可名，非常名"。这是本体论的表述，思想非常深刻，意指那些可说可名的东西都不是永恒的，因而也不可能成为世界的本原。管子也说："物固有形，形固有名。"(《管子·心术上》)名随形而定，既然道为无形，那就不可名了。有趣的是，老子还是命名了自己理解的世界本原叫做道。老子似乎感到了自我矛盾，无奈地说："吾不知其名，字之曰道，强为之名曰大"。(《第二十五章》)这是因为道并非绝对和静止的虚无。老子之道是实存而不是实有，实存就是空无所有，"道之为物，惟恍惟惚。惚兮恍兮，其中有象；恍兮惚兮，其中有物。窈兮冥兮，其中有精；其精甚真，其中有信"(《第二十一章》)。意思是，道是恍恍惚惚的。那样的惚惚恍恍，其中却有迹象；那样的恍恍惚惚，其中却有实物；那样的深远暗昧，其中却有物质；那样的暗昧深远，其中却是可信验的。有的学者根据这段话，将老子之道理解为似无实有、似有实无，这是不符合原意的。比较合理的解释，老子之道应是似无非无、似有非有。

老子之道是宇宙论。哲学不仅要探究世界的本原，而且要探究宇宙万物的起源和发展变化。作为宇宙论，老子之道是超越宇宙万物的具体存在而又内在于万物的形而上本体，具有无穷的创造力，蕴涵着无限的可能性，"道冲而用之或不盈"(《第四章》)。冲为盅，比喻道的空虚。意思是，道有着无穷无尽的空间，因而能够无穷无尽地使用。宇宙万物的蓬勃生长，都是道的创造力的具体表现。从万物生生不息、欣欣向荣的过程中，可以体悟到道的勃勃生机和无穷活力。

老子之道与宇宙万物的关系，在时序上是先后关系。道不受时间和空间的限制，不会因宇宙万物的生灭变化而有所影响，"有物混成，先天地生"(《第二十五章》)。《第四章》也表达了类似的思想，"吾不知谁之子，象帝之先"。王安石注云："'象'者，有形之始也；'帝'者，生物之祖也。故《系辞》曰：'见乃谓之象。''帝出乎震。'其道乃在天地之先。"(《老子注》)在本质上是母与子关系。道创生宇宙万物类似于母亲孕育生命。老子经常用母亲来比喻道，循环运行创生万物，既形象又传神，"寂兮寥兮，独立不改，周行而不殆，可以为天下母"（《第二十五章》）。王弼注云："寂寥，无形体也。"（《老子道德经注》）《第五十二章》更是明确用母与子的关系比喻道与万物的关系，"天下有始，以为天下母。既得其母，以知其子；既知其子，复守其母，没身不殆"。意思是，天下万物有其本始，这个本始是天下万物之母。得到了母亲，就知道孩子；知道了孩子，又能守住母亲，那就终身无忧了。在演化上是有与无的关系。道创生宇宙万物是个运动变化的过程，而有与无就是道的运动方式，就是道由形而上转入形而下、由无形质落向有形质的过程。"无，名万物之始；有，名万物之母。故常无，欲以观其妙；常有，欲以观其徼。此两者同出而异名，同谓之玄。"（《第一章》）意思是，无，是形成天地的本始；有，是创生万物的根源。所以常从无中，去观照道的奥妙；常从有中，去观照道的端倪。无与有同一来源而不同名称，都可说是很幽深的。老子认为，道就是无，无中生有，进而开始有与无的运动，"道生一，一生二，二生三，三生万物"（《第四十二章》）。

老子之道是辩证法。这是老子哲学最深刻的思想，也是老子给中外思想史留下最鲜明的印记。老子是辩证法大师，《老子》有着无比丰富而深刻的辩证法思想。老子之道根本的生命力在于"反者，道之动"（《第四十章》），道运动的根源在于矛盾，在于对立面的存在。老子认为，相反相成是道运动的基本内容。天地万事万物都有它的对立面，由于有对立面，才能形成宇宙及其发展变化。《第二章》首先指出，人类社会关于美丑、善恶的价值是在对立面统一中形成的，"天下皆知美之为美，斯恶已；皆知善之为善，斯不善已"。继而指出天下万事万物也是相反相成的，"故有无相生，难易相成，长短相较，高下相倾，音声相和，前后相随"。相反相成，必然走向物极必反。任何事物都包含着否定性因素，事物的发展总是由肯定向否定方向运行；当否定性成为主导因素，事物也就走向了自己的反面。这就好比月盈则缺、花盛则衰，"祸兮福之所倚，福兮祸之所伏。孰知其极？其无正？正复为奇，善复为妖"（《第五十八章》）。奇为邪，妖为不善。意思是，祸啊，是福所依凭的东西；福啊，是祸所隐藏的地方。谁知道它们变化的究竟？是没有定准吗？正又变为邪，吉又变为凶。

老子认为，正像若反是道运动的重要标志。任何事物的本质与现象既可能是统一的，也可能是矛盾的，《第二十二章》从六个方面阐明事物正像若反的道理，提醒人们要从反面关系中观看正面，这比只看到正面更有积极意义，"曲则全，枉则直，洼则盈，敝则新，少则得，多则惑。是以圣人抱一为天下式"。同时提醒人们要重视相反对立面的作用，说明反面作用比正面作用更大，"大成若缺，其用不弊。大盈若冲，其用不穷。大直若屈，大巧若拙，大辩若讷"（《第四十五章》）。意思是，最完满的东西好像有欠缺一样，但它的作用是不会衰竭的；最充盈的东西好像是空虚一样，但它的作用是不会穷尽的。最正直的好像是歪曲一样，最灵巧的东西好像是笨拙一样，最卓越的辩才好像是口讷一样。老子认为，循环运行是道运动的必然现象。任何事物运动都会复归，回到原初状态和原来的出发点。《老子》充满了返本思想，认为道与历史的运行，都是依照循环的方式，"大曰逝，逝曰远，远曰反"（《第二十五章》）。王弼注云："逝，行也。"（《老子道德经注》）张岱年认为："大即道，是所以逝之理，由大而有逝，由逝而愈远，宇宙乃是逝逝不已的无穷的历程。"[1] 老子明确指出复归返本是永恒规律，"夫物芸芸，各复归其根。归根曰静，

---

① 张岱年著：《中国哲学大纲》，中国社会科学出版社 1982 年版，第 94 页。

是谓复命。复命曰常，知常曰明。不知常，妄作，凶"(《第十六章》)。意思是，万物纷纷芸芸，各自返回到它的本根。返回本根叫做静，静叫做回归本原。回归本原是永恒的规律。认识永恒的规律，叫做明智；不认识永恒的规律，轻举妄动，就会出乱子。

老子之道是认识论。所谓认识论，是指研究人类认识的本质及其发展过程的哲学理论。老子没有更多地探究人的认识问题；《老子》一书涉及认识论的篇章也不多，这并不表明老子哲学中没有认识论因素。从老子谈论常道与非常道、常名与非常名来分析，老子在一定程度上意识到了思维与存在的差异性，认为道是不能言说的，能够言说的就不是常道，实质是说明人的认识不可能与客体完全同一，人们不可能完全认识道，只能不断地趋近于道。老子认为，道不能靠感性经验和理性思维去认识，而要靠理性直觉去体悟。老子的认识论十分重视人的抽象思辨和直觉思维，更加关注主体自我的心灵作用。

由于重视心灵的体悟，老子强调理性直观自省，"不出户，知天下；不窥牖，见天道。其出弥远，其知弥少。是以圣人不行而知，不见而名，不为而成"(《第四十七章》)。意思是，不出门外，能够推知天下的事理；不望窗外，能够了解自然的法则。越向外奔逐，对道的认识就越少。所以圣人不出行却能感知，不察看却能明晓，无为而能成功。由于重视心灵的体悟，老子对学习知识和学道悟道作了区分，"为学日益，为道日损。损之又损，以至于无为，无为而无不为"(《第四十八章》)。为学指的是一般的求知活动，而知识要通过学习才能不断增加和丰富，所以是"日益"。为道指的是认识道、体悟道，这是一种内心的精神修炼，与为学相反，要减少知识，抛弃成见，祛除心灵的遮蔽，以达到清静无为的悟道之境。由于重视心灵的体悟，老子要求达到空明清静的最佳心态，进而认识事物的本质和规律，"致虚极，守静笃，万物并作，吾以观复"(《第十六章》)。冯友兰认为，老子所讲的认识方法，主要是"观"，"'观'要照事物的本来面貌，不要受情感欲望的影响，所以说'致虚极，守静笃'，这就是说，必须保持内心的安静，才能认识事物的真相"①。

三、无为而治

南怀瑾在讲解《老子》之前，做过一个意味深长的比喻："儒家像粮食店，绝不能打。否则，打倒了儒家，我们就没有饭吃——没有精神食粮；佛家是百货店，像大都市的百货公司，各式各样的日用品俱备，随时可以去逛逛，有钱就选购一些回来，没有钱则观光一番，无人阻拦，但里面所有，都是人生必需的东西，也是不可缺少的；道家则是药店，如果不生病，一生也可以不必去理会它，要是一生病，就非自动找上门去不可。"②人吃五谷杂粮，哪有不得病的道理，所以在社会生活中，药店是绝对不可缺少的。当然，南怀瑾所说的"生病"，主要不是指人的身体生病，而是指人的心灵生病；主要不是指个体生病，而是指社会生病，指统治者治理国家出了问题，造成了社会动乱。因此，老子开的药店是政治药店，老子之道的本质是治道。所谓治道，就是政治之道，就是阐述以及处理人与人、人与社会之间的关系。老子的政治思考既有天道的理论构想，又有治道的实践模式。《老子》从头到尾讲的都是统治术；研读《老子》，就会感到有一种指点帝王、激扬文字的气势。

作为治道，老子之道具有强烈的批判性。老子经常站在老百姓和弱势群体的立场，揭露社会制度的弊端，抨击统治阶级的腐朽。面对统治者的剥削和厚敛重税，老子批判："民之饥，以其

---

① 冯友兰著：《三松堂全集》（第七卷），河南人民出版社2000年版，第266页。
② 《南怀瑾选集》（第二卷），复旦大学出版社2013年版，第6页。

上食税之多，是以饥。民之难治，以其上之有为，是以难治。民之轻死，以其求生之厚，是以轻死。夫唯无以生为者，是贤于贵生。"（《第七十五章》）意思是，人民之所以饥饿，就是由于统治者吞吃税赋太多，因此陷于饥饿。人民之所以难治，就是由于统治者强作妄为，因此难以管治。人民之所以轻死，就是由于统治者奉养奢厚，因此轻于犯死。只有清静恬淡的人，胜于奉养奢厚的人。面对统治者的严刑峻法，《第七十四章》开篇就对滥刑杀人提出抗议，"民不畏死，奈何以死惧之！"语出反诘，振聋发聩。接着指出："若使民常畏死，而为奇者吾得执而杀之，孰敢？"王弼注云："诡异乱群，谓之奇也。"（《老子道德经注》）最后指出："常有司杀者杀，夫代司杀者杀，是谓代大匠斫。夫代大匠斫者，希有不伤其手矣。"司杀者、大匠，意指天道，即警告统治者不要代替天道去杀人，不要越权杀人，这就如同代替木匠去砍木头一样。那些代替木匠砍木头的人，很少有不砍伤自己手的。面对统治者的不公和社会贫富差距过大，老子将自然规律与社会运行状况进行对比，强调天道的公平，"天之道，其犹张弓与！高者抑之，下者举之；有余者损之，不足者补之"。同时激烈批判人道的不公平，"天之道，损有余而补不足。人之道则不然，损不足以奉有余"（《第七十七章》）。

老子批判社会现实最精彩的部分是强烈地反对战争，反对战争的实质是尊重生命，防止滥杀民众，充满着人性光辉和人道主义温情。《第三十章》开篇就指出统治者不能靠军力和战争逞强天下，"以道佐人主者，不以兵强天下，其事好还"。意思是，用道辅助君主的人，不靠军事逞强于天下。用兵这件事会遭到报应。接着指出战争的残酷性，"师之所处，荆棘生焉。大军之后，必有凶年"。继而指出明智的统治者是如何用兵的，"善有果而已，不敢以取强。果而勿矜，果而勿伐，果而勿骄，果而不得已，果而勿强"。意思是，善用兵者达到目的就行，不敢用兵力来逞强。战胜了不要自满，战胜了不要自夸，战胜了不要骄傲，战胜了也是出于不得已，战胜了千万不能逞强。

老子在批判春秋乱世和统治无道的过程中，建构起道家的政治学说，后人一般称之为"君人南面之术"。这是有道理的，因为老子之治道主要是说给统治者听的，是对统治者提出要求，概言之就是统治术。但是，老子之治道是政治原理而不是具体的统治权谋和官僚技术；老子之治道的理论基础是天道，天道是形而上的，阐述道与天地万物的关系，形而下入政治共同体后，就是治道，重点是君王与百姓的关系。天道效法自然，治道效法天道，就是奉行无为而治，"道常无为而无不为，侯王若能守之，万物将自化"（《第三十七章》）。无为而治是对统治者的基本要求，是治道的根本原则。围绕无为而治，老子提出了系统完整的政治构想。

"小国寡民"，是老子之道对统治者治国图景的理想要求。任何思想家都要设计理想的政治图景和治理目的，这既为统治者提供奋斗目标，又为统治者注入行为动力。《第八十章》集中描述了老子的政治理想图景，这就是"小国寡民"。在这样的社会生活中，先进的器械以及交通工具，甚至连文字都可以弃而不用，更没有战争和杀戮，"使有什伯之器而不用，使民重死而不远徙。虽有舟舆，无所乘之；虽有甲兵，无所陈之；使人复结绳而用之"。什伯之器，意指十倍百倍于人力的器械。在这样的社会生活中，自给自足，人民过着纯朴自然的古代村社生活，"邻国相望，鸡犬之声相闻，民至老死不相往来"。在这样的社会生活中，人民安居乐业，生活幸福，即"甘其食，美其服，安其居，乐其俗"。如果说小国寡民带有桃花源的虚幻和小农经济的浓厚色彩，那么，这四句话、十二个字则是老子理想社会的价值所在，具有时空超越性。古今中外，只要是正常的统治者，都会追求这"四句话、十二个字"的政治图景。

对于小国寡民社会，老子还强调绝圣弃智和绝仁弃义。我们知道，老子思维注重正言若反。一般人观察分析事物，往往注意正面形象而忽视反面作用，而老子更多关注的是事物的反面作用和负面影响。老子认为，智慧和仁义都有着反面作用。在智慧方面，老子主要不是指知识智慧，而是指心智，即虚伪狡诈的心智。老子既看到了智慧与大伪的区别，又看到了两者之间的联系。智慧的出现和不断发展，一方面增强了人们认识和改造世界的能力，另一方面也随之出现了阴谋诡计和狡诈虚伪，这正是智慧的反面作用，是智慧给人类社会带来的负面影响。《第六十五章》明确反对以智治国，一开篇就赞颂古代优秀治国者，"古之善为道者，非以明民，将以愚之"。河上公注云："不以道教民明，智巧诈也。"愚为"使质朴不诈伪"（《老子道德经河上公章句》）。接着猛烈抨击以智治国的祸害，"民之难治，以其智多。故以智治国，国之贼；不以智治国，国之福"。最后指出："知此两者，亦稽式。常知稽式，是谓玄德。玄德深矣，远矣，与物反矣，然后乃至大顺"。稽为法则，这几句话的意思是，认识以智治国和不以智治国的差别，这就是治国的法则。常守住这个法则，就是玄德。玄德深啊远啊，与万物复归于大道，然后就达到太平之治。

在仁义方面，老子看到了大道之废与仁义兴起之间的密切关系，提倡仁义往往是因为社会上存在着大量的不仁不义行为，两者总是相反相成、互相依存的。而且还看到了仁义的负面作用，仁义既可用来提高人们的道德水平，维持社会秩序，也可以成为野心家和阴谋家文饰自己、沽名钓誉的手段以及攻击他人的武器，"故失道而后德，失德而后仁，失仁而后义，失义而后礼。夫礼者，忠信之薄而乱之首"（《第三十八章》）。因此，老子憧憬小国寡民社会，"绝圣弃智，民利百倍；绝仁弃义，民复孝慈；绝巧弃利，盗贼无有。此三者，以为文不足，故令有所属，见素抱朴，少私寡欲"（《第十九章》）。意思是，抛弃聪明与智巧，民众才能获利百倍；抛弃仁与义的法则，民众才能回归孝慈；抛弃机巧与货利的诱惑，盗贼才能消失。以上三种巧饰之物，不足以治理天下，因此要让民心有所归属，就要外表单纯而内心淳朴，少有私心而降低欲望。

"不知有之"，是老子之道对统治者治国水平的理想要求。《老子》一书实质是帝王之学，教导帝王如何治国安邦。按照自然无为原则，老子将统治者的治国水平分为四个层次，核心是要诚实、诚信地对待百姓。"太上，不知有之。其次，亲而誉之。其次，畏之。其次，侮之。信不足，焉有不信焉。"（《第十七章》）意思是，最好的国君，百姓都不知道他的存在。次一等的国君，有百姓亲近他赞扬他。再次一等的国君，百姓都畏惧他。最下等的国君，百姓都敢蔑视侮辱他。所以，缺乏诚信的统治者，也就得不到百姓的信任。王弼对"太上"注云："太上，谓大人也。大人在上，故曰太上。大人在上，居无为之事，行不言之教，万物作焉而不为始，故下知有之而已，言从上也。"（《老子道德经注》）林语堂对最下等的国君作出解释："最末等的国君，以权术愚弄人民，以诡诈欺骗人民，法令不行，人民轻侮他。这是什么缘故呢？因为这种国君本身诚信不足，人民当然不相信他。"[1]对于"太上，不知有之"，有的版本作"下知有之"，王弼也是如此，意义大体相同，即指老百姓仅仅知道国君的存在。老子认为，统治者治国的最高境界是让老百姓"不知有之"或仅仅是"下知有之"。

那么，统治者如何做到"不知有之"呢？这就涉及君王与臣属的关系。君王治理天下一般是通过臣属的行为间接实现的。君王要达到"不知有之"的目的，首先要效法天道的"不自生"，

---

[1]　林语堂著：《老子的智慧》，陕西师范大学出版社 2006 年版，第 86 页。

真正做到"无私",即"天长地久。天地所以能长且久者,以其不自生,故能长生。是以圣人后其身而身先,外其身而身存。非以其无私邪?故能成其私"(《第七章》)。这是君王驾驭臣属的前提和赢得臣属信任的基础。关键是秉要执本,清虚以自守,卑弱以自恃。具体来说,君无为而臣有为,庄子作了全面阐述,认为上有为或下无为,都不是君臣的正常关系,"上无为也,下亦无为也,是下与上同德;下与上同德,则不臣。下有为也,上亦有为也,是上与下同道;上与下同道,则不主。上必无为而用天下,下必有为为天下用。此不易之道也"(《庄子·天道》)。君要愚而臣要智,"我愚人之心也哉!沌沌兮!俗人昭昭,我独昏昏;俗人察察,我独闷闷。澹兮其若海,飂兮若无止。众人皆有以,而我独顽似鄙。我独异于人,而贵食母"(《第二十章》)。如果从君王与臣属的关系来理解,意思是,君王真是愚人的心胸啊,终日混混沌沌。臣属都自我炫耀,君王却糊里糊涂。臣属都工于算计,君王独茫然无知。心是那样辽阔,就像大海无边无垠;思绪像疾风劲吹,飘扬万里没有尽头。臣属都各有所用,君王独显得鄙劣无能。君王是这样的与臣属不同,君王寻求道的滋养。君要静而臣要动,"得道者必静,静者无知,知乃无知,可以言君道也"(《吕氏春秋·君守》)。老子认为,君王治理国家要做到虚静,在处理事情时,自己不动声色,让臣属纷纷议论;自己不直接动手,让臣属去处置。即使君王要有所作为,也要尽量减少动作,"治大国若烹小鲜"(《第六十章》)。法家吸取了老子这一思想,认为君王不动声色,可以使群臣不知道君王的喜好,从而更有利于驾驭臣属。老子的政治学说容易被误解为阴谋权术,其原因大概在于此,却不符合老子治道无为的本意。

"圣人之治",是老子之道对统治者治国品格的理想要求。圣人是老子为世俗统治者树立的执政和治国安邦的榜样,也是实现老子政治理想的人事保证。任何事都是人做的,没有人什么事也做不成，没有合适的人什么事也做不好，这是最基本的政治道理。对于政治而言，好的政治需要好的统治者。在老子看来，他的小国寡民图景和无为而治原则，只有具备圣人品格的统治者才能担当和组织实施。这是因为圣人能够忍辱负重，"是以圣人云：'受国之垢，是谓社稷主；受国不祥，是为天下王。'正言若反"（《第七十八章》）。社稷是古代帝王祭祀的土神和谷神，后指称国家。意思是，所以圣人说，能够承受一国的耻辱，就可以成为国家的君王；能够承受一国的灾祸，就可以成为天下的君王。这正话听起来好像是反话。这是因为圣人能够守道不争。世人都喜欢追逐事物的显相和正面现象，喜欢求全求盈求多，从而容易引起社会纷争；圣人则不然。《第二十二章》以圣人为例阐述不争之道理，"是以圣人抱一为天下式。不自见故明，不自是故彰，不自伐故有功，不自矜故长"。意思是，因此圣人守道，作为天下事理的范式，不自我表扬，所以是非分明；不自以为是，所以声名昭彰；不自我夸耀，所以能建立功勋；不自高自大，所以能领导众人。接着指明不争的效果，"夫唯不争，故天下莫能与之争。古之所谓曲则全者，岂虚言哉！诚全而归之"。

这是因为圣人能够尊重百姓，能够摒弃主观意志和欲望，不以自我成见作为判断是非好恶的标准，能宽容待人、和光同尘，以百姓意愿为意愿，"圣人无常心，以百姓心为心。善者，吾善之；不善者，吾亦善之，德善。信者，吾信之；不信者，吾亦信之，德信"。同时，圣人之治是浑厚真朴的，"圣人在天下，歙歙焉，为天下浑其心。百姓皆注其耳目，圣人皆孩之"（《第四十九章》）。意思是，圣人治理天下，显得安详和合，让天下人的心归于浑朴。百姓都运用自己的聪明，耳目各有所关注，圣人却孩童般地看待他们。这是因为圣人能够无为而无不为。无为不是无所作为，而是无为而治，统治者尽量减少强制性的作为，充分尊重老百姓的权利和能力，达到治理好百姓的目的，"故圣人云，我无为而民自化，我好静而民自正，我无事而民自富，我无欲而民自朴"（《第五十七章》）。统治者的无为、好静、无事、无欲，归根结底是无为而治，是要有作为，即让老百姓自化、自正、自富和自朴。这是多么美好的治理图景以及统治者与老百姓的良好关系啊！

四、见素抱朴

希腊德尔斐神庙的门楣上刻着一句名言，叫做"认识你自己"。古希腊哲学家苏格拉底将这一名言作为哲学的基本原则，与青年尤苏戴莫斯就道德与非道德话题进行了机智的谈话。尤苏戴莫斯把欺骗、虚伪、奴役、偷窃等列入非道德范畴，苏格拉底则用相反的事例加以引导，"作战时，潜入敌方军营，偷窃其作战地图，是非道德行为吗？为防绝望中的朋友自杀，把他藏在枕头下的刀偷走，难道不应该吗？生病时儿子不肯吃药，父亲欺骗他，把药当作饭给他吃，很快就治好了病，这种行为是非道德的吗？"[①]苏格拉底认为，趋善避恶是人的本性，关键取决于他的知识。每个人在他有知识的事情上是善的，在没有知识的事情上则是恶的。道德也是如此，即不知何为道德，就不能做到道德；知道了什么是道德，才能做到道德。当尤苏戴莫斯接受这些看法时，苏格拉底进而指出，对于人而言，什么样的知识最为重要呢？这就是"认识你自己"。在苏格拉底看来，善是万物的内在原因和目的，具体到人身上则表现为德性，是指人的本性。"认识你自己"，就是认识德性，认识人的本性。伟大智者的心灵总是相通的，作为轴心时代同等重要的思想家，老子与苏格拉底虽远隔千山万水，却是"心有灵犀"，他提出了同样的哲学命题，

① 陈志坚编著：《哲学简史》（欧洲卷），线装书局 2006 年版，第 36 页。

这就是"知人者智，自知者明"。有趣的是，老子和苏格拉底虽然用了道和善两个不同的概念论述世界的本原，但对于道和善在人身上的具体表现，却不约而同地使用了德的概念。

中国哲学与西方哲学不同，一向不为知识而求知识，而是为人生而求做人，道德色彩比较浓厚，伦理思想比较丰富。先秦思想家们虽然都以拯救乱世、匡正时弊为宗旨，但其出发点和落脚点却在人生。他们都在思考生命的意义和价值，都在着力建立与其基本理论相符合的理想人格理论。冯友兰指出："由于哲学探究的主题是内圣外王之道，所以学哲学不单是要获得这种知识，而且是要养成这种人格。"①先秦思想家都有自己的理想人格，其哲学底蕴和思想内涵却有着很大差异。孔子贵仁，"仁者爱人"，依据仁建立了君子的理想人格。君子主要是一个伦理范畴，核心是智、仁、勇的统一，目的是品德和功业，即不仅要品德高尚，而且要建功立业，不仅要自己的道德高尚，而且要推己及人、惠及百姓，"子路问君子。子曰：'修己以敬。'曰：'如斯而已乎？'曰：'修己以安人。'曰：'如斯而已乎？'曰：'修己以安百姓。修己以安百姓，尧舜其犹病诸？'"（《论语·宪问》）墨家贵兼，倡导"兼相爱，交相利"，在此基础上建立了贤人的理想人格。先秦时期，贤人是辅佐君主统一天下的有才能和有德行的人。墨家最推崇贤人，认为贤人是政治的根本，"国有贤良之士众，则国家之治厚；贤良之士寡，则国家之治薄"（《墨子·尚贤上》）。法家贵法，力主法治，其理想人格是尊主卑臣；"信赏必罚，以辅礼制"（《汉书·艺文志》）；"不别亲疏，不殊贵贱，一断于法，则亲亲尊尊之恩绝矣"（《史记·太史公自序》）。老子贵柔，主张无为，建构起圣人的理想人格。围绕圣人，他提出了柔、愚、啬、朴、慈、俭、静、弱等人格规范，形成了理想人格的思想体系。

---

① 冯友兰著：《三松堂全集》（第六卷），河南人民出版社2000年版，第12页。

　　老子的理想人格，迥异于孔子、墨家、法家的理想人格，最大的差异在于理论基础不同。老子思想的理论基础是道，道与其说是一个伦理范畴，不如说是一个哲学范畴。老子依据道建构的理想人格，具有本体论意义，因而思想更深刻，逻辑更彻底；其他先秦思想家的理想人格只有伦理学意义。研究先秦思想家的理想人格，不能不涉及道德范畴，先秦思想家一般是在伦理学意义上使用道德范畴的，而且道与德是合并使用的。在老子哲学中，道与德是分开使用的，道更多地表达本体论的内容，德更多地表达价值论的内容。《老子》一书分为上下篇，上篇第一章至第三十七章为"道经"，主要阐述道的原旨；下篇第三十八章至第八十一章为"德经"，主要说明道的作用，全书浑然一体，贯穿着尊道贵德的思想。所谓德，王弼注云："德者，得也。常得而无丧，利而无害，故以德为名焉。何以得德？由乎道也"（《老子道德经注》）。道与德的关系是道为体、德为用，德是道与天地万物的联系和转化机制，道通过德落实于天地万物，内化到每一个个体事物中，成为每一个个体事物的本质和特性，"道生之，德畜之，物形之，势成之。是以万物莫不尊道而贵德。道之尊，德之贵，夫莫之命而常自然"（《第五十一章》）。意思是，道化生万物，德蓄养万物，物赋予形体，势促使完成。所以万物没有不尊崇道而珍视德的。没有给道和德加封，道和德的尊贵在于自然。对于人生而言，德既是道的实现，也是道的主体化。道实际上是生命的源泉和根本，是一种潜能或潜在性存在；德则是主体实现的原则，是一个价值范畴，由修德而复道，说明道也是一个价值本体。

　　老子之道形而下到人生层面，其所显现的特性而为人类所体验所效法者，都是属于德的活动范围，这就是人道。人道思考的是人与自身的关系，研究人的德性问题。老子之人道既是道德哲学，又是德性之学。在人道那里，德虽然源于道，但不再是本体论范畴，而是一个主体的实现原则，变成了人生修养或修身的问题。修身的本质是处理人与道的关系，修身的水平不同，导致人与道的不同关系。有的人修身好，与道就接近，甚至能够合一；有的人修身不够，则与道不合一，甚至远离。老子把他们区分为上德与下德、有德与无德之人，"上德不德，是以有德；下德不失德，是以无德。上德无为而无以为，下德为之而有以为。上仁为之而无以为，上义为之而有以为，上礼为之而莫之应，则攘臂而扔之"（《第三十八章》）。老子所谓的上德，是无为之德，不自知有德，不自居有德，却能成就德的最高境界；下德是有为之德，以德自居，孜孜以求，最后归于无德。老子推崇的是上德，上德之人就是圣人，就是有道之士，就是具有高尚道德修养的人。如何通过修身，达到上德境界，老子之人道提供了思路和方法。

复归婴儿，保持精神上的纯真，这是老子之人道的内修本领。婴儿是生命的象征，无知无欲、自然天真、纯洁朴实，而婴儿却有着无限发展的潜力和可能。老子从婴儿身上看到了人生心灵修养的本质和途径，他运用婴儿的比喻，具体阐述了主体内在的道德和性情修养。老子认为，上德之人必然如婴儿般纯洁天真，"含德之厚，比于赤子"（《第五十五章》）。婴儿的心灵与肉体是统一的，具有旺盛的生命力。这种生命力不仅表现在每个人的人生都是从婴儿开始的，逐步走向少年、青年、中年和老年；更表现在婴儿尚处在本能状态，没有是非心，没有苦乐感，无所畏惧，十分强壮，"蜂虿虺蛇不螫，猛兽不据，攫鸟不搏。骨弱筋柔而握固，未知牝牡之合而全作，精之至也。终日号而不嗄，和之至也"（《第五十五章》）。意思是，蜂蝎毒蛇不会螫他，鸷鸟猛兽不会伤害他。筋骨柔弱，拳头却握得紧紧的。还不知男女之事，男性性征却很有力量，这是精气充足的缘故。整日号哭，喉咙却不会沙哑，这是元气醇和的缘故。当然，婴儿强壮不是身体的强壮，而是精神的强壮。婴儿在天真无邪中充满着生机和活力，整个身体都处在积极的正面状态。

在老子看来，人生离开婴儿之后，心灵与肉体逐步分化，就难以在精神上保持婴儿状态、在心灵上保持本真品质了。随着年龄的增长，人生逐步远离婴儿状态，不可避免地产生欲望和知性。有了欲望，必然出现各种技巧，以满足欲望；有了知性，必然发生对象认识，以求获得知识。人的欲望和知性过分膨胀，就会失掉人的本真，导致异化，即人创造的物质和精神产品不为人所驾驭，反过来奴役和支配人的身心和言行。老子认为，保持本真就是明白道理，贪图欲望就会加速衰老和死亡，"知和曰常，知常曰明，益生曰祥，心使气曰强。物壮则老，谓之不道，不道早已"（《第五十五章》）。意思是，认识元气醇和的道理叫做常，认识常叫做明。贪生纵欲就会有灾殃，心机主使和气就是逞强。过分强壮就趋于衰老，这叫做不合于道；不合于道，很快就会死亡。

老子指出，人的一生要想保持心灵与肉体的统一，实现人与道的合一，就要不断修身，具体路径是复归于婴儿。修身不是为学而是为道，为学是增进知识，主要通过求知活动逐渐积累和不断增多。老子并不反对知识，而是反对功利性的求知活动。为道是提升道德品质，主要通过内省，减少心计、抛弃成见。为学属于知识论，为道属于修身范畴，两者有着不同功能，不能互相代替。复归于婴儿，并不是人的肉体回归到婴儿时期。时间的单向性和生命的唯一性，决定了人离开婴儿时期之后，只能走向老年和死亡，不可能回到生机勃勃的婴儿状态。肉体不能回归，心灵却能回归，精神就能永远保持婴儿般的纯朴和本真。老子正是从心灵和精神的角度，阐述人生复归于婴儿的道理，"知其雄，守其雌，为天下谿。为天下谿，常德不离，复归于婴儿。知其白，守其黑，为天下式。为天下式，常德不忒，复归于无极。知其荣，守其辱，为天下谷。为天下谷，常德乃足，复归于朴"（《第二十八章》）。这段话所说的"复归"，都是一个意思，是指人的德性复归，如婴儿般纯真，摒弃一切杂念，遵从道的运行和规律。

　　向水学习，坚守行为上的柔弱，这是老子之人道的处世方法。如果说复归婴儿是人生修养对内的心灵指导，那么，向水学习则是人生修养对外的行为指导。人的对内修养是主体内在的道德与性情修养，对外修养则是应对社会和人际关系的方法总和，二者圆融自洽地形成了老子之人道的全部实践内容。老子之人道的主要特质是柔弱，即为人处世要谦虚内敛、低调居下。老子是从形而上的角度认识柔弱的，柔弱是道的重要组成部分，与矛盾一起促成了道的运动。老子认为，天地万物中最能体现柔弱品格的就是水，世上没有比水更柔弱的事物了，"天下莫柔弱于水，而攻坚强者莫之能胜，其无以易之"。然而，老子感叹"天下莫不知，莫能行"（《第七十八章》）。意思是，天下都知道水的好处和柔弱的作用，却没有人能实行。老子之人道希望人们向水学习，以柔弱的态度和方法立身处世。

　　在老子看来，水的柔弱表现在不争。我们知道，无论动物还是植物，一切生命形式都离不开水，而水却流向低处，安居低洼，不争高于天下，不争宠于自然。老子对水这一看似简单而平常的自然现象，作出了全新的人文解释，这是一种与世无争的高贵品质，不仅反映了精神上的谦卑，而且体现了为人处世的低调态度。老子不禁赞叹，水就是道啊！"上善若水。水善利万物而不争，处众人之所恶，故几于道。"（《第八章》）河上公注云："上善之人，如水之性。"（《老子道德经河上公章句》）王弼注云："道无水有，故曰'几'也。"（《老子道德经注》）不争就是水滋养万物而不居功自傲，不占有和主宰它们，这是最高的道德，"故道生之，德畜之；长之，育之，亭之，毒之，养之，覆之。生而不有，为而不恃，长而不宰，是谓玄德"（《第五十一章》）。老子认为，水的柔弱表现在处下。处下实际上也是不争的一种表现，更是谦卑精神的具体展示。谦卑处下的实质是包容宽容，胸怀博大，能够随物赋形。水没有固定的形状，也不刻意塑造某种形状，而是自然给予什么形状，水就成为什么形状。谦卑处下能够随遇而安，水遇到高山，就绕道而行；遇到低洼，就安居积蓄，不计较、不逞强，不自傲、不邀宠。更重要的是，无论在高处还是在低洼，水都不择细流，不计清浊，不避污泥，有容乃大、无私奉献。老子赞美水的谦卑处下，"江海所以能为百谷王者，以其善下之，故能为百谷王"（《第六十六章》）。老子指出，水的柔弱还表现在以柔克刚。水看似柔弱，却有着异乎寻常的力量。水滴石穿，水既可以润物无声、滋润心灵，又可以毁伤利剑、穿透顽石。老子从中会意到了一种人文力量，那就是顽强的韧性和坚定的意志；辩证地看到了柔弱与刚强的关系，那就是柔弱胜刚强，"天下之至柔，驰骋天下之至坚，无有入无间，吾是以知无为之有益"。意思是，天下最柔弱的水，纵横出入于天下最坚硬的东西，无形的力量穿透没有间隙的东西之间。我因此知道无为是有益的。不过，老子仍然感叹"不言之教，无为之益，天下希及之"（《第四十三章》）。这说明人向水学习，修身养性，并不是一件容易的事情。

圣人标准，超越自我，完善人生，这是老子之人道的理想目标。无论内修心灵，还是外修立身，都需要有一个目标指引，这不仅可以明确修身的努力方向，而且可以为修身提供前进的动力。老子之人道设定的修身目标就是圣人，圣人是老子理想人格的具体化形象。有趣的是，老子熟悉先秦及以前的历史和历史人物，而翻遍《老子》全书，却没有提到一个历史上的人物，更没有拿任何一个历史人物来比附圣人。好在《老子》一书多处议论圣人，使得圣人形象呼之欲出，臻于完美。老子认为，圣人是与道合一的人。圣人是道的完美化身，不仅在本体论上得到道的全部内容，而且通过致虚静的内省方法，在认识论的意义上也把握了蕴含在他们自身中的道的全部内容。老子之人道，某种意义上可说是圣人之道。这是因为普通人常常为贪欲所诱惑，失去了道的本性；唯有圣人，才能尊天道、法自然和明人事。《老子》经常将天之道与圣人之道对应起来加以阐述，譬如，"天之道，利而不害。圣人之道，为而不争"（《第八十一章》）。又如，"天之道，不争而善胜"（《第七十三章》）；圣人"以其不争，故天下莫能与之争"（《第六十六章》）。再如，天之道"不言而善应，不召而自来"（《第七十三章》）；"是以圣人处无为之事，行不言之教"（《第二章》）。

在老子看来，圣人在政治上是无为而治的，"为者败之，执者失之。是以圣人无为，故无败；无执，故无失。民之从事，常于几成而败之。慎终如始，则无败事。是以圣人欲不欲，不贵难得之货。学不学，复众人之所过。以辅万物之自然而不敢为"（《第六十四章》）。意思是，有所作为就会失败，有所把持就会失去。所以圣人无所作为就不会有失败，无所把持就不会失去。人们做事，常常在快要成功的时候失败了。慎重对待事情的终结，就像对待开始一样，就不会有失败之事。所以圣人以不欲为欲，不看重难得的奇物；以不学为学，抛弃众人的过失而复归于根本，辅助万物自然成长而不敢作为。老子认为，圣人在立身上是无知无欲的。贪婪、骄奢淫逸、纵情声色犬马，必然导致人的心灵与肉体的矛盾，使得精神发狂，"五色令人目盲，五音令人耳聋，五味令人口爽，驰骋畋猎令人心发狂，难得之货令人行妨"（《第十二章》）。畋猎指打猎，难得之货为稀世珍品。圣人守住内心的平静，不贪图物质享乐和感官享受，"是以圣人为腹不为目，故去彼取此"（《第十二章》）。王弼注云："为腹者以物养己，为目者以物役己，故圣人不为目也。"（《老子道德经注》）老子指出，圣人在处世上是乐于助人的，"圣人不积，既以为人，己愈有；既以与人，己愈多"（《第八十一章》）。意思是，圣人不私自积藏财货，他尽量帮助别人，自己反而更充足；他尽量给予别人，自己反而更丰富。

　　生活脚步匆匆，世事表象纷繁。在月明星稀的夜晚，伴随温暖如染的灯光，细细品读《老子》一书，认真寻觅老子思想的宝藏，诚如同一位睿智的老人对话，真是一种无上的精神享受，让人的心灵宁静和美好。品读《老子》，似乎看到函谷关的上空仍然盘旋着紫气，仿佛看到一位老人骑着青牛在孤独前行。品读《老子》，似乎站在巨人的肩膀，让你从高处往下观望，擦亮双眼，超越世俗，则有心旷神怡，宠辱皆忘，把酒临风，其喜洋洋者矣；思接千载，视通万里，犹如神游在思辨王国，自由自在地沐浴着思维的阳光。品读《老子》，似乎在聆听大师的教诲，世事沧桑，人生百态，尽收眼底；悲欢离合，阴晴圆缺，涌上心头，在大师的点拨下一一化解、步步登高，逐渐进入化境，达到无己、无功、无名的状态。品读《老子》，似乎在打开一幅历史长卷，既有秦汉的冷月、唐宋的乐舞、明清的悲歌，又有孔子的儒雅、孟子的好辩、庄子的洒脱、陶令的隐逸、李白的豪迈、杜甫的忧郁、岳飞的壮怀。在长卷背后，好像看到老子在频频点头颔首，认为这些都是人生，却不给予品头论足。品读《老子》，似乎在拥抱整个宇宙，观沧海、望星空，日月星辰、四季运行，黄山黄石、黄河长江、明月清风、杏花春雨，金戈铁马、大江东去，沧海横流、桑田变动、暗香浮动、残荷冷菊。面对浩瀚的宇宙、风云的历史、纷扰的社会和清冷的人生，仿佛听到老子在轻声对我们说：这就是道！

第八章　庄子之游

　　庄子（约前355—前275）①是道家代表人物，是中国古代伟大的思想家。庄子思想上承老子，与老子并称"老庄"，他以道为核心阐述自己的思想主张，从生命哲学和精神自由的角度发展了老子的思想，"天不得不高，地不得不广，日月不得不行，万物不得不昌，此其道与"（《庄子·知北游》。本章凡引用《庄子》一书，只注篇名）。庄子在道家的地位，类似于孟子在儒家的地位。儒家没有孟子，恐怕难以形成儒家文化传统；道家没有庄子，恐怕也难以形成道家文化传统。如果说老子是道家思想的始祖，那么，庄子就是道家思想的集大成者，从而使道家思想和学派汇流成河，与儒家一起共同建构了中华文明。

一、庄子其人

　　庄子约生活于战国中期，早年担任过宋国蒙地之"漆园吏"，不久即隐居不仕，靠"织履"等劳动维持生计，生活艰难，常陷于贫穷之中，而庄子却贫而不馁，清高达观，宁愿过穷困的生

---

　　①　关于庄子的生卒年，学术界有着不同看法，有的认为是公元前369年—前286年；有的认为是公元前323年—前286年；有的认为是公元前375年—前295年。

活，也不赴相国之位。《史记·老子韩非列传》记载如下：

> 庄子者，蒙人也，名周。周尝为蒙漆园吏，与梁惠王、齐宣王同时。其学无所不窥，然其要本归于老子之言。故其著书十余万言，大抵率寓言也。作《渔父》《盗跖》《胠箧》，以诋訾孔子之徒，以明老子之术。《畏累虚》《亢桑子》之属，皆空语无事实。然善属书离辞，指事类情，用剽剥儒、墨，虽当世宿学不能自解免也。其言洸洋自恣以适己，故自王公大人不能器之。楚威王闻庄周贤，使使厚币迎之，许以为相。庄周笑谓楚使者曰："千金，重利；卿相，尊位也。子独不见郊祭之牺牛乎？养食之数岁，衣以文绣，以入大庙。当是之时，虽欲为孤豚，岂可得乎？子亟去，无污我。我宁游戏污渎之中自快，无为有国者所羁，终身不仕，以快吾志焉。"

《史记》的记载只有230多字，基本刻画出庄子的状貌和境况。庄子与孟子是同时代人，"与梁惠王、齐宣王同时"。孟子与梁惠王、齐宣王都有交往，著有《梁惠王》篇，遗憾的是，庄子与孟子并无交往。庄子的思想宏富，属于道家范畴，"其学无所不窥，然其要本归于老子之言"。庄子作文批判儒家和墨家思想，"作《渔父》《盗跖》《胠箧》，以诋訾孔子之徒，以明老子之术"；写作《畏累虚》《亢桑子》，"指事类情，用剽剥儒、墨，虽当世宿学不能自解免也"。庄子的文章善用寓言说理，运笔汪洋恣肆，境界瑰丽高远，却不受王公大人欢迎，"其著书十余万言，大抵率寓言也"；"其言洸洋自恣以适己，故自王公大人不能器之"。庄子的志向是游戏人间，绝意仕途。楚威王听说庄子有才干，派了两名使者，带着贵重的礼物，许以卿相的尊位。庄子却对楚国使者说："子亟去，无污我。我宁游戏污渎之中自快，无为有国者所羁，终身不仕，以快吾志焉。"读罢庄子志向，不仅快慰庄子自己，更是大快传统社会读书人的心灵。

《庄子》一书是庄子及其后学所著的道家经典，全面反映了庄子的哲学、人生、政治、社会、艺术和美学思想。魏晋玄学家称《庄子》为"三玄"之一，"洎于梁世，兹风复阐。《庄》《老》《周易》，总谓三玄"（《颜氏家训·勉学》）。《汉书·艺文志》记载有52篇，接近于司马迁所说的"十余万言"，而晋郭象经过取舍，只选了33篇进行注释，约65000余字，"庄子闳才命世，诚多英文伟词。正言若反。……今沉滞失乎流，岂所求庄子之意哉？故皆略而不存。今唯哉取其长达致全乎大体者为卅三篇者"（《庄子注》）。由于郭象的注释精准，在唐之后成为社会流传的通行本，即今本《庄子》。《庄子》分为内篇七、外篇十五和杂篇十一。内篇与外、杂篇在标题上有着明显区别，内篇的标题均为3个字，且都是以意命篇，为文章的主题词；外、杂篇的标题一般取文章开头一句中的两字或三字为之，与内容联系并不紧密。学界一般认为，内篇为庄子自著，外、杂篇为庄子后学所著，"内七篇是有题目之文，为庄子所手定者；外篇、杂篇各取篇首两字名篇，是无题目之文，乃后人取庄子杂著而编次之者。……然则或曰外，或曰杂，何也？当日订《庄》之意，以文义易晓，一意单行者，列之于前而名外，以词意难解、众意兼发者置之于后而名杂，故其错综无次如此"（林云铭《庄子因·庄子总论》）。有学者认为，应把《庄子》看作是一个有机联系的整体，从源与流关系研读内篇与外、杂篇，其中内篇是源，思想连贯，语言风格相近，为庄子思想的核心；外、杂篇是流，内容纷杂，文字风格不一，为庄子思想的继承和发挥。为了揭示内篇与外、杂篇的关系，清周金然把《寓言》《天下》两篇看成是庄子的自序，其余外、杂篇分为七类，与内七篇一一对应，说明它们之间的源流关系。

具体列表如下①：

内篇	外篇、杂篇
《逍遥游》第一篇	《秋水》《马蹄》《山木》
《齐物论》第二篇	《徐无鬼》《则阳》《外物》
《养生主》第三篇	《刻意》《缮性》《至乐》《达生》《让王》
《人间世》第四篇	《庚桑楚》《渔父》
《德充符》第五篇	《骈拇》《列御寇》
《大宗师》第六篇	《田子方》《盗跖》《天道》《天运》《知北游》
《应帝王》第七篇	《胠箧》《说剑》《在宥》《天地》

庄子思想的理论基础是道，"所谓道，恶乎在？庄子曰：'无所不在。'"（《知北游》）运用道的重点是人生领域，"道之真以治身，其绪余以为国家，其土苴以治天下。由此观之，帝王之功，圣人之余事也，非所以完身养生也"（《让王》）。意思是，道的真谛用来修身养性，它的剩余部分用来治理国家，它的糟粕用来教化天下。这样看来，帝王的功业不过是圣人的余事，不能用来养生。庄子思想的主题是人生哲学，其灵魂是游和游世，"人能虚己以游世，其孰能害之"（《山木》）。在《庄子》一书中，游字出现了109次，开篇就是"逍遥游"，中间各篇游字频繁出现，最后还在阐述游的意义，"上与造物者游，而下与外死生、无终始者为友"（《天下》）。庄子之游不是身游，而是心游，"且夫乘物以游心，托不得已以养中，至矣"（《人间世》）。心游，也就是精神之游，既游于天地又超越天地，既游于世俗又超越世俗，既游于人间又超越人间。用庄子的语言表达，就是既游于方内更游于方外。《大宗师》记载：孟子反、子琴张和子桑户是朋友。子桑

---

① 参见王利锁著：《智通庄子》，九州出版社2007年版，第9页。

户死了，孔子派子贡去悼念，子贡看到孟子反和子琴张要么在编曲，要么在鼓琴，回来告诉孔子，认为这不合礼仪，"彼何人者邪？修行无有，而外其形骸，临尸而歌，颜色不变，无以命之。彼何人者邪？"孔子倒很通达，认为他们是方外之人，心无哀乐，不像方内之人受到世间的礼俗拘牵。"孔子曰：'彼游方之外者也，而丘游方之内者也。外内不相及。'"唐成玄英注疏："方，区域也。彼之二人，齐一死生，不为教迹所拘，故游心寰宇之外；而仲尼子贡，命世大儒，行裁非之义，服节文之礼，锐意哀乐之中，游心区域之内，所以为异也。"（《南华真经注疏》）庄子致力于心游，实际是无限向往方外之游，即"游乎尘垢之外"（《齐物论》）。只有方外之游，庄子才会心灵平静，才能获得精神的自由和解放。

庄子的方外之游通天心而入人心，结晶为藐姑射山神人，"藐姑射之山有神人居焉，肌肤若冰雪，淖约若处子，不食五谷，吸风饮露。乘云气，御飞龙，而游乎四海之外。其神凝，使物不疵疠而年谷熟"（《逍遥游》）。方外之地美轮美奂，既有美景，又有美人，更有意境。庄子之游不仅把形而下和形而上的时空推向混沌苍茫的宇宙本原，而且激活了人们对自然美和人间美的审美潜能。历代文人从姑射仙姿中获得灵感，启发了对女性美的思慕，并且将之渗透到自然和人间的美景之中。秦观的"瞳人剪水腰如束，一幅乌纱裹寒玉。飘然自有姑射姿，回看粉黛皆尘俗"（《赠女冠畅师》），将姑射仙姿投射到出家美女，玉质清凉，超凡脱俗；王安石的"肌冰绰约如姑射，肤雪参差是玉真"（《次韵徐仲元咏梅花》）；朱熹的"姑射仙人冰雪容，尘心已共彩云空。年年一笑相逢处，长在愁烟苦雾中"（《梅》），将姑射仙姿渗透到冰清玉洁的梅花中。刘贡父的"早于桃李晚于梅，冰雪肌肤姑射来。明月寒霜中夜静，素娥青女共徘徊"（《水仙花》），将姑射仙姿幻化为清纯洁白的水仙花。苏轼的"闲来披氅学王恭，姑射群仙邂逅逢。只为肌肤酷相似，绕庭无处觅行踪"（《雪诗（其二）》），将姑射仙姿融入飞舞晶莹的雪景之中，陶醉到分不清是雪花还是美人。庄子之游，方外之游，姑射之游，多么令人神往的人生旅程啊！

庄子的言说极富个性，夸张大胆，比喻鲜活，寓庄于谐，情趣横生。按照庄子的说法，他主要运用寓言、重言和卮言三种方式进行表达，阐述自己的思想主张，"寓言十九，重言十七，卮言日出，和以天倪"（《寓言》）。清陈寿昌认为："庄子达以三言：寄之无端，寓言以悟之；假之无忤，重言以倡之；弥之无迹，卮言以蔓衍。亦虚亦实，亦隐亦彰，亦奇亦正，亦谑亦庄。"（《庄子正义》）所谓寓言，寄托人物故事以阐明道理，容易使人理解信服，正像父亲称赞儿子，不如别人称赞更易为他人接受。《庄子》全书约有200则寓言故事。寓言"藉外论之。亲父不为其子媒。亲父誉之，不若非其父者也；非吾罪也，人之罪也。与己同则应，不与己同则反；同于己为是之，异于己为非之"。重言是借助精通世事的长者言语来阐明道理，增强说服力。重言"所以已言也，是为耆艾。年先矣，而无经纬本末以期年者者，是非先也。人而无以先人，无人道也；人而无人道，是之谓陈人"（《寓言》）。意思是，重言是为了终止争论，因为这是长者的言论。如果年龄虽长，但对世事没有与其年岁相符的见识，也不能算是长者。一个长者如果见识没有过人之处，就没有尽其为人之道；没有尽其为人之道，就叫做老朽。卮言是穿插在寓言与重言之中，随其自然而经常出现的一些零星之言，汉司马彪注"谓支离无首尾言也"。在《庄子》一书中，卮言随处可见，"和以天倪，因以曼衍，所以穷年"。否则，"非卮言日出，和以天倪，孰得其久！万物皆种也，以不同形相禅，始卒若环，莫得其伦，是谓天均。天均者天倪也"（《寓言》）。意思是，如果不能顺着自然而言，合乎自然的分际，怎么能维持长久呢！万物都是不同的种类，以不同的状态互相替代，循环终始，不知端倪，这就叫做自然之分，自然之分就是自然的分际。

庄子与孔子有着复杂的关系。《庄子》一书提及孔子约140次，其中有18篇谈论孔子。庄子尊敬孔子，把孔子看作是高尚、贤达的圣人，认为孔子的学问为百家之学的源头，"其在于《诗》《书》《礼》《乐》者，邹鲁之士、搢绅先生多能明之。《诗》以道志，《书》以道事，《礼》以道行，《乐》以道和，《易》以道阴阳，《春秋》以道名分。其数散于天下而设于中国者，百家之学时或称而道之"（《天下》）。后世儒者因此提出"庄子之学出于儒"的论断，韩愈指出："吾常以为孔子之道，大而能博。门弟子不能遍观而尽识也，故学焉而皆得其性之所近。其后离散分处诸侯之国，又各以其所能授弟子，原远而末益分。盖子夏之学，其后有田子方，子方之后，流而为庄周，故周之书喜称子方之为人。"（《送王埙秀才序》）苏轼强调"庄子盖助孔子者"（《庄子祠堂记》）。清黄宗羲认同庄子学于孔子，却认为不是正统，走偏了方向，"西河之人疑子夏为夫子，而荀况、庄周、吴起、田子方之徒，皆学于孔子，而自为偏见，惟其无以就正之耳"（《明儒学案·南中王门学案三》）。由于庄子思想庞杂，受到孔学影响是完全可能的，就其本质而言，还是传承了老子的衣钵，属于道家学派。而且，庄子明确否定儒家的仁义理念，认为倡导仁义，就像人多生了一个脚趾和手指，"是故骈于足者，连无用之肉也；枝于手者，树无用之指也；多方骈枝于五藏之情者，淫僻于仁义之行，而多方于聪明之用也"。意思是，脚趾相连，是一块无用的肉；多余的指头，是一只无用的手指；想方设法在五脏的本性之外增添东西，沉溺于仁义的行为，是过分滥用自己的聪明。庄子甚至认为，君子奔命于仁义，如同小人追逐利益和物欲，都是丧失本性的行为，都是在牺牲自身，两者是没有区别的，"天下尽殉也。彼其所殉仁义也，则俗谓之君子；其所殉货财也，则俗谓之小人。其殉一也，则有君子焉，有小人焉"（《骈拇》）。

二、东郭问道

《知北游》记载："东郭子问于庄子曰：'所谓道，恶乎在？'庄子曰：'无所不在。'东郭子曰：'期而后可。'庄子曰：'在蝼蚁。'曰：'何其下邪？'曰：'在稊稗。'曰：'何其愈下邪？'曰：'在瓦甓。'曰：'何其愈甚邪？'曰：'在屎溺。'东郭子不应。"

庄子继承了老子之道，道是庄子思想的主要范畴和理论基础。"东郭问道"的寓言故事通过庄子与东郭子的对话，旨在说明道的普遍性及其与万物的关系。东郭子认为道是非常高贵的东西，不可能存在于蝼蚁、稗草、瓦块和屎溺之中；东郭子还认为，庄子的回答太粗鲁下流了。在庄子看来，道具有普遍性，与万物不可分割；道是万物存在的根据，万物离不开道而存在。道物一体，物得道而产生，却不是道；道在物中，却不是物，两者是形上与形下的关系。所以庄子告诉东郭子，学道悟道不能局限于具体事物，而要抓住事物的本质，"夫子之问也，固不及质。正获之问于监市履狶也，每下愈况。汝唯莫必，无乎逃物。至道若是，大言亦然。周、遍、咸三者，异名同实，其指一也"（《知北游》）。意思是，先生的问题，本来就没有触及道的本质。市场监督官向屠夫询问辨别猪肥瘦的办法，回答是越往下的部位越能反映猪的肥瘦。你不必局限于某物，物本来就不能逃于道。大道是这样，有关道的言论也是这样。周、遍、咸三个词，虽然名称不同，但实质相同，含义是一样的。庄子认为，只有抓住事物的本质，才能认识到道无所不在，"夫道，覆载万物者也，洋洋乎大哉"。而要抓住事物的本质，就要采取虚无的心态，不抱成见，"君子不可以不刳心焉。无为为之之谓天，无为言之之谓德，爱人利物之谓仁，不同同之之谓大，行不崖异之谓宽，有万不同之谓富"（《天地》）。

道不仅具有普遍性，而且具有永恒性。在时间上，道是长久的，"道无终始，物有死生，不恃其成；一虚一满，不位乎其形。
年不可举，时不可止；消息盈虚，终则有始"（《秋水》）。在空间
上，道是无限的，"在太极之先而不为高，在六极之下而不为深，
先天地生而不为久，长于上古而不为老"（《大宗师》）。在道与
万物的关系上，于空间而言，道无限而物有限，"物物者与物无
际，而物有际者，所谓物际者也；不际之际，际之不际者也"。
于时间而言，道永恒而物有恒，"谓盈虚衰杀，彼为盈虚非盈虚，
彼为衰杀非衰杀，彼为本末非本末，彼为积散非积散也"（《知北
游》）。意思是，从盈虚、盛衰来说，道能够使万物有盈虚，而
自己没有盈虚；能够使万物有盛衰，而自己没有盛衰；能够使万
物有始终，而自己没有始终；能够使万物有聚散，而自己没有聚
散。庄子认为，道在无为之中创生万物；万物是自然而然产生的，
并不是道有意为之。道的无为表现在天亦无为地亦无为，从而化
生了天下万事万物，"天无为以之清，地无为以之宁，故两无为
相合，万物皆化生。芒乎芴乎，而无从出乎！芴乎芒乎，而无有
象乎！万物职职，皆从无为殖。故曰：天地无为也而无不为也，
人也孰能得无为哉"（《至乐》）。

　　在庄子看来，道是本体。道是真实的存在，而不是具体的
存在，"夫道，有情有信，无为无形；可传而不可受，可得而不
可见"。道是自身的根据，在它之外没有任何一个根源可作为道
的根据。道不仅为自身建立根据，而且也为天地万事万物建立根
据，由此而生育天地万事万物，"自本自根，未有天地，自古以
固存；神鬼神帝，生天生地"（《大宗师》）。道是虚无的存在，而
不是实体的存在，"有始也者，有未始有始也者，有未始有夫未
始有始也者。有有也者，有无也者，有未始有无也者，有未始有
夫未始有无也者"（《齐物论》）。意思是，事物有"开始"的状态，
有不曾有"开始"的状态，还有不曾有"不曾有'开始'"的状
态。事物有"有"的状态，有"无"的状态，有不曾有"有"也

不曾有"无"的状态，还有不曾有"不曾有'有'也不曾有'无'"的状态。无论文言还是白话，这段文字读起来都非常拗口和难解，旨在说明道不是一般意义上的有与无，甚至是对有与无的否定，道既不是有也不是无，而是更根本的"未始"，却孕育着自身的开始。庄子认为，道是通过阴阳之气交合而产生天下万事万物，"少知曰：'四方之内，六合之里，万物之所生恶起？'大公调曰：'阴阳相照相盖相治，四时相代相生相杀。欲恶去就于是桥起，雌雄片合于是庸有。'"（《则阳》）

庄子具体描述从道到物乃至到人的演化过程。道的原初状态是虚无，"泰初有无，无有无名，一之所起，有一而未形"。渐次产生万事万物，称之为德和命。德是指万物得到道的本性以作为自身的存在，"物得以生，谓之德"；命是指万物中生长出有机的生命个体，"未形者有分，且然无间，谓之命"。进而产生具体的事物和人的精神，称之为形和性。形是指生命的事物在成长过程中形成自身的独特形体，"留动而生物，物成生理，谓之形"；性是指人的精神，是万事万物发展的最高阶段，"形体保神，各有仪则，谓之性"。人的精神通过修炼又返于泰初，合于大道，"性修反德，德至同于初。同乃虚，虚乃大。合喙鸣；喙鸣合，与天地为合。其合缗缗，若愚若昏，是谓玄德，同乎大顺"（《天地》）。意思是，人的精神经过修炼，就返回到德；德达到极致就混同于原初状态。混同才会虚寂，虚寂则无所不包，这样就像鸟兽的鸣叫那样出于无心。这种无心之言，就能与天地融合，没有任何痕迹，似无心又似昏昧，叫做玄德，完全顺从事物的自然状态。

道不仅是本体，而且是宇宙。庄子是中国古代最早探讨宇宙哲学的思想家，他已经意识到"宇"是一种实在，而且是所有实在的总和；"宙"是一种长久，没有开始和终结，是所有长久的总和，"有实而无乎处者，宇也；有长而无本剽者，宙也"。庄子把宇宙等同于道，对宇宙的描述与对道的描述几乎如出一辙，"出无本，入无窍。有实而无乎处，有长而无乎本剽，有所出而无窍者有实"。意思是，道和宇宙好像产生时不见根源，消失时不见归宿。它有实际存在而没有处所，绵延存在而没有终始。庄子进一步认为，道和宇宙都是"无有"，即自然而然，不见形迹，"有乎生，有乎死，有乎出，有乎入，入出而无见其形，是谓天门。天门者，无有也，万物出乎无有。有不能以有为有，必出乎无有，而无有一无有"（《庚桑楚》）。在《秋水》中，庄子借用北海之神的口吻赞美道和宇宙的无穷无尽。当黄河之神见到北海的时候，不禁感叹自己的渺小和北海的广阔无垠。北海之神则告诉黄河之神，北海确实是非常广大的，"天下之水，莫大于海，万川归之，不知何时止而不盈；尾闾泄之，不知何时已而不虚；春秋不变，水旱不知，此其过江河之流，不可为量数"。然而，北海之神认为，北海对于天地而言，就像一块小石、一株小木对于大山而言，"吾在天地之间，犹小石小木之在大山也，方存乎见少，又奚以自多"。北海之神进一步指出，四海和中国都是很渺小的，四海于天地，如同蚁穴在大湖泽；中国于四海，如同一颗米在大粮仓，"计四海之在天地之间也，不似礨空之在大泽乎？计中国之在海内，不似稊米之在大仓乎？"人在天地间就更渺小了，"号物之数谓之万，人处一焉；人卒九州，谷食之所生，舟车之所通，人处一焉。此其比万物也，不似豪末之在于马体乎？"意思是，世间事物的名称数以万计，人只是其中之一；人群聚集在九州之内，以五谷作为食物而生存，以舟车作为交通工具而相互来往；人只是万物中的一分子，人与万物相比，就像马身上的一根毛。

在庄子看来，道不可感知。这实际涉及一般与个别、抽象与具体的哲学命题。人们在生活中所见所闻的都是个别的具体的事物，而从个别和具体事物中抽象出来的共性内容，人们的感觉器官是不可能把握的。《知北游》记载了泰清与无穷、无为和无始的对话，强调道的不可感知和特征。无穷说道是不可感知的，而无为却说道是可以感知的，"泰清问乎无穷曰：'子知道乎？'无穷曰：'吾不知。'又问乎无为。无为曰：'吾知道。'"泰清不能判断无穷与无为的对错，就去请教无始，"若是，则无穷之弗知与无为之知，孰是而孰非乎？"无始回答，无穷之不知深刻而内行，无为之知浅薄而外行，"不知深矣，知之浅矣；弗知内矣，知之外矣"。原因在于道是不可感知的，"道不可闻，闻而非也；道不可见，见而非也；道不可言，言而非也。知形形之不形乎！道不当名"。无始还指出，关于道的认识，无论问还是答都是对道的无知和没有意义，"有问道而应之者，不知道也。虽问道者，亦未闻道。道无问，问无应。无问问之，是问穷也；无应应之，是无内也"。无始强调，无论问者还是答者，都是浅薄之人，不可能真正认识道的真谛，"以无内待问穷，若是者，外不观乎宇宙，内不知乎大初，是以不过乎昆仑，不游乎太虚"。意思是，以无意义的空答对无意义的空问，像这样的人，外不能观察广阔的宇宙，内不能理解事物的本质，所以不能跨越高远的昆仑，也不能遨游清虚之境。

道不仅不可感知，而且也不可拥有。舜曾经向他的老师丞请教，能否获得和拥有道。丞回答说，你的身体都不属于你所有，你怎么可能拥有大道呢？"舜问乎丞曰：'道可得而有乎？'曰：'汝身非汝有也，汝何得有夫道？'"成玄英注疏："丞，古之得道人，舜师也。"（《南华真经注疏》）舜很疑惑，怎么能说我的身体不属于我呢？丞加以解释，人的身体是自然运行的结果，子孙则是自然生命的延续，不可能通过人为地固守而通达事物自身，"是天地之委形也；生非汝有，是天地之委和也；性命非汝有，是天地之委顺也；孙子非汝有，是天地之委蜕也"。丞强调人不可能拥有大道，"故行不知所往，处不知所持，食不知所味。天地之强阳气也，又胡可得而有邪！"意思是，所以，行走时不知去哪里，居住时不知固守何处，饮食不知滋味，这都是天地间的聚集之气而已，又怎么可以拥有呢！庄子认为，人虽然不能拥有道，却可以知道安道得道，"无思无虑始知道，无处无服始安道，无从无道始得道"（《知北游》）。主要方法是得意忘言，"荃者所以在鱼，得鱼而忘荃；蹄者所以在兔，得兔而忘蹄；言者所以在意，得意而忘言"。道与言语有关，却不是言语所能表达的，得道之人只能与得意忘言之人言道。庄子感叹，得意忘言之人也就是得道之人太少了，"吾安得忘言之人而与之言哉"（《外物》）。庄子还认为，人虽然不能拥有道，却可以顺道而行，遵道而为，"其来无迹，其往无崖，无门无房，四达之皇皇也。邀于此者，四肢强，思虑恂达，耳目聪明，其用心不劳，其应物无方"（《知北游》）。意思是，道来无踪迹，去无边际，没有门径，没有归宿，广阔无边，四通八达。顺随大道的，就能四肢强健，思虑通达，耳聪目明，用心而不劳累，顺应外物而不守成规。

三、濠梁观鱼

《秋水》记载："庄子与惠子游于濠梁之上。庄子曰：'儵鱼出游从容，是鱼之乐也。'惠子曰：'子非鱼，安知鱼之乐？'庄子曰：'子非我，安知我不知鱼之乐？'惠子曰：'我非子，固不知子矣；子固非鱼也，子之不知鱼之乐，全矣！'庄子曰：'请循其本。子曰"汝安知鱼乐"云者，既已知吾知之而问我。我知之濠上也。'"

庄子继承了老子理性直觉的认识论思想，尤其对于道的认识，提出了"心斋"和"坐忘"的认识方法。"孔子问于老聃曰：'今日晏闲，敢问至道。'老聃曰：'汝齐戒，疏瀹而心，澡雪而精神，掊击而知！夫道，窅然难言哉！将为汝言其崖略。'"（《知北游》）"濠梁观鱼"的寓言故事既包括认识的角度问题，又包括认识者的能力问题。在庄子看来，人自身具有局限性，认识也具有局限性。"井蛙不可以语于海者，拘于虚也。夏虫不可以语于冰者，笃于时也。曲士不可以语于道者，束于教也。"（《秋水》）具体表现为时间的局限，人不管多么长寿，还是有寿夭之限，生前死后的事情是不知道的，"小知不及大知，小年不及大年。奚以知其然也？朝菌不知晦朔，蟪蛄不知春秋"（《逍遥游》）。意思是，见识少的不能理解见识多的，寿命短的不能理解寿命长的。怎么知道是这样的呢？朝生暮死的菌虫不知道一月之中有月圆月缺，春生夏死、夏生秋死的寒蝉不知道一年之中有冬春季节。空间的局限，就像井蛙只知井底的快乐，不知大海的快乐。在《秋水》中，记载了井蛙与东海之鳖的故事，井蛙骄傲地对东海之鳖说："吾乐与！出跳梁乎井干之上，入休乎缺甃之崖。赴水则接腋持颐，蹶泥则没足灭跗。还虷蟹与科斗，莫吾能若也。且夫擅一壑之水，而跨跱坎井之乐，此亦至矣。夫子奚不时来入观乎？"东海之鳖听从井蛙之言，试了一下井底之乐，"左足未入，而右膝已絷矣。于是逡巡而却，告之海曰……"意思是，鳖的左脚还没有跨入井里，右膝就被绊住了。于是它小心地退了出来，然后把大海的情况告诉了井蛙，"夫千里之远，不足以举其大；千仞之高，不足以极其深"。井蛙听后，非常吃惊，茫然不知所措，"于是坎井之蛙闻之，适适然惊，规规然自失也"。

人生经历的局限，既有所受教育的局限，又有职业习惯的局限。在所受教育方面，由于师从不同，容易形成门户之见。《秋水》记录了公孙龙与魏牟的对话，说明所受教育对于人认识的局限。公孙龙原先学习先王之道，又懂仁义之学，还学习过名家思想，善于辩论，自以为非常聪明，"龙少学先王之道，长而明仁义之行，合同异，离坚白；然不然，可不可；困百家之知，穷众口之辩，吾自以为至达已"。而公孙龙与庄子接触之后，感到自己无知无能，"今吾闻庄子之言，茫焉异之。不知论之不及与，知之弗若与？今吾无所开吾喙"。意思是，现在我听了庄子的言论，感到茫然不解。不知是我的才论比不上他呢，还是我的智力不如他？如今我已经没有办法开口了。在职业习惯方面，久而久之，就会形成职业偏好，只从职业的角度考虑问题。在《逍遥游》中，庄子讲了宋人的故事，指明职业习惯对人的认识所造成的局限。宋人有一个防手龟裂的药方，而宋人只知用它来为漂洗丝絮的行业服务，不知药方还有其他用途，结果被客人用百金购得，"宋人有善为不龟手之药者，世世以洴澼絖为事。客闻之，请买其方以百金。聚族而谋曰：'我世世为洴澼絖，不过数金。今一朝而鬻技百金，请与之。'"客人买得药方后，不用于洗染行业，而是用于战争，帮助吴王打败了越国，吴王以地封赏，"客得之，以说吴王。越有难，吴王使之将，冬与越人水战，大败越人，裂地而封之"。庄子不禁感慨，"能不龟手，一也。或以封，或不免于洴澼絖，则所用之异也"。意思是，使手不龟裂的药方是一样的，有的人因此得到封地，有的人不得不继续漂洗丝絮，原因就是眼界不同，使用的方法不一样啊。

　　在庄子看来，人具有认识能力。具体化为人能够认识外在的事物，"知者，接也；知者，谟也。知者之所不知，犹睨也"（《庚桑楚》）。意思是，知识，是由于对事物的接触；智慧，是由于对事物的谋虑。智者有所不知，就像斜眼看物，所见有限。人能够调整对事物的认识。《秋水》中的黄河之神看到秋水上涨，河面变宽，以为黄河是天下最美的，"秋水时至，百川灌河，泾流之大，两涘渚崖之间，不辩牛马。于是焉，河伯欣然自喜，以天下之美为尽在己"。当黄河之神顺流而下，到了北海，见到海水汪洋无际，便改变了自己的看法，认为以前的看法非常可笑，感叹地对北海之神说："今我睹子之难穷也。吾非至于子之门则殆矣，吾长见笑于大方之家。"人能够学习、实践和辩论，"学者，学其所不能学也；行者，行其所不能行也；辩者，辩其所不能辩也。

知止乎其所不能知，至矣"（《庚桑楚》）。

更重要的是，人能够认识事物的规律。"庖丁解牛"很好地解读了认识与实践、感性认识与理性认识、认识规律与运用规律的关系，只有三者有机结合，才能演绎出拥有艺术般享受的宰牛过程。"庖丁为文惠君解牛，手之所触，肩之所倚，足之所履，膝之所踦，砉然响然，奏刀騞然，莫不中音，合于《桑林》之舞，乃中《经首》之会。文惠君曰：'嘻，善哉！技盖至此乎？'"庖丁高超的解牛技术，是认识与实践的有机结合，在实践中不断提高认识和技艺水平。庖丁基本熟悉牛的生理结构，就用了三年时间。即使技术达到炉火纯青的地步，庖丁解牛时仍然十分谨慎小心，"虽然，每至于族，吾见其难为，怵然为戒，视为止，行为迟。动刀甚微，謋然已解，如土委地"。意思是，即便如此，每当碰到筋骨盘结的地方，我知道不容易下刀，就会小心翼翼，眼神专注，动作缓慢。轻轻一动刀，牛就哗的一声解体了，像散落在地上的泥土一般。庖丁解牛是感性认识与理性认识的有机结合，而且是一个过程。先是眼睛只看到整头的牛，而不知道牛的生理结构，"始臣之解牛之时，所见无非全牛者"。而后是不用看牛的全身，便已在理性上了解了牛的生理结构，但还不能做到得心应手，"三年之后，未尝见全牛也"。现在是完全依靠心神而不依靠感官来把握牛的习性、脾气和结构，"方今之时，臣以神遇而不以目视，官知止而神欲行。依乎天理，批大郤，导大窾，因其固然"。庖丁解牛是认识规律与运用规律的有机结合，不仅使解牛成为一种艺术，而且使牛刀常用常新，不像一般的厨师一月就换刀，较好的厨师一年也要换刀，"良庖岁更刀，割也；族庖月更刀，折也。今臣之刀十九年矣，所解数千牛矣，而刀刃若新发于硎"（《养生主》）。

在庄子看来，人的认识具有相对性。庄子虽然认为人具有认识能力，却没有得出人能够认识和把握客体的结论，反而认为人只能相对地认识事物，不可能真正地认识事物。相对性是庄子认识论的最大特征，由此产生了怀疑主义。任何认识都是主体与客体的统一，主体与客体的关系不是绝对的，而是相对的，所以认识也是相对的。从主体分析，不同主体对同一客体往往有不同看法。《齐物论》举了三个例子解读不同主体对同一客体的不同看法。比如住处，人与泥鳅、猿猴的感知就不同，"民湿寝则腰疾偏死，鳅然乎哉？木处则惴栗恂惧，猨猴然乎哉？三者孰知正处？"意思是，人在潮湿的地方居住，就会感到腰疼乃至半身不遂，泥鳅也会这样吗？人爬到高树上就会感到惊惧不安，猿猴也会这样吗？这三种物类哪一种知道哪里是真正的住处呢？又如饮食，人吃肉，麋鹿吃草，蜈蚣吃小蛇，猫头鹰和乌鸦吃老鼠，这四种物类谁才知道什么是真正可口的美味呢？再如美丽，毛嫱、丽姬都是公认的美人，而鱼、鸟和麋鹿见了都会逃跑，"猨猵狙以为雌，麋与鹿交，鳅与鱼游。毛嫱丽姬，人之所美也。鱼见之深入，鸟见之高飞，麋鹿见之决骤。四者孰知天下之正色哉？"由此可知，人对美丽的看法，与鱼、鸟和麋鹿是不一样的。

同一主体在不同的情景下，看问题的角度不同，也会有不同的看法。《秋水》借用北海之神的口吻，认为从道、自身和世俗不同的角度观察，事物的贵贱就不同，"以道观之，物无贵贱；以物观之，自贵而相贱；以俗观之，贵贱不在己"。北海之神进一步选择不同的角度观察事物，指出由于思维定式不同，对于事物就有不同看法。观察事物的差别，顺着事物大的方向观察，就是大的，否则就是小的。"以差观之，因其所大而大之，则万物莫不大；因其所小而小之，则万物莫不小；知天地之为稊米也，知豪末之为丘山也，则差数睹矣。"观察事物的功用，顺着事物有用的方向观察，就是有用的，否则就是无用的。"以功观之，因其所有而有之，则万物莫不有；因其所无而无之，则万物莫不无。知东西之相反而不可以相无，则功分定矣。"观察事物的价值取向，也是如此，"以趣观之，因其所然而然之，则万物莫不然；因其所非而非之，则万物莫不非。知尧桀之自然而相非，则趣操睹矣"。意思是，从好恶是非取向的角度看，顺着事物肯定的方向加以肯定，那么万物都会受到肯定；顺着事物否定的一面加以否定，那么万物没有不被否定的。知道尧与桀都自以为正确而互相否定，那么人们的价值取向就可以看清楚了。

庄子有时会怀疑人的认识能力，对人是否存在认识表示怀疑。"庄周梦蝶"的故事形象地说明了庄子的怀疑。庄子还有一个喝酒的梦，不知在梦境还是在现实，他用梦与醒的关系来比喻是与非的相对性，也是对人的认识能力表示怀疑，"梦饮酒者，旦而哭泣；梦哭泣者，旦而田猎。方其梦也，不知其梦也。梦之中又占其梦焉，觉而后知其梦也"。庄子认为，梦境是相对的，是不可靠的。从梦的立场看醒，醒也是梦；从醒的立场看梦，梦也是醒。其实梦与醒都是一样的，无所谓差别，也不用区别。"且有大觉而后知此其大梦也，而愚者自以为觉，窃窃然知之。"意思是，只有大智慧的人，才明白人生不过是一场大梦。而愚蠢的人自以为十分清醒，好像什么都明白似的。庄子强调，只有那些愚昧的人，才觉得是非分明，君臣定位，这正是做梦的表现。孔子不悟道，是在梦中；翟鹊子否定孔子，也是在梦中；长梧子说别人在做梦，依然是在梦中，"君乎，牧乎，固哉！丘也与女，皆梦也；予谓女梦，亦梦也。是其言也，其名为吊诡。万世之后而一遇大圣，知其解者，是旦暮遇之也"（《齐物论》）。庄子从怀疑人的认识能力开始，进而主张放弃人的认识能力，"吾生也有涯，而知也无涯，以有涯随无涯，殆已。已而为知者，殆而已矣"（《养生主》）。

从客体分析，世界是矛盾的，既有阳又有阴，既有正又有反，既有大又有小，既有美又有丑，既有是又有非。任何事物都是矛盾的统一体，很难把矛盾的双方截然分开。庄子认为，正是矛盾导致了事物存在的相对性，不停地在矛盾对立的双方转化，亦阴亦阳，亦正亦反，亦大亦小，亦美亦丑，亦是亦非，"物无非彼，物无非是。自彼则不见，自知则知之。故曰：彼出于是，是亦因彼。彼是方生之说也。虽然，方生方死，方死方生；方可方不可，方不可方可。因是因非，因非因是"。庄子崇尚事物的相对性，他看到了同一性，却否认了差异性。所谓的大与小、美与丑和成与毁，其实都是一回事，它们之间并没有本质的区别，"无物不然，无物不可。故为是举莛与楹，厉与西施，恢恑憰怪，道通为一。其分也，成也；其成也，毁也。凡物无成与毁，复通为一"（《齐物论》）。意思是，实际上，没有一物绝对不是，也没有一物绝对不可。因此，像草茎和屋柱、丑女和西施，以及种种稀奇古怪的现象，从道的角度看，都是通而为一的。事物有毁灭，就有产生；有产生，就有毁灭。事物自身无所谓产生与毁灭的分别，都是浑然一体的。《德充符》以王骀为榜样，注重从同一性去看待事物，达到万物一体的境界。对王骀而言，万物没有什么缺失，失去一条腿就如同掉落一块泥土一样，不值得在意，"自其异者视之，肝胆楚越也。自其同者视之，万物皆一也。夫若然者，且不知耳目之所宜，而游心乎德之和。物视其所一而不见其所丧，视丧其足犹遗土也"。

庄子看到了变动性，却否认了稳定性。"梁丽可以冲城，而不可以窒穴，言殊器也。骐骥骅骝，一日而驰千里，捕鼠不如狸狌，言殊技也。鸱鸺夜撮蚤，察毫末，昼出瞋目而不见丘山，言殊性也。"大意是，大木被称为"良才"，是相对于建造城楼而言的，如果用来堵塞小洞，就是一块废料；骐骥骅骝被称为"良马"，是相对于赶路而言的，如果用来捉老鼠，就不如野猫；猫头鹰被称为"良臣"，是相对于夜间而言的，如果在白天，即使瞪大眼睛也看不见丘山。因而庄子强调，看不到事物的变动性，就不明白天地变化、万物变动的道理，"是未明天地之理，万物之情者也。是犹师天而无地，师阴而无阳，其不可行明矣"（《秋水》）。庄子看到了是非标准的主观性，却否认了客观性。庄子认为，当时儒家与墨家的争辩是没有是非的，也没有对错，"道隐于小成，言隐于荣华。故有儒墨之是非，以是其所非而非其所是。欲是其所非而非其所是，则莫若以明"（《齐物论》）。意思是，道被一孔之见所遮蔽，言论被华而不实之词所遮蔽。因此有了儒家和墨家的是非之争，他们相互以对方所否定的为"是"，以对方所肯定的为"非"。与其肯定对方所否定，否定对方所肯定，不如以无成见之心去观照事物本身。由于庄子怀疑人的认识能力，不相信客体的稳定性和真实存在，实际陷入了不可知论的泥潭，"庄周从相对主义出发，必然走向怀疑论和不可知论"[1]。

四、曳尾涂中

《秋水》记载："庄子钓于濮水，楚王使大夫二人往先焉，曰：'愿以境内累矣！'庄子持竿不顾，曰：'吾闻楚有神龟，死已三千岁矣。王巾笥而藏之庙堂之上。此龟者，宁其死为留骨而贵乎？宁其生而曳尾于涂中乎？'二大夫曰：'宁生而曳尾涂中。'庄子曰：'往矣！吾将曳尾于涂中。'"

庄子继承了老子无为的思想，却没有把重点运用于政治哲学，而是运用于生命哲学，追求自由自在、毫无牵累的人生。"曳尾涂中"的寓言故事说明人如果贪图高官之位，就会像神龟一样，虽然显得尊贵，却可能失去性命，进而表明自己宁愿保全性命、精神自由和人格独立，也不愿为官职所束缚，拿生命和尊严去换取利益。如果联想庄子一生都非常贫困，经常饿得面黄肌瘦，却为了精神自由，拒绝高官厚禄，不由得令人肃然起敬，"夫处穷

---

[1]　肖萐父、李锦全著：《中国哲学史》（上卷），人民出版社1982年版，第164页。

间厄巷，困窘织屦，槁项黄馘者"(《列御寇》)。而且，他还要向别人借贷度日，受到冷遇，"庄周家贫，故往贷粟于监河侯"；监河侯要收到采邑的租税，再给贷款，"监河侯曰：'诺。我将得邑金，将贷子三百金，可乎？'"庄子很无奈，只能用"鲋鱼求水"来表示不满，"鲋鱼忿然作色曰：'吾失我常与，我无所处。吾得斗升之水然活耳，君乃言此，曾不如早索我于枯鱼之肆！'"(《外物》)意思是，鲋鱼气得脸色大变，愤然地说我失去了日常生存的水，没有存身之处了。现在只要升斗之水就能活命，而你竟这样要花腔，还不如早点到干鱼店去找我呢！尽管生活艰难，庄子仍然保持着人格的独立，一再拒绝官府的征聘。在《列御寇》中，庄子以牛为例，认为为官从政，就像牛被牵入太庙，将要用以祭祀，后悔都来不及了。

《庄子》首篇是"逍遥游"，凸显了庄子对逍遥的偏好。所谓逍遥，是一种超凡脱俗，悠闲自得，不为身外之物所累的心理状态和精神境界，也是庄子追求的心理和精神自由的人生目标。庄子思想的核心是人生哲学，而人生哲学的核心是逍遥游。在《逍遥游》中，庄子描述了动物和人生两种逍遥，鲜明地提出了自己的逍遥理想。在动物的逍遥中，他选择了鲲鹏与知了、斑鸠、麻雀进行对比阐述。开篇崎岖峥嵘，气魄宏大，是鲲鹏之逍遥。鲲鹏很大，"北冥有鱼，其名为鲲。鲲之大，不知其几千里也。化而为鸟，其名为鹏。鹏之背，不知其几千里也，怒而飞，其翼若垂天之云"。鲲鹏逍遥自在，"鹏之徙于南冥也，水击三千里，抟扶摇而上者九万里，去以六月息者也"。而后描述知了、斑鸠和麻雀之逍遥。鲲鹏是大的逍遥，知了、斑鸠和麻雀是小的逍遥。小的逍遥不能理解大的逍遥，知了和斑鸠认为无论飞到树上还是落在地面，都是快乐的，何必要像鲲鹏那样翱翔九万里呢，"我决起而飞，抢榆枋，时则不至而控于地而已矣，奚以之九万里而南为？"麻雀更是自得其乐，讥笑说："我腾跃而上，不过数仞而下，翱翔蓬蒿之间，此亦飞之至也。而彼且奚适也？"意思是，我腾跃而上，飞不到几丈高就落下来。在蓬蒿丛中飞来飞去，这也是飞行的最高境界了。而鲲鹏还要飞到哪里去呢？庄子当然不屑于知了、斑鸠和麻雀的讥讽，他指出大的逍遥与小的逍遥是不可同日而语的，"适莽苍者，三餐而反，腹犹果然；适百里者，宿舂粮；适千里者，三月聚粮。之二虫又何知！"

在人生的逍遥中，庄子借用一般人和宋荣子、列子等人物，对比不同层次的逍遥境界。一般人是汲汲于功名，即使那些社会道德模范，庄子都加以否认，把他们比喻为嘲笑鲲鹏的麻雀。"故夫知效一官，行比一乡，德合一君，而征一国者。其自视也，亦若此矣。"意思是，那些才能可以胜任一官半职，行为可以使一乡人亲近，德行可以迎合一国国君的心意，以致得到一国百姓信任的人，他们那种自鸣得意的神态，恰似水边的麻雀。宋荣子比一般人境界要高，他已经洒落了礼俗的拘束，涤荡了荣辱的情绪，嘲笑汲汲于功名之人，"宋荣子犹然笑之"。宋荣子能够淡然面对荣辱毁誉，人们称赞他，他不感到高兴；非议他，他不感到沮丧，"举世而誉之而不加劝，举世而非之而不加沮"。然而，宋荣子还没有做到物我合一，心中还是"有名"，区分着自我与外物、荣誉与耻辱，并没有达到逍遥自立的境界，"定乎内外之分，辩乎荣辱之境，斯已矣。彼其于世未数数然也。虽然，犹有未树也"。列子比宋荣子的境界更高，初步做到了身与自然的统一，却没有达到与造化同游的逍遥境界。列子虽然不像宋荣子那样心中有名，却向往飞行，说明心中"有功"，不能完全摆脱对外界的依赖，"夫列子御风而行，泠然善也，旬有五日而后反。彼于致福者，未数数然也。此虽免乎行，犹有所待者也"（《逍遥游》）。意思是，列子乘风北行，轻快极了，飞行了十五天才返回来。他对世俗的幸福，并不汲汲以求。虽然能让他免于步行的麻烦，但他毕竟还是有所待，要依赖风才能飞行。

在庄子看来，无论是动物的逍遥，还是人生的逍遥；无论是鲲鹏的逍遥，还是列子的逍遥，都是有所待，都不是真正的自由。即使鲲鹏之游，已是宏伟壮观了，却不能离开风的帮助和广阔空间的容纳，仍然是有所待的自由。犹如水积存得不多，就载不了大船，"且夫水之积也不厚，则其负大舟也无力。覆杯水于坳堂之上，则芥为之舟；置杯焉则胶，水浅而舟大也"。鲲鹏与风和空间的关系也是如此，"风之积也不厚，则其负大翼也无力。故九万里，则风斯在下矣，而后乃今培风，背负青天而莫之夭阏者，而后乃今将图南"。意思是，如果风积存得不够大，就无法承载巨大的翅膀。大鹏高飞九万里，需要大风在它下面，才能凭借风力，背朝青天，没有任何阻碍，而后才开始一路畅飞到南海。庄子赞颂鲲鹏之游，却没有把它看作是人生的最高境界。庄子向往和倡导的最高境界是"无待"的心灵和精神自由。所谓无待，就是不要任何依靠，也没有任何约束，就是凭借自然本性，顺应阴阳、风雨、晦明的变化，遨游于无穷无尽的宇宙之中，"若夫乘天地之正，而御六气之辩，以游无穷者，彼且恶乎待哉！"庄子认为，能够达到人生的最高境界，只有至人、神人、圣人，关键是无我顺物、不求有功、抛弃名声，即"至人无己，神人无功，圣人无名"（《逍遥游》）。

在庄子看来，至人、神人、圣人是理想人格，能够体悟"天地与我并生，而万物与我为一"（《齐物论》）。是啊，只要齐万物、齐生死、齐是非，还有什么人情冷暖、世态炎凉不能看透的呢？陈鼓应注释：至人、神人、圣人，"就是能对宇宙人生的变化及其根源意义作全面性、整体性体认的人"[1]。庄子真正向往的

---

① 陈鼓应著：《庄子今译今注》（最新修订重排本），中华书局1983年版，第905页。

人格理想是真人，至人、神人、圣人都统一于真人。真人领悟大道，是一个完满的人。视万物如一，心中无己、无功，也无是非，"不逆寡，不雄成，不谟士。若然者，过而弗悔，当而不自得也。若然者，登高不栗，入水不濡，入火不热"。真人是心无嗜欲，无忧无惧，"古之真人，其寝不梦，其觉无忧，其食不甘，其息深深"。而且，真人呼吸的方式与一般人不一样，"真人之息以踵，众人之息以喉。屈服者，其嗌言若哇。其耆欲深者，其天机浅"（《大宗师》）。意思是，真人呼吸从脚跟运气，而一般人用喉咙呼吸。一般人在理屈词穷时，喉咙像打了结一样。凡是嗜好太深的人，他的自然领悟力就会迟钝。

真人是视生死如一，不恋生，不恋死，顺生死之自然而不妄为，"古之真人，不知说生，不知恶死。其出不䜣，其入不距，翛然而往，翛然而来而已矣。不忘其所始，不求其所终。受而喜之，忘而复之，是之谓不以心损道，不以人助天。是之谓真人"。正因为真人参透了生死，所以内心平静，行动自然，"若然者，其心志，其容寂，其颡頯；凄然似秋，暖然似春，喜怒通四时，与物有宜而莫知其极"。意思是，真人随遇而安，容貌安详，额头宽广。表情严肃时犹如秋天，温和时就像春天，外在的喜怒变化与四时相通，对任何事物都顺随自然而探讨其究竟。真人是视天人如一，既能无分别地对待事物，又能像一般人那样处理世事，"故其好之也一，其弗好之也一。其一也一，其不一也一。其一与天为徒，其不一与人为徒。天与人不相胜也，是之谓真人"。尤其是安身立命，与人相处，真人无我无物，合群而不结党，"其状义而不朋，若不足而不承"。真人的状貌、心胸和境界，令人叹为观止，"与乎其觚而不坚也，张乎其虚而不华也；邴邴乎其似喜乎，崔乎其不得已乎，滀乎进我色也，与乎止我德也；厉乎其似世乎，謷乎其未可制也，连乎其似好闭也，悗乎忘其言也"（《大宗师》）。意思是，真人悠闲独立而不固执，心胸豁达而不浮华，情貌舒畅似乎很高兴，行事出于不得已，与人交往和蔼亲切，悠闲之态令人归依，心胸广阔好像与世人不同，行止高远而不受约束，高谈阔论而悠闲不迫，漫不经心好像忘了要说什么。

在庄子看来，像真人、至人、神人、圣人那样做到无己、无功、无名，首先要顺应自然。庄子认为，自然界和人类社会中的许多事情及其变化，人不能抗拒，也无力干预，只能安于现实，跟随事物变化。庄子借用孔子的言语说这是命运，"仲尼曰：'死生存亡，穷达贫富，贤与不肖毁誉，饥渴寒暑，是事之变，命之行也。'"（《德充符》）对于不可抗拒的命运，只要顺其自然，内心就会平静而不感到痛苦，精神就能够满足而不会恍惚，《大宗师》记载，子舆很丑。当友人问子舆是否有抱怨时，子舆回答："亡，予何恶！"子舆主张安时而处顺，还说命运如果把我的左臂渐渐变成公鸡，我就用它来报晓；如果把我的右臂渐渐变成弹子，我就用它来打斑鸠烤着吃；如果把我的尾骨渐渐变成车轮，使我的精神变成了骏马，我就不需要另找车马了。子舆有如此达观的心态，是因为他能够随性自然，"且夫得者，时也，失者，顺也。安时而处顺，哀乐不能入也。此古之所谓县解也，而不能自解者，物有结之。且夫物不胜天久矣，吾又何恶焉！"意思是，况且，我生是应时而来，死是顺时而去。安于时机，顺应变化，喜怒哀乐就不能进入心中。这就是古人所说的解除倒悬。那些不能自解心结的人，就会被外物所束缚。再说，自古以来，无论人还是事，都无法胜过命，我又有什么好厌恶的！

同时，要少私寡欲。人的欲望是心灵和精神不得自由的重要因素；人的欲望越多，心灵和精神的自由就越少。庄子把欲望区分为四种情况，即扰乱意志的欲望，"贵、富、显、严、名、利六者，勃志也"；束缚心灵的欲望，"容、动、色、理、气、意六者，谬心也"；拖累德性的欲望，"恶、欲、喜、怒、哀、乐六者，累德也"；堵塞大道的欲望，"去、就、取、与、知、能六者，塞道也"。这些欲望会使人不甘寂寞，违背自然而胡作非为，必须加以清除，"彻志之勃，解心之谬，去德之累，达道之塞"。只有清除了人的欲望，才能保持平和宁静的心态，安时处顺，委运任化，"此四六者不荡胸中则正，正则静，静则明，明则虚，虚则无为而无不为也"（《庚桑楚》）。意思是，如果这四个方面、各六种欲望不在胸中激荡，内心就会平正，内心平正就会宁静，宁静就会明澈，明澈就会虚寂，虚寂就会不妄为而无所不为。庄子认为，所有的欲望不外乎功名利禄、生老病死。如果能忘却功名利禄，看透生老病死，无己、无功、无名，那就是天地之大道、圣人之德性，"若夫不刻意而高，无仁义而修，无功名而治，无江海而闲，不道引而寿。无不忘也，无不有也，澹然无极而众美从之。此天地之道，圣人之德也"（《刻意》）。

此外，要绝圣弃智。庄子认为，智慧越多，心机就越多；心机越多，天下就越乱，"上诚好知而无道，则天下大乱矣"。就像弓箭多了，鸟就乱飞；渔网多了，鱼就乱游；竹篱多了，野兽就乱跑；诡计多了，世人就会被迷惑，"夫弓弩毕弋机变之知多，则鸟乱于上矣。钩饵网罟罾笱之知多，则鱼乱于水矣。削格罗落罝罘之知多，则兽乱于泽矣。知诈渐毒颉滑坚白解垢同异之变多，则俗惑于辩矣"。庄子把世道混乱归因于人们的智巧太多，"天下每每大乱，罪在于好知。故天下皆知求其所不知，而莫知求其所已知者，皆知非其所不善，而莫知非其所已善者，是以大乱"。意思是，天下常常大乱，产生罪过的原因在于人们喜欢智巧。天下人都知道去探索他所不知道的知识，而不知去探求他已经知道的知识，都知道非难他所认为不好的，而不知道非难他所认为好的，因而天下就大乱了。庄子崇尚的理想社会是"至德之世"，也就是老子说的"小国寡民"，人性纯真而没有智巧，民风淳朴而没有欲望，人人安居乐业，自由自在地生活。"子独不知至德之世乎？昔者容成氏、大庭氏、伯皇氏、中央氏、栗陆氏、骊畜氏、轩辕氏、赫胥氏、尊卢氏、祝融氏、伏牺氏、神农氏，当是时也，民结绳而用之，甘其食，美其服，乐其俗，安其居，邻国相望，鸡狗之音相闻，民至老死而不相往来。若此之时，则至治已。"庄子强烈呼吁人们抛却心机和人为的一切智巧，"绝圣弃知，大盗乃止。擿玉毁珠，小盗不起。焚符破玺，而民朴鄙。掊斗折衡，而民不争。殚残天下之圣法，而民始可与论议"（《胠箧》）。意思是，抛弃圣明，不用智巧，大盗就不存在；砸碎玉石，毁掉珠宝，小盗就不会产生；烧掉信符，毁掉印玺，人们就会回归淳朴；砸掉斗斛，折断秤杆，人们就不会起争执；彻底摧毁圣人的法度，百姓才有可能参与讨论。

五、庄周梦蝶

《齐物论》记载："昔者庄周梦为胡蝶，栩栩然胡蝶也，自喻适志与！不知周也。俄然觉，则蘧蘧然周也。不知周之梦为胡蝶与，胡蝶之梦为周与？周与胡蝶，则必有分矣。此之谓物化。"

庄子不仅是思想大师，而且是文学大师。庄子继承了老子"道法自然"的思想，更加崇尚自然之美，"静而圣，动而王，无为也而尊，朴素而天下莫能与之争美"（《天道》）。《庄子》一书具有极高的文学价值，是历史上第一部文学散文，对中国文学产生了重大而深远的影响。郭沫若指出："秦汉以来的一部中国文学史，差不多大半是在他的影响下发展的。"[1]"庄周梦蝶"的寓言故事通过奇幻怪诞的方式，集中体现了庄子的文学天才，充分展示了庄子自由不羁的浪漫主义精神。这就是思维想象的玄妙超绝，人物描述的神奇古怪，故事情节的变幻莫测，文章风格的恢诡谲

---

[1]　《郭沫若全集·文学编》（第19卷），人民文学出版社1992年版，第64页。

怪，艺术境界的浑然天成。凡是读过《庄子》的人，无不为之倾倒。庄周梦蝶是其中的典范，竟然被后人演绎得千姿百态，读之令人陶醉。李白悟到了飘逸，"庄周梦胡蝶，胡蝶为庄周。一体更变易，万事良悠悠"（《古风》）。李商隐感受到了迷惘，"庄生晓梦迷蝴蝶，望帝春心托杜鹃"（《锦瑟》）。陆游领略了闲适，"出赴盟鸥社，归寻梦蝶床。愚为度世术，闲是养生方"（《夏中杂兴》）。马致远则想到了人生如梦，"百岁光阴如梦蝶，重回首，往事堪嗟"（《夜行船》）。庄周梦蝶从一个侧面反映了庄子对于中国文学史的重要地位和作用。无怪乎郭象誉《庄子》一书为诸子"百家之冠"；金圣叹称《庄子》为"天下第一奇书"，将其与《离骚》《史记》《西厢记》《水浒传》和杜诗合称为"六才子书"；清宣颖说："庄子之文，长于譬喻。其玄映空明，解脱变化，有水月镜花之妙。且喻后出喻，喻中设喻，不啻峡云层起，海市幻生，从来无人及得。"（《南华经解》）

庄子对后世文学影响最大的是其浪漫主义精神。在中国文学史上，浪漫主义的鼻祖不仅有庄子，而且有屈原，两人都非常值得崇敬，风格却不尽相同。比较而言，庄子的胸襟更宽广，哲理更深刻。清胡文英对比庄子与屈原即三闾的哀怨，认为"庄子最是深情，人第知三闾之哀怨，而不知漆园之哀怨有甚于三闾也。盖三闾之哀怨在一国，而漆园之哀怨在天下；三闾之哀怨在一时，而漆园之哀怨在万世"。

庄子的浪漫主义是形象奇特。文学是描写人的，《庄子》一书刻画了许多人物，其中有些形象很奇特，"支离疏者，颐隐于脐，肩高于顶，会撮指天，五管在上，两髀为胁"。意思是，支离疏这个人，脸缩在肚脐里，双肩高过头顶，发髻朝天，五官朝上，两腿夹着肋骨。庄子不是简单地描写支离疏的身体残疾，而是为了描写支离疏不在意自己身体的残疾，自食其力，养活他人，享尽天年，进而说明人要忘我，归于自然，顺应天命，内在的精神美远远超过外在的形体和形象，"夫支离其形者，犹足以养其身，终其天年，又况支离其德者乎"（《人间世》）。有些是行为怪诞，"庄子妻死，惠子吊之，庄子则方箕踞鼓盆而歌"。妻子死了，庄子不哭泣，反而唱歌，其行为是够怪诞的，连好友惠施也看不过去，"惠子曰：'与人居，长子老身，死不哭亦足矣，又鼓盆而歌，不亦甚乎！'"庄子却告诉惠施，开始他也痛苦，"不然。是其始死也，我独何能无概然！"后来想到人的生死是自然而然的事情，生死两忘，相适于道，就不应该哭泣，"杂乎芒芴之间，变而有气，气变而有形，形变而有生，今又变而之死，是相与为春秋冬夏四时行也。人且偃然寝于巨室，而我嗷嗷然随而哭之，自以为不通乎命，故止也"（《至乐》）。

庄子的浪漫主义是想象丰富。没有想象力，就没有文学作品。庄子想象力之丰富，可谓千古一人，王国维盛赞庄子"想象力之伟大丰富"（《屈子文字的精神》）。宋黄震具体描述道："庄子以不羁之才，恣肆跌宕之说，创为不必有之人，设为不必有之物，造为天下所必无之事，用以渺末宇宙，戏薄圣贤，走弄百出，茫无定踪，固千万世诙谐小说之祖也。"（《黄氏日钞》）"浑沌凿窍"显示了庄子想象的包容广大，既有时间又有空间，既有宇宙又有人生，既有历史又有现实，"南海之帝为倏，北海之帝为忽，中央之帝为浑沌。倏与忽时相与遇于浑沌之地，浑沌待之甚善。倏与忽谋报浑沌之德，曰：'人皆有七窍，以视听食息，此独无有，尝试凿之。'日凿一窍，七日而浑沌死"（《应帝王》）。倏和忽属于时间和速度，南海、北海、中央属于空间方位。在浩渺的时空中，倏和忽按照人世的模式去分析，帮助浑沌，结果事与愿违，反而害了浑沌。浑沌凿窍不仅在于想象，更在于意境。庄子认为，天地万物就其本性而言是自然无为的，人世间也应该自然无为，"故曰：天地无为也，而无不为也。人也孰能得无为哉"（《至乐》）。而南海之帝和北海之帝的积极有为，主动作为，导致了中央之帝的死亡。好心办了坏事，古今中外这样的事例还少吗？

"任公子钓鱼"也是想象丰富。任公子制作了黑色粗绳和大钩，用50头牛做钓饵，蹲在会稽山顶，把钓竿投到东海，"任公子为大钩巨缁，五十犗以为饵，蹲乎会稽，投竿东海，旦旦而钓，期年不得鱼"。后来钓上大鱼的场景，很有想象力。被钓的鱼挣扎着掀起山一般的白浪，发出震惊千里的吼声。鱼之巨大，更有想象力，从浙东到苍梧以北的所有人都吃到了鱼，"已而大鱼食之，牵巨钩，錎没而下，骛扬而奋鬐，白波若山，海水震荡，声侔鬼神，惮赫千里。任公子得若鱼，离而腊之，自制河以东，苍梧已北，莫不厌若鱼者"。任公子钓鱼旨在说明要想取得惊人的成功，必须有超人之气概，用真功夫，花大力气，"夫揭竿累，趣灌渎，守鲵鲋，其于得大鱼难矣，饰小说以干县令，其于大达亦远矣"（《外物》）。意思是，拿着小竿细绳等候在小沟渠旁，守着些小鱼，想钓到大鱼就很难了。以浅薄学说为榜样，去追求美名的人，对于领悟大道而言，就差得太远了。因此，不曾领略过任氏之风的人，不可与其谈论事务，两者相差太远。庄子为了说明道理，描绘出一幅惊心动魄的图景，以便惊醒世人，给读者留下深刻的印象。

庄子的浪漫主义是感情强烈。感情是文学作品的原动力。一般认为，庄子很冷漠，主要表现为对社会现实强烈的批判态度。在《列御寇》中，庄子借孔子之口，把人心险恶骂了个狗血喷头。孔子说人心难测，比了解天时还要困难；人心险恶，比高山大川还要险恶，"凡人心险于山川，难于知天。天犹有春秋冬夏旦暮之期，人者厚貌深情"。接着孔子指出多种险恶人心，"有貌愿而益，有长若不肖，有慎懁而达，有坚而缦，有缓而釬。故其就义若渴者，其去义若热"。意思是，有的人貌似恭谨而内心骄傲，有的人貌似长者而内心不正，有的人外表急躁而通达事理，有的人外表坚强而内心软弱，有的人外表温和而内心急躁。所以有的人追求道义如饥似渴，抛弃道义也像避火一般。"螳螂捕蝉"则讲述了十分残酷的生存故事。蝉在树荫下鸣叫，不知螳螂在后；螳螂捕蝉后得意，不知异鹊在后；异鹊只顾捕螳螂，不知猎人的弹弓在后。庄子"蹇裳躩步，执弹而留之。睹一蝉，方得美荫而忘其身；螳螂执翳而搏之，见得而忘其形；异鹊从而利之，见利而忘其真"。面对如此残酷的生存故事，庄子都感到恐惧，不禁感慨："噫！物固相累，二类相召也"（《山木》）。意思是，唉！万物原本就是这样互相牵连的，都是因为利害而彼此互相招引啊。尽管庄子充满了批判精神，其实他的心肠还是很热的，对人间世保留着温情。胡文英认为："庄子眼极冷，心肠极热。眼冷，故是非不管；心肠热，故感慨无端。"（《庄子独见》）

庄子的浪漫主义是语言瑰丽。好的文学作品必然伴随着文采和优美的语言。庄子是当之无愧的语言大师，他创造的语言至今还活跃在现实生活之中，有许多甚至成了脍炙人口的成语。譬如相濡以沫，"泉涸，鱼相与处于陆，相呴以湿，相濡以沫，不如相忘于江湖。与其誉尧而非桀也，不如两忘而化其道"（《大宗师》）。这则成语是要说明顺应自然的道理。鱼儿涸在陆地，吐着唾沫相互濡湿，是不合自然的生存方式。合乎自然的生存方式是在江湖之中彼此遗忘。人类的生存也要合乎自然，像鱼儿忘记彼此一样忘记尘世的是非好恶。又如东施效颦，"故西施病心而颦其里，其里之丑人见而美之，归亦捧心而颦其里。其里之富人见之，坚闭门而不出，贫人见之，挈妻子而去走。彼知颦美，而不知颦之所以美"（《天运》）。这则成语是要表明认清自己的道理。任何人的存在都是独一无二的，盲目模仿别人，不仅模仿不成，反而弄巧成拙，连自己的长处也丢了，还会让人讨厌。又如越俎代庖，尧想把皇位让给许由，"许由曰：'子治天下，天下既已治也。而我犹代子，吾将为名乎？名者，实之宾也。吾将为宾乎？

鹪鹩巢于深林，不过一枝；偃鼠饮河，不过满腹。归休乎君，予无所用天下为！庖人虽不治庖，尸祝不越樽俎而代之矣。'"（《逍遥游》）这则成语是要证明无名无功的道理。许由拒绝帝王之位，是无名；不越俎代庖，是无功。无名无功，即是真人、至人、神人和圣人。庄子感情丰富，语言多变，善于把叙事与状物、抒情与议论有机结合起来，形成了自由奔放、汪洋恣肆，自然流畅、瑰丽华美，跌宕变幻、摇曳多姿的语言风格。宋高似孙赞叹道："如长江大河，滚滚灌注，泛滥于天下；又如万籁怒号，澎湃汹涌，声沉影灭，不可控搏。"（《子略》）

庄子之游收笔之际，意犹未尽，还在念叨游的韵味，神驰游的境界。游是庄子思想的核心和重要组成部分，道尽了庄子无穷的人生智慧。战国中期是一个黑暗的时代，能够保全性命，几乎是每个人的愿望，"天下有道，圣人成焉；天下无道，圣人生焉。方今之时，仅免刑焉"（《人间世》）。面对群雄逐鹿、血流漂杵的社会乱局，儒家和道家提出了不同的生存方式，儒家倡导积极入世，参与政治而居于庙堂；道家主张消极避世，躲开社会而隐迹山林。庄子属于道家，却提出既不入世又不避世的游世生存方式，既生活于社会世俗之中，又与社会世俗保持距离。游世不仅是向往自由生存，也是解决现实痛苦的选择，以求苟全性命于乱世。游世不是消极的，他愿意藏迹于现实社会，承担起基本的人伦责任和义务，"不谴是非，以与世俗处"（《天下》）；但也不是积极的，他不愿意与命运抗争，像孔子那样"知其不可而为之"（《论语·宪问》）。游世似乎是不认真的，庄子经常以轻松戏说的笔触来消解人生的悲苦；却又是严肃的，庄子始终以冷眼看待这个世界，在孤独中坚守着认真。游世不是儒家的用世，也不是一般道家的遁世，而是庄子的顺世。顺世是领悟道的真谛后的一种生存方式；在社会不得安定的时候，或许是一种更高明和智慧的生存方式，从而为人们的生存方式提供了新的选择。顺世既顺人又不失己，在追求自由的前提下，以出世的精神做入世的事情，在心灵与身体之间保持张力和平衡。诚如有的学者所言：顺世"并不是要人脱离现实世界，而是要在现实的社会和日常的生活中实现精神的超越。这就是要在平常的生活劳作中体悟人生的意义和价值，而获得人生的愉悦和自由"①。因此，大隐隐于朝，中隐隐于市，小隐隐于野。人生最高的境界是顺世而大隐。

---

① 强昱著：《知止与照旷——庄学通幽》，宗教文化出版社2004年版，第3页。

第九章　韩非之法

韩非（约前280—前233）是法家的集大成者，是中国古代伟大的思想家。韩非以道为基础，以法为核心，建构了法、术、势三位一体的思想大厦，为传统社会的中央集权和君主专制提供了理论依据。韩非的法家思想对传统社会的政治运行产生了重大而深远的影响。当时，秦始皇看到韩非的《孤愤》《五蠹》之书说："嗟乎，寡人得见此人与之游，死不恨矣"（《史记·老子韩非列传》）。在漫长的传统社会里，统治者大多是"习文法吏事，而又缘饰以儒术"（《史记·平津侯主父列传》），名义上是运用儒家思想治理国家，实际是运用法家思想治理国家。汉宣帝直言不讳地教训时为太子的汉元帝，"汉家自有制度，本以霸王道杂之，奈何纯任德教，用周政乎"（《汉书·元帝纪》）。苏东坡看得很明白，"自汉以来，学者耻言商鞅、桑弘羊，而世主独甘心焉，皆阳讳其名，而阴用其实"（《论商鞅》）。

一、韩非其人

韩非生活于战国末期，出身韩国贵族，具有浓郁的政治情结，曾积极上书韩王言政，主张以法治国，却不被采纳，反遭猜疑。在报国无门的境况下，韩非退而著书立说，为秦始皇所重视，遂到秦国出使。韩非在秦国并没有得到重用，反而遭到李斯、姚贾的陷害，冤屈入狱后被逼自杀。司马迁慧眼独具，将老子与韩非合并作《老子韩非列传》。具体记载如下：

> 韩非者，韩之诸公子也。喜刑名法术之学，而其归本于黄老。非为人口吃，不能道说，而善著书。与李斯俱事荀卿，斯自以为不如非。非见韩之削弱，数以书谏韩王，韩王不能用。于是韩非疾治国不务修明其法制，执势以御其臣下，富国强兵而以求人任贤，反举浮淫之蠹而加之于功实之上。以为儒者用文乱法，而侠者以武犯禁。宽则宠名誉之人，急则用介胄之士。今者所养非所用，所用非所养。悲廉直不容于邪枉之臣，观往者得失之变，故作《孤愤》《五蠹》《内外储》《说林》《说难》十余万言。

从《史记》记载分析，韩非是韩国王族之子，他的思想内容是刑名法术，理论根基是黄老之学。韩非和李斯都是荀子的学生，韩非说话结巴，表达能力不强，却善于思考写作，李斯自以为学业成就不如韩非，为后来的陷害埋下了伏笔。韩非关注政治，对韩国的衰弱和治国状况不满，"疾治国不务修明其法制，执势以御其臣下，富国强兵而以求人任贤，反举浮淫之蠹而加之于功实之上"。韩非还对儒、墨两家持批判态度，认为"儒者用文乱法，而侠者以武犯禁"。韩非屡屡上书，要求以法治国，变革图强，韩王却不予理睬，更没有重用。韩非悲感自己及廉洁正直的人不能容于韩国之君，于是考察古今成败得失，总结历史经验教训，著书立说十余万言。司马迁欣赏韩非的著作，全文照录了《说难》，主要阐述游说、进言或说服君王的内容和办法。司马迁感叹，韩非深知游说之道却死于游说君王之中，"余独悲韩子为《说难》而不能自脱耳"。

《韩非子》一书汇集了韩非的文章，司马迁具体点明了五篇著作，明确著有十余万言；《汉书·艺文志》记载"《韩子》五十五篇"。现存《韩非子》的篇数及字数，表面上与司马迁和《汉书》的记述几乎一致，实则有着很多不同的看法。在由谁编定成书的问题上，有的认为是汉代刘向整理内府图书时编辑而成，有的认为是秦国主管图书档案的人整理编辑而成。更大的分歧在于《韩非子》一书到底有多少是由韩非撰写的。任继愈将《韩非子》五十五篇文章分为五组，第一组确认不是韩非的文章有四篇；第二组确认是后来法家的文章有五篇；第三组关于古代历史故事的传说有八篇，是法家引用材料的工具书；第四组是对老子思想的解说有两篇；第五组属于韩非论文中的主要部分有二十八篇。任继愈认为，第一组最不可靠，第五组最可靠，第二、三、四组可作为参考性资料，存疑待考。[1]胡适更为悲观，甚至连司马迁的记录也不信，"《韩非子》十分之中，仅有一二分可靠，其余都是加入的。那可靠的诸编如下：《显学》《五蠹》《定法》《难势》《诡使》《六反》《问辩》。此外如《孤愤》《说难》《说林》《内外储》，虽是司马迁所举的篇名，但是司马迁的话是不很靠得住的。我们所定这几篇，大都以学说内容为根据"[2]。不过，一般认为，除《存韩》等个别文章外，《韩非子》中大部分文章可理解为韩非的著作，或体现韩非思想的著作。有的学者指出，《韩非子》的著作确实存在差异，"我们正好根据这些差异，清理出几条基本线索，看其嬗变的轨迹，结果《韩非子》五十五篇的多数，都可以加以早、中、晚期的归类，还原出一个有生命气息的韩非思想发展过程"[3]。

《韩非子》专门论证和阐述了君主专制思想，按照现代学科

---

① 参见王宏斌著：《慧通韩非子》，九州出版社 2007 年版，第 13—14 页。

② 胡适著：《中国哲学史大纲》，中华书局 2015 年版，第 315 页。

③ 杨义著：《韩非子还原》，中华书局 2011 年版，第 89 页。

分类，是中国古代一部无与伦比的政治学名著。《韩非子》汇集了先秦法家的政治主张，论述了以法治处理复杂政务民事的政治原理，形成了法、术、势三位一体的中央集权和君王专制的思想模式。在法、术、势三者关系中，韩非最推崇的是法，认为法是唯一标准，要求全面推行法治，"明主之国，令者，言最贵者也；法者，事最适者也。言无二贵，法不两适，故言行而不轨于法令者必禁"（《韩非子·问辩》，本章凡引用《韩非子》一书，只注篇名）。最优先的是术，以便君主能够有效地驾驭群臣，"人主之大物，非法则术也"（《难三》）。熊十力认为："韩非之书，千言万语，壹归于任术而严法，虽法术兼持，而究以术为先。"[1]《韩非子》虽然以思想内容见胜，却不可忽视它的文学成就。全书体裁多样、风格各异，众体皆备、绚丽缤纷，笔锋犀利、文风峻刻，富有逻辑和文学色彩。韩非是出色的辞章家，他推进了专题议论文走向更加成熟，格局宏大，结构严密，"论事入髓，为文刺心"（门无子《韩子迂评跋》）；开创了驳难文体，一般是先举史实，后发议论，尽显驳辩痛快、酣畅淋漓的风采；创新了韵文写作技巧，在句式、韵律和手段方法上超越了先秦诸子；改进了文风，做到观点鲜明、文笔优美，分析精辟、逻辑谨严，文辞遒劲、斩钉截铁，在文字、语言、修辞方面都对中国文学发展做出了重要贡献。

　　韩非的法家思想不是无源之水、无本之木，而是有着丰富的历史资源，主要是继承吸收了商鞅的法、申不害的术和慎到的势，将其融会贯通、改造创新，建构了完整的法家政治理论体系。商鞅是战国时期政治家，以崇尚法治著称，"今当世之用事者，皆欲为上圣，举法之谓也。背法而治，此任重道远而无马、

----

[1]　转引自孔庆平：《韩非子治道思想的核心及其困境》，载《中山大学学报（社会科学版）》2016 年第 6 期。

牛，济大川而无舡、楫也。今夫人众兵强，此帝王之大资也，苟非明法以守之也，与危亡为邻"（《商君书·弱民》）。商鞅辅佐秦孝公变法，史称"商鞅变法"，使秦国变得富足强大，"行之十年，秦民大说，道不拾遗，山无盗贼，家给人足。民勇于公战，怯于私斗，乡邑大治"（《史记·商君列传》）。申不害与商鞅同时，以崇尚术治著称，《吕氏春秋·任数》记载申不害评韩昭侯，认为君主要深藏不露，深不可测，才能驾驭臣下，"故曰：去听无以闻则聪，去视无以见则明，去智无以知则公。去三者不任则治，三者任则乱"。申不害被韩昭侯任为丞相，使韩国政局稳定而强盛，"申不害者，京人也，故郑之贱臣。学术以干韩昭侯，昭侯用为相。内修政教，外应诸侯，十五年。终申子之身，国治兵强，无侵韩者。申子之学本于黄老而主刑名"（《史记·老子韩非列传》）。慎到是赵国人，也与商鞅同时，曾在稷下学宫讲学，以崇尚势治著称。在慎到看来，龙蛇没有云雾的依托，就如蚯蚓和蚂蚁；贤人没有权势的依托，就只能臣服于小人，"飞龙乘云，腾蛇游雾，云罢雾霁，而龙蛇与蚓蚁同矣，则失其所乘也。贤人而诎于不肖者，则权轻位卑也；不肖而能服于贤者，则权重位尊也"（《难势》）。当然，韩非不是照搬照套，而是批判地继承，他认为商鞅的不足在于没有术，"无术，以知奸"；申不害的不足在于没有法，"申不害不擅其法，不一其宪令，则奸多"（《定法》），进而集先秦法家各派之大成而又超越了各派，成为中国历史上最有影响的法家思想家。

　　韩非对于商鞅、申不害、慎到，是形下之器的继承；对于老子，则是形上之道的继承，著有《解老》《喻老》，这是最早对老子思想的解读。韩非继承了老子之道，认为道是万物之源，"道者，万物之所然也，万理之所稽也"；道寓于万物之中，"天得之以高，地得之以藏，维斗得之以成其威，日月得之以恒其光，五常得之以常其位，列星得之以端其行，四时得之以御其变气"。

在道与万物的关系方面，韩非发展了老子之道，明确提出了"理"的观念，认为道是万物的根源，理是道与万物联系的中介；道是万物的总规律，理是万物借以互相区别的特殊规律，"理者，成物之文也；道者，万物之所以成也。故曰：'道，理之者也。'物有理，不可以相薄。物有理不可以相薄，故理之为物之制。万物各异理，万物各异理而道尽。稽万物之理，故不得不化；不得不化，故无常操"。由于有"理"的观念，韩非就把老子之道与政治联系在一起，发挥无为而治的思想，批判积极有为的做法，"凡法令更则利害易，利害易则民务变，民务变谓之变业。故以理观之，事大众而数摇之则少成功，藏大器而数徙之则多败伤，烹小鲜而数挠之则贼其宰，治大国而数变法则民苦之"。韩非甚至直接引用老子的言论，要求君主无为而治，"是以有道之君贵静，不重变法。故曰：'治大国者若烹小鲜。'"（《解老》）司马迁很有见地，指出法家理论真正的源头是老子之道，"申子卑卑，施之于名实。韩子引绳墨，切事情，明是非，其极惨礉少恩。皆原于道德之意，而老子深远矣"（《史记·老子韩非列传》）。

《韩非子》实际上是一部帝王学著作，这令人不禁想到16世纪意大利政治学者马基雅维利，他也对君王的统治术进行了专门研究，著有《君主论》。《君主论》鼓吹君主制，主要内容是论述君主如何取得政权和巩固政权。在马基雅维利看来，人性是自私和邪恶的，"人类是不知道感恩图报的，变幻无常的，虚伪的，临难图苟免，而且贪得无厌"[1]。君主为了巩固自己的统治，可以采取任何手段。国家权力不以道德和宗教为根据，只要对统治有利，不论道德或不道德的手段，基督教或异教的方法，都可以采用。马基雅维利认为，君主进行统治，必须把暴力与欺骗结合起来，学会同时扮演狮子和狐狸两种角色，既有狮子的凶猛，又

---

① 马啸原著：《西方政治思想史纲》，高等教育出版社1997年版，第204页。

有狐狸的狡猾，"他就应该效法狐狸和狮子。因为狮子不能够防止自己落入陷阱，而狐狸则不能够抵御豺狼。因此一位君主必须是狐狸，以便认出那些陷阱；同时又是狮子，以便使豺狼恐惧"①。马基雅维利甚至指出，为达到目的可以不择手段，不讲信义，不讲道德和情感，"目的总是证明手段是正确的"②。一位君主最好让人民认为仁慈，而不是残酷，但不能过分仁慈，必要时不怕承担残酷的罪名。至于受人民爱戴还是让人民畏惧，"对此二者必须有所取舍时，对于君主来说，也许令人畏惧比受人爱戴更安全"③。比较韩非与马基雅维利、《韩非子》与《君主论》，既有差别，又有同一。差别在于，两人生活年代不同，相差了1700多年；两人著书的目的不同，前者是为封建专制社会提供理论依据，后者是为新生的资产阶级制造舆论氛围。同一在于，两人都研究君人南面之术，选取了同样的人性预设，认可了同样的统治手段。不过，韩非更冷峻，走得更极端。同一还在于，《韩非子》与《君主论》命运相同，问世以来表面上都受到了责骂或封禁，实际却成了大大小小专制君主的教科书，受到统治者的顶礼膜拜。

二、好利恶害

人性是古今中外普遍关心的问题；人性论是政治思想的基础，不同的人性论必然推导出不同的政治治理模式。基于人性善的假设，必然强调个体的自觉和自我约束，建构德治型社会模式；基于人性恶的假设，则主张对个体行为的外在规范和强制，建构法

---

① 〔意〕马基雅维利著，潘汉典译：《君主论》，商务印书馆1985年版，第84页。
② 〔意〕马基雅维利著，潘汉典译：《君主论》，商务印书馆1985年版，第74页。
③ 〔意〕马基雅维利著，潘汉典译：《君主论》，商务印书馆1985年版，第80页。

治型社会模式。先秦思想家为了推行自己的政治观念，都从理论上探讨了人性问题，而基本的观点只有性善或性恶。孟子主张性善，认为人性善是先天固有的本质，"人性之善也，犹水之就下也。人无有不善，水无有不下"（《孟子·告子上》）。荀子则强调人性恶，明确"人之性恶，其善者伪也"（《荀子·性恶》）。韩非师事荀子，实质上继承了人性恶思想，具体化为人人好利欲利之心，"人无毛羽，不衣则不犯寒；上不属天而下不著地，以肠胃为根本，不食则不能活。是以不免于欲利之心"（《解老》）。熊十力认为："韩非子以为人之性，本无有善。凡人皆挟自为心，只知有利而已矣。韩非受学荀卿，卿言性恶，韩非之人性论，实继承荀卿性恶说，此无可讳言也。"①而且，韩非彻底撕开了人与人之间存有的温情脉脉的面纱，认为无论父子、夫妇，还是君臣、朋友，人人都"用计算之心以相待"（《六反》），不是互相利用、买卖交换，就是勾心斗角、尔虞我诈，从而把荀子性恶论推向了极端。有学者指出："中国哲学人性恶的理论，由儒家荀子倡其说，而由法家韩非立其说，性恶论至此已被推到极点。"②

韩非继承了荀子的人性论，却有着明显的差异。最明显之处在于概念不同，荀子言性恶，韩非言好利，"好利恶害，夫人之所有也"（《难二》）。《荀子》一书有"性恶"篇，专门阐述性恶的思想，而《韩非子》一书从未出现性恶的概念，也没有把性与恶联系在一起的相关论断。最根本的差异在于判断依据不同，荀子的人性恶是依据价值和理性思辨作出的判断，而韩非的好利是依据事实和经验作出的判断。荀子以善与恶作为分析框架，对人的好利之性作出价值判断，认为人性是恶的。韩非不是从抽象、空洞的善恶概念出发，而是从历史与现实中的实际行动及其相互

① 熊十力著：《韩非子评价》，台湾学生书局1978年版，第16—17页。

② 张立文著：《性》，中国人民大学出版社1996年版，第54页。

关系立论，认为利益是人们一切行为的出发点。韩非所讲的利益，既指经济利益，也指名誉、名声等社会需求，"凡人之有为也，非名之，则利之也"（《内储说上》）。韩非甚至认为人们对名的追求会重于对利的追求，"民之急名也，甚其求利也"（《诡使》）。无论名还是利，都是人们行为的动机，驱使人们不顾一切地追逐，"利之所在，民归之；名之所彰，士死之"（《外储说左上》）。韩非突破了善与恶的分析框架，以一种自然主义的笔触对人性只作事实描述，不作道德评价。最重要的差异在于逻辑结论，荀子明确提出人性恶的观点，却认为人性具有向善的可能，是可以改变的，"人之欲为善者，为性恶也"。而改变人性的主要途径是仁义道德，"古者圣王以人之性恶，以为偏险而不正，悖乱而不治，是以为之起礼义、制法度，以矫饰人之情性而正之，以扰化人之情性而导之也"（《荀子·性恶》）。韩非则完全否定仁义道德的作用，"故行仁义者非所誉，誉之则害功"（《五蠹》）。韩非认为人的好利本性是先天的，不可能改变，也无须改变，正好被君主利用来推行法治，"凡治天下，必因人情"（《八经》）。韩非与荀子在人性的概念、判断依据和逻辑结论等方面呈现出的差异，正是韩非对荀子人性思想的创新和发展，他超越荀子而成为法家的主要代表人物，荀子则留在儒家阵营受到冷落和白眼。

好利恶害是韩非人性论的基本观点。在韩非看来，好利恶害是人性的普遍现象，无论王公贵族还是一般平民，都有利欲之心；人们不论做什么事情，无不有其自私自利的目的。农民不辞辛劳地耕作，是因为有利，可以富裕起来；战士不怕丢掉性命而去打仗，是因为有利，可以由此显贵，"夫耕之用力也劳，而民为之者，曰：可得以富也。战之为事也危，而民为之者，曰：可得以贵也"（《五蠹》）。医生为人治病，不嫌病人脏和臭，是因为有利，"医善吮人之伤，含人之血，非骨肉之亲也，利所加也"。造船的人希望人们富裕，做棺材的人希望人们早死，并不是造船的人仁慈而做棺材的人不怀好心，而是利之所驱，"故舆人成舆，则欲人之富贵；匠人成棺，则欲人之夭死也。非舆人仁而匠人贼也，人不贵则舆不售，人不死则棺不买。情非憎人也，利在人之死也"。即使君主身边的显贵也是好利恶害的，"后妃、夫人、太子之党成而欲君之死也，君不死则势不重。情非憎君也，利在君之死也。故人主不可以不加心于利己死者"（《备内》）。意思是，后妃、夫人、太子的私党形成就希望君主早死；君主不死，他们的权势就不会加大。他们的本意不是憎恨君主，而是他们的利益在君主的死亡上。所以君主不能不留心那些认为自己死了对他们有利的人。

好利恶害是人天生具有的本性，自古而今皆是如此。韩非将历史发展分为上古、中古、近古三个时期，上古为有巢氏、燧人氏；中古为尧舜大禹；近古为殷周王朝。在韩非看来，各个时期或为名或为利都在进行争夺，"上古竞于道德，中世逐于智谋，当今争于气力"。对于实际利益的偏好和争夺，一方面，上古之世人们之所以不争，是因为无利可争。由于人口稀少，资源丰足，不需要为利而争；即使争夺，也是无利可图，"古者丈夫不耕，草木之实足食也；妇人不织，禽兽之皮足衣也。不事力而养足，人民少而财有余，故民不争。是以厚赏不行，重罚不用，而民自治"。当今之世人们之所以争夺，在于人口激增，财货紧缺，不争就得不到利益，"今人有五子不为多，子又有五子，大父未死而有二十五孙。是以人民众而货财寡，事力劳而供养薄，故民争，虽倍赏累罚而不免于乱"。另一方面，上古之人之所以推让皇位，是因为皇位不仅无利可图，而且是个苦差事，像尧的生活待遇还不如现在一个看门的人，"尧之王天下也，茅茨不翦，采椽不斫；粝粢之食，藜藿之羹；冬日麑裘，夏日葛衣；虽监门之服养，不亏于此矣"。意思是，尧统治天下时，茅草屋顶不用修剪，栎木椽子不用砍削；吃的是粗粮，喝的是野菜汤；冬天披的是质量很差的兽皮衣，夏天穿的是用葛纤维做的粗布衣，现在即使看门的人，吃穿也不会比这更差了。大禹治理天下时，则像奴隶般地辛苦劳动，"禹之王天下也，身执耒臿，以为民先，股无胈，胫不生毛，虽臣虏之劳，不苦于此矣"。所以，古时让渡皇位，只不过是让渡看门人的微薄待遇和奴隶的劳役，不值得特别赞誉，"以是言之，夫古之让天子者，是去监门之养，而离臣虏之劳也，古传天下而不足多也"。当今之世，人们之所以争夺官位，在于利益的驱动，有利可图且较为丰厚，"今之县令，一日身死，子孙累世絜驾，故人重之。是以人之于让也，轻辞古之天子，难去今之县令者，薄厚之实异也"（《五蠹》）。意思是，当今的县令，一旦死去，他的子孙接连几代都会有马车坐，所以人们看重县令的位置。因此，人们对于让位这件事，很容易辞掉古代的天子，却很难辞去现在的县令，这是因为利益待遇的大小实在是很不相同啊。

好利恶害的影响既广且深。广是指普遍性，所有人都有好利恶害之心，深是指好利恶害已经深入到血缘亲情关系之中。像父子之间这样的至亲关系，都是从自身利益出发考虑对方，"子、父，至亲也，而或谯或怨者，皆挟相为而不周于为己也"（《外储说左上》）。父母与子女是人间最亲近的关系，也是好利恶害，生了男孩就祝贺，生了女孩就溺死，"且父母之于子也，产男则相贺，产女则杀之。此俱出父母之怀衽，然男子受贺，女子杀之者，虑其后便，计之长利也"。不仅父母以好利恶害之心对待子女，子女对待父母也是如此。如果父母没有好好抚养孩子，孩子就会抱怨，长大后还会报复，不好好孝敬父母，"人为婴儿也，父母养之简，子长而怨；子盛壮成人，其供养薄，父母怒而诮之"。韩非进而感慨道："父母之于子也，犹用计算之心以相待也，而况无父子之泽乎？"（《六反》）

除了父母与子女之间有好利恶害之心外，夫妻之间也存有好利恶害之心，"卫人有夫妻祷者而祝曰：'使我无故，得百束布。'其夫曰：'何少也？'对曰：'益是，子将以买妾。'"（《内储说下》）意思是，卫国有一对夫妻向神明祈祷求福，妻子祈求说，让我没灾没病，得到一百捆布。她丈夫说，怎么这样少呢？妻子回答说，超过这个数字，你会用它来买妾。兄弟之间也存有好利恶害之心，像齐桓公那样，竟然为了王位杀掉了自己的兄长，"或曰：千金之家，其子不仁，人之急利甚也。桓公，五伯之上也，争国而杀其兄，其利大也"（《难四》）。韩非甚至否定舜的神圣性，认为他为了个人利益，也是放父杀弟，不仁不义，"瞽瞍为舜父而舜放之，象为舜弟而杀之。放父杀弟，不可谓仁。妻帝二女而取天下，不可谓义。仁义无有，不可谓明"（《忠孝》）。

好利恶害更存在于君臣之间。君臣之间就是利害算计的关系，"君臣之际，非父子之亲也，计数之所出也"。齐桓公的三个宠臣为了自己的利益，不顾亲情和自身性命，易牙为了让齐桓公吃到人肉，杀了自己的儿子，"易牙为君主味，君惟人肉未尝，易牙烝其子首而进之"。竖刁为了帮助齐桓公管理后宫，竟伤害自己的身体，"君妒而好内，竖刁自宫以治内"。意思是，齐桓公妒忌而喜好后宫女色，竖刁自宫来管理宫内事务。开方为了服务好齐桓公，竟十五年不去看望老母亲，"开方事君十五年，齐、卫之间不容数日行，弃其母，久宦不归"。韩非认同管仲的评论，易牙是"人情莫不爱其子，今弗爱其子，安能爱君？"竖刁是"人情莫不爱其身，身且不爱，安能爱君？"开方是"其母不爱，安能爱君？"（《难一》）韩非告诫君主不能信任臣子和任何人，否则就会受制于人，"人主之患，在于信人。信人，则制于人"。不能信任臣子和任何人，是因为君臣之间不是骨肉之亲，"人臣之于其君，非有骨肉之亲也，缚于势而不得不事也"。而且，"故为人臣者，窥觇其君心也，无须臾之休，而人主怠傲处其上，此世所以有劫君弑主也"。意思是，所以做臣子的，窥探君王的心思没有一刻停止，而君王却怠慢倨傲地处于朝堂之上，这就是世上有挟持甚至谋杀君王之事的原因。具体例子是，赵武灵王因为信任其子，而被奸臣李兑利用而饿死，"故李兑傅赵王而饿主父"；晋献公因为信任妻妾骊姬，却被奸臣优施利用而改立太子，"为人主而大信其妻，则奸臣得乘于妻以成其私，故优施傅丽姬杀申生而立奚齐"。韩非用赵武灵王和晋献公的事例说明任何人都不可信任，"夫以妻之近与子之亲而犹不可信，则其余无可信者矣"（《备内》）。韩非的论断虽然残酷，却是传统专制社会和宫廷争斗的实录。看待这个问题，韩非认为，君主不可信任任何人，却可利用人人皆有好利恶害之心，驾驭群臣，治理天下，"君有道，则臣尽力而奸不生；无道，则臣上塞主明而下成私"。明主之道的核心是掌握赏罚权力，"有赏者君见其功，有罚者君知其罪。见知不悖于前，赏罚不弊于后"。同时，辅之以其他政治手段，"一人不兼官，一官不兼事；卑贱不待尊贵而进论，大臣不因左右而见；百官修通，群臣辐凑"（《难一》）。意思是，一个人不能兼任几个官职，一种官职不能兼管几样事务。地位低的不必等待地位高的推荐进用，大臣不必依靠君主身边的亲信而得到信任。百官能够有秩序地沟通，群臣能够像车轮的辐条聚集到中心一样听命于君主。

三、法莫如显

韩非以法为核心建构了法家思想体系。法是韩非思想的最高范畴，集聚着韩非所有的政治理念和方法举措。韩非之法是一种"编著之图籍"的法律条文，是一种"设之于官府"的统治工具，是一种"布之于百姓"的行为规范，"法者，编著之图籍，设之于官府，而布之于百姓者也"（《难三》）。更重要的是，法的基本内容就是赏罚，"法者，宪令著于官府，刑罚必于民心，赏存乎慎法，而罚加乎奸令者也"（《定法》）。意思是，所谓法，就是法令由官府明确制定，刑罚在民众心中扎根，奖赏那些严格守法的人，惩罚那些触犯禁令的人。韩非之法思想内容广博，含义深刻。

法是国家治理的唯一手段，"故治民无常，唯法为治"（《心度》）。在韩非看来，只要有了法，就有了规矩。有了规矩，一个中等才能的君主，也能治理好国家，"使中主守法术，拙匠执规矩尺寸，则万不失矣"。反之，即使像尧这样的圣君也难以治理国家，"释法术而任心治，尧不能正一国；去规矩而妄意度，奚仲不能成一轮；废尺寸而差短长，王尔不能半中"（《用人》）。在传说中，奚仲是优秀的造车匠；王尔是能工巧匠。意思是，放弃法术而凭主观想法办事，尧也不能使一个国家平正；舍弃规矩而胡乱猜测，奚仲连一个车轮也做不成；废弃了尺寸而靠主观来区别长短，王尔也不能做到有一半符合标准。有了法，就能老有所养，幼有所长，边境安宁，消除灾祸，实现天下大治，"故其治国也，正明法，陈严刑，将以救群生之乱，去天下之祸，使强不陵弱，众不暴寡，耆老得遂，幼孤得长，边境不侵，君臣相亲，父子相保，而无死亡系虏之患，此亦功之至厚者也"（《奸劫弑臣》）。有了法，国家就能强大，没有法，国家只会衰弱。国家没有永远强大的，也没有永远弱小的，国家的强大与弱小取决于对待法的态度和强度。坚决奉行法者必强，无力奉行法者必弱，"国无常强，无常弱。奉法者强，则国强；奉法者弱，则国弱"。韩非举例说明法对于国家强弱的至关重要性，正是因为有了法，"故有荆庄、齐桓，则荆、齐可以霸；有燕襄、魏安釐，则燕、魏可以强"（《有度》）。意思是，有了楚庄王、齐桓公这样的法治人物，楚国和齐国就可以称霸；有了燕昭王、魏安釐王，燕国和魏国就可以强大。

法是君主治国的重器和主要工具，"人主之大物，非法则术

也"。在韩非看来，法之所以是君主治国的重器，在于依靠君主
一人之力难以治国，"以一人之力禁一国者，少能胜之"（《难
三》）。在于君主时间不够用，精力供应不足，"夫为人主而身
察百官，则日不足，力不给"。还在于君主不仅耳、目、心不够
用，而且臣下会耍弄欺骗的手段，"且上用目，则下饰观；上用
耳，则下饰声；上用虑，则下繁辞"。意思是，况且君主使用眼
睛，臣下就会修饰外观；君主使用耳朵，臣下就会修饰声音；君
主使用思虑，臣下就会夸夸其谈。因此，君主只有依靠法才能
治国，"先王以三者为不足，故舍己能而因法数，审赏罚。先王
之所守要，故法省而不侵"。只有依靠法，才能防止聪明机巧的
人、阴险浮躁的人和奸邪之人，君主"独制四海之内，聪智不得
用其诈，险躁不得关其佞，奸邪无所依"。只有依靠法，地方官
员才不敢造次，"远在千里外，不敢易其辞"。君主身边的官员
也不敢造次，"势在郎中，不敢蔽善饰非，朝廷群下，直凑单微，
不敢相逾越"。意思是，处在郎中的位置，也不敢隐瞒好事、掩
饰坏事；朝廷的大臣在下面，却直接将个人微薄的力量汇集到
君主那里，不敢互相逾越职守。只有依靠法，君主才能维护权
势，治国才能游刃有余，"故治不足而日有余，上之任势使然也"
（《有度》）。

　　君主以法治国，是保护老百姓的利益，"圣人之治民，度于
本，不从其欲，期于利民而已"。以法治国，不是憎恨老百姓，
而是真正爱护老百姓，"故其与之刑，非所以恶民，爱之本也"
（《心度》）。以法治国是法律加官吏，也是明君统治的秘诀，"明
主之国，无书简之文，以法为教；无先王之语，以吏为师"（《五
蠹》）。这段话实际道出了韩非政治思想的精神实质和全部内容，
即以法治国，一靠法律，二靠官吏。君主能够以一己之力控制国
家，就在于法律规范了所有人的行为，官吏保证了法律的执行。
法治是明君统治天下的根本措施，"故明君操权而上重，一政而

国治。故法者，王之本也；刑者，爱之自也"（《心度》）。意思是，所以贤明的君主掌握权力而地位尊贵，专一地实行法治，国家安定太平。因而法治是统治天下的根本，刑罚是爱护民众的开始。法治是君主在陆地行走的车马，在水中渡河的船桨。君主没有车马，就难以在陆地上行走；没有船桨，就难以在水中渡河；没有法治，就难以统治天下，更难以称王称霸，"治国之有法术赏罚，犹若陆行之有犀车良马也，水行之有轻舟便楫也，乘之者遂得其成。伊尹得之，汤以王；管仲得之，齐以霸；商君得之，秦以强"（《奸劫弑臣》）。

法治的核心是赏与罚，"故善为主者，明赏设利以劝之，使民以功赏而不以仁义赐；严刑重罚以禁之，使民以罪诛而不以爱惠免。是以无功者不望，而有罪者不幸矣"（《奸劫弑臣》）。韩非认为，赏与罚的依据在于人性好利恶害，"人情者，有好恶，故赏罚可用；赏罚可用，则禁令可立，而治道具矣。君执柄以处势，故令行禁止"（《八经》）。赏与罚有着不同功能，赏的功能是劝人向善，罚的功能是止人作恶，"圣王之立法也，其赏足以劝善，其威足以胜暴，其备足以必完"。通过奖赏，使有功之人地位高，竭力之人赏赐多，尽忠之人名声好，从而达到天下大治，"治世之臣，功多者位尊，力极者赏厚，情尽者名立"（《守道》）。赏与罚不能走形式、做样子，而要厚赏重罚。只有厚赏重罚，才能调动人们为君主效劳的积极性，"赏莫如厚，使民利之；誉莫如美，使民荣之；诛莫如重，使民畏之；毁莫如恶，使民耻之。然后一行其法，禁诛于私家，不害"（《八经》）。韩非经常把赏与罚相提并论，总体而言却是重刑主义者，认为重刑能够巩固君主地位，保证社会安定，"夫严刑重罚者，民之所恶也，而国之所以治也；哀怜百姓，轻刑罚者，民之所喜，而国之所以危也"（《奸劫弑臣》）。赏与罚两者比较，罚比赏更有作用，所以要重罚少赏。重罚少赏更能体现君主的爱民之心，"重刑少赏，上爱民，民死赏；

多赏轻刑，上不爱民，民不死赏"。君主不仅要重罚少赏，而且要轻罪重罚。轻罪重罚有利于"以刑去刑"，防止民众犯罪，"重刑明民，大制使人，则上利。行刑，重其轻者，轻者不至，重者不来，此谓以刑去刑。罪重者刑轻，刑轻则事生，此谓以刑致刑，其国必削"（《饬令》）。应该说，重刑思想的产生，与当时动乱的社会背景不无关系。

　　厚赏重罚是立法的原则，而执法的原则是一视同仁，信赏必罚。在韩非看来，执法最基本的原则是公平，"概者，平量者也；吏者，平法者也。治国者，不可失平也"。平法是要摆脱任何干扰执法的因素，才能做到公平执法。意思是，概用来量平斗斛，官吏用来使法制公平。治理国家的人，不能失掉公平。公平就要做到赏罚得当，如果不能赏罚得当，连神仙也无可奈何，尧也不能治理好国家，"利所禁，禁所利，虽神不行；誉所罪，毁所赏，虽尧不治"。同时，要避免私怨和私恩，实现"以罪受诛，人不怨上"；"以功受赏，臣不德君"（《外储说左下》）。因而韩非反复强调："明主之国，官不敢枉法，吏不敢为私，货赂不行。"（《八说》）执法最重要的特征是坚持法律面前人人平等，"诚有功，则虽疏贱必赏；诚有过，则虽近爱必诛"（《主道》）。尽管韩非之法的平等是在君主专制前提下的平等，是有限度的平等，却是政治思想理论的重要进步。除了君主拥有不受法律制裁的特权外，无论君主的宠臣，还是达官贵人，所有的臣民，一旦触犯法律，都必须予以惩处，任何人不能幸免。至于平民百姓，只要有功，都可以封赏。韩非之法的可贵，就在于打破了封建贵族的特权；韩非之法的进步，就在于平等意识的增长和平民地位的认可。韩非之法确实是在保护君主特权，同时也为全体臣民提供了保障。只要大家遵法守法，谁也不能无法无天，谁也不会被诬陷加害。

　　执法必须严格谨慎，既不能仁爱也不能暴虐，"仁者，慈惠而轻财者也；暴者，心毅而易诛者也"。在韩非看来，仁者容易

放纵犯罪，"慈惠，则不忍；轻财，则好与"。意思是，慈祥宽厚，
就下不了狠心；轻视钱财，就喜欢施舍。而暴者则会滥杀无辜，
"心毅，则憎心见于下；易诛，则妄杀加于人"。意思是，内心残
忍，憎恶别人的心思就会暴露在下属面前；轻易处罚，就会胡乱
杀人。仁者容易赏罚不明，"不忍，则罚多宥赦；好与，则赏多
无功"。而暴者容易造成怨恨和背叛，"憎心见，则下怨其上；妄
诛，则民将背叛"。无论仁者还是暴者，都不利于严格执法，都
在破坏法治，都会导致国家灭亡，"故仁人在位，下肆而轻犯禁
法，偷幸而望于上；暴人在位，则法令妄而臣主乖，民怨而乱心
生。故曰：仁暴者，皆亡国者也"（《八说》）。执法必须"法不阿
贵"，这是韩非之法最有价值的部分，充满着智慧与理性之光。
在两千多年的传统社会中，"王子犯法与庶民同罪"一直是人们
的期盼，更是政治清明的标志。无论赏与罚，还是厚赏重罚；无
论立法，还是执法，都必须把法律作为社会唯一被认可的强制性
行为规范，"法不阿贵，绳不挠曲。法之所加，智者弗能辞，勇
者弗敢争。刑过不避大臣，赏善不遗匹夫"（《有度》）。

　　法治不同于儒家的仁义治国，"吾以是明仁义爱惠之不足用，
而严刑重罚之可以治国也"。在韩非看来，仁义治国，君主就失
去了治国工具而难以治国，就像春秋末期善于驾车的造父失去了
驭马手段而难以驾车，"无捶策之威，衔橛之备，虽造父不能以
服马"（《奸劫弑臣》）。意思是，没有马鞭的威力和马嚼头的约
束，即使是造父也不能制服拉车的马匹。仁义治国，与法治原则
背道而驰。韩非认为儒以文乱法，还举了两个例子加以说明，一
个例子是儿子告发父亲偷羊，儒家认为告发的儿子是父母之暴
子，法家认为儿子是君之直臣，"楚之有直躬，其父窃羊而谒之
吏。令尹曰：'杀之！'以为直于君而曲于父，报而罪之。以是观
之，夫君之直臣，父之暴子也"。另一个例子是鲁人因为要赡养
父母，不肯死战。儒家认为怕死的儿子是父之孝子，法家则认为

是君之背臣，"鲁人从君战，三战三北。仲尼问其故，对曰：'吾有老父，身死，莫之养也。'仲尼以为孝，举而上之。以是观之，夫父之孝子，君之背臣也"。仁义治国，不如法治富有成效。韩非举例说，一个不成器的孩子，用父母的慈爱、乡亲的品德和老师的智慧教化他，都没有丝毫效果，"今有不才之子，父母怒之弗为改，乡人谯之弗为动，师长教之弗为变。夫以父母之爱、乡人之行、师长之智，三美加焉而终不动，其胫毛不改"。而法治则很容易改变这个不成器的孩子，使他弃恶从善，"州部之吏，操官兵，推公法，而求索奸人，然后恐惧，变其节，易其行矣"。意思是，直到地方官吏拿着官府的兵器，执行国家的法令，到处搜捕坏人的时候，他才感到恐惧，改变了坏品行，纠正了坏行为。韩非由此感慨："故父母之爱不足以教子，必待州部之严刑者，民固骄于爱，听于威矣。"(《五蠹》)

四、术不欲见

《韩非子》一书运用"法"的概念有436次，"术"的概念有163次，"势"的概念有178次。单纯从统计数字分析，无疑法是韩非的基本概念；韩非是以法为基础建构法家思想体系。然而，从思想内容分析，韩非却更重视术在政治统治中的地位和作用。韩非的全部思想都服务服从于君主专制的需要，术是专门为君主设计的统治手段，法则是为臣子设计的管理措施，"君无术则弊于上，臣无法则乱于下，此不可一无，皆帝王之具也"(《定法》)。不言而喻，韩非对术的关注优先于对法的关注，郭沫若认为韩非不应是法家，而是法术家，"严格地说，应该称为'法术家'"。因为韩非"采取了君主本位的立场，故他对于'术'便感觉着特殊的兴趣。他的书中关于'术'的陈述与赞扬，在百分之六十以上"①。

　　韩非之术是其思想中最精彩的部分，也是后人非议最多的部分。术有两层含义，一层是课能术或形名术，意指君主考察选拔官吏的方法，"术者，因任而授官，循名而责实，操杀生之柄，课群臣之能者也。此人主之所执也"（《定法》）。另一层是权谋术或治奸术，意指君主驾驭群臣、防奸止奸的各种手段，其特点是"不欲见"，不宜公开，"术者，藏之于胸中，以偶众端，而潜御群臣者也"（《难三》）。相对而言，法比术公开透明，术隐蔽而神秘；课能术比权谋术的透明度要高，权谋术更加隐蔽。在韩非看来，术产生的主要原因在于人性，君臣形成了不同的利害诉求，"臣主之利与相异者也。何以明之哉？曰：主利在有能而任官，臣利在无能而得事；主利在有劳而爵禄，臣利在无功而富贵；主利在豪杰使能，臣利在朋党用私"（《孤愤》）。由于君臣有着不同利益，君臣之间只能是一种互相利用的买卖关系，"臣尽死力以与君市，君垂爵禄以与臣市"（《难一》）。意思是，臣下拼死效力来换取君主的爵禄，君主设置爵禄以换取臣下的拼死效力。由于是买卖利用关系，君主就不能信任臣下，不能相信臣下有忠心诚意，只有用术驾驭臣下，迫使臣下不得不忠。君主如果无术，无论怎样用人，都是失败的，"无术以任人，无所任而不败"。具体而言，"任智则君欺，任修则君事乱，此无术之患也"（《八说》）。意思是，君主任用了智士，就会被欺骗；任用了有修养的人，就会被搞乱事情，这都是君主无术的祸害。

　　术与法既有联系又有区别，最大的区别在于术是君主驾驭群臣的手段，"此人主之所执也"；法是官吏管理百姓的依据，"此臣之所师也"。在韩非看来，术与法更多的是联系而不是区别，当有人问："申不害、公孙鞅，此二家之言孰急于国？"韩非认为

① 郭沫若著：《十批判书》，科学出版社1956年版，第349页。

不能这样比较和评价，因为术与法都是君主治理国家必须具备的东西，两者缺一不可，就像人饿了需要吃饭，寒了需要穿衣，吃饭和穿衣都是维持生命必须具备的东西，"人不食，十日则死；大寒之隆，不衣亦死。谓之衣食孰急于人，则是不可一无也，皆养生之具也"。当有人问："徒术而无法，徒法而无术，其不可何哉？"韩非认为术与法必须紧密结合在一起，才能治理好国家，才有可能称王天下或统一天下。韩非以申不害辅佐韩昭侯十七年为例，指出韩国不能称霸称王的原因，在于申不害有术无法，"故托万乘之劲韩，十七年而不至于霸王者，虽用术于上，法不勤饰于官之患也"。申不害不注重法令的统一，导致奸臣在新法与旧法之间牟取私利，抵消了用术带来的益处，"申不害不擅其法，不一其宪令则奸多。故利在故法前令则道之，利在新法后令则道之，利在故新相反，前后相悖，则申不害虽十使昭侯用术，而奸臣犹有所谲其辞矣"。商鞅辅佐秦孝公变法却不能成就帝王之业，在于商鞅有法无术，"商君虽十饰其法，人臣反用其资。故乘强秦之资数十年而不至于帝王者，法虽勤饰于官，主无术于上之患也"。商鞅变法是很有成效的，"公孙鞅之治秦也，设告相坐而责其实，连什伍而同其罪，赏厚而信，刑重而必。是以其民用力劳而不休，逐敌危而不却，故其国富而兵强"。商鞅变法由于无术，变法的结果就不能得到很好利用，"然而无术以知奸，则以其富强也资人臣而已矣"（《定法》）。意思是，君主没有术来了解奸邪，只不过是用国家的富强帮助奸臣罢了。当有人问："主用申子之术，而官行商君之法，可乎？"韩非认为，申不害和商鞅的缺点不仅在于没有把术与法结合起来，而且在于申不害之术和商鞅之法自身也不够完善，"申子未尽于术，商鞅未尽于法也"；"故曰：二子之于法术，皆未尽善也"（《定法》）。韩非不主张简单地用申不害之术和商鞅之法，实质是要采用他所倡导的法，更要采用他所倡导的术。

首先，要采用课能术。韩非之术广博深邃，不能简单地用权谋两字加以概括，其中的课能术，主要用于考核官吏、检验人才，许多内容至今仍有一定的参考价值。课能术也称形名术，所谓形，泛指各种客观事物的实际情况；名指事物的名称。任何事物都有形有名，形是名的内容，名是形的形式。形名术是考核官吏的形与名是否互相符合的办法，简称为"形名参同""审合刑名"，"名实相持而成，形影相应而立"（《功名》）。在《韩非子》一书中，形名术内容丰富。如果以言论为名，那么根据言论去做的事情和取得的功绩就是形，形名术要求事情与功绩必须合乎言论。如果以法令为名，那么执法办事就是形，执法办事必须合乎法令。如果以赏罚毁誉为名，那么功罪就是形，赏罚毁誉必须合乎功罪。如果以职务和地位为名，那么职权与实绩就是形，职权与实绩必须合乎职务和地位。韩非认为，考核既要看官员的职权与功效是否相称，又要看官员的言语与行为是否相称，相称就给予奖赏，不相称则给予处罚，"审合刑名者，言与事也。为人臣者陈而言，君以其言授之事，专以其事责其功。功当其事，事当其言，则赏；功不当其事，事不当其言，则罚"（《二柄》）。

课能术及审合刑名，一是考核官员的言行是否一致，既不能言大而行小，又不能言小而行大。无论哪一种情况，对于君主统治而言，都是有害的，必须加以处罚，"故群臣其言大而功小者则罚，非罚小功也，罚功不当名也；群臣其言小而功大者亦罚，非不说于大功也，以为不当名也，害甚于有大功，故罚"（《二柄》）。二是考察官员的德才表现，杜绝那些德不配位、能不配位的人混迹于官场。韩非为此讲述了一个"滥竽充数"的故事，重点不是指责南郭先生，而是批评齐宣王用人无术，导致贤能不分、智愚混杂。"齐宣王使人吹竽，必三百人。南郭处士请为王吹竽，宣王说之，廪食以数百人。宣王死，湣王立，好一一听之，处士逃。"（《内储说上》）三是考核官员的履职情况，既要防止履职不力，更要防止超越职权的行为。对于君主权威而言，臣子超越职权的害处甚于履职不力，"故明主之畜臣，臣不得越官而有功，不得陈言而不当。越官则死，不当则罪。守业其官，所言者贞也，则群臣不得朋党相为矣"（《二柄》）。意思是，所以圣明的君主蓄养臣下，臣下不能超越自己的职权去立功，不能陈述不适当的意见。超越自己的职权要严惩，意见不适当要治罪。臣下要恪守自己的职责，他所说的话都要与事实相符合，那么臣下就不能结成朋党营私舞弊了。

　　同时，要扬弃权谋术。如果说课能术具有较多的合理因素，那么，权谋术则含有更多的不合理因素。作为政治思想资源，课能术可以继承和采用，权谋术只能扬弃，更多采取否定的态度。权谋术属于"鬼道"，鬼道不讲道义，追求狡诈诡谲，隐蔽多变，给人以神秘莫测的威慑，"明主之行制也天，其用人也鬼。天则不非，鬼则不困"（《八经》）。在韩非看来，虚静无为是君主实施权谋术的前提，也是君主自我神化的重要手段。虚静无为，不是什么事也不做，只是表面上装得无所欲、无所好，没有个人成见，以使臣子无法窥见君主的偏好；去其智，绝其能，不表现聪明才智，以使臣子不好揣测君主的意向；掩其迹，匿其端，深居简出，以使臣子感到君主神秘莫测，产生敬畏心理。虚静与无为既有联系又有区别，联系在于二者是一个整体，缺一不可；区别在于虚静更多是内心的表现，无为则是行动的展示。虚静，意指抓住要害，以静制动，"圣人执要，四方来效。虚而待之，彼自以之。四海既藏，道阴见阳。左右既立，开门而当"。意思是，圣人掌握着国家的关键，四方的臣民就来效力。君主用虚静的态度对待他们，他们自然会用上自己的才能。君主胸怀中已经包藏四海，就可以从静中观察臣子的动态。辅佐的大臣既已按法制设立，君主就只需打开自己的耳目考察他们的行动。无为则是按事物的规律办事，不来回折腾，不要经常变更法令，"勿变勿易，与二俱行。行之不已，是谓履理也"。无为还与权谋有联系，让臣子积极地各司其职，履职尽责，恰如让鸡来负责报晓，让猫来负责抓老鼠，"夫物者有所宜，材者有所施，各处其宜，故上下无为。使鸡司夜，令狸执鼠，皆用其能，上乃无事"（《扬权》）。

驾驭群臣是君主权谋术的要害。韩非明确提出了七种管理控制臣子的办法，"七术：一曰众端参观，二曰必罚明威，三曰信赏尽能，四曰一听责下，五曰疑诏诡使，六曰挟知而问，七曰倒言反事。此七者，主之所用也"。这些权谋术并非都是阴谋，它在君主专制条件下，是权谋的有机组成部分。权谋之术可分为三个类别，一个类别是"众端参观"和"一听责下"，强调君主了解实情，全面观察考核臣下的言行。"众端参观"是从多方面验证臣下的言行，避免"观听不参则诚不闻，听有门户则臣壅塞"。意思是，君主考察臣下的行为和听取臣下的言论，如果不加以考验，就不能知道真实情况；如果只偏听一个人的话，那么臣下就可能会蒙蔽君主。"一听责下"是——听取臣下的言论，以便督责他们的行动，进而深入了解臣下的愚智情况，防止发生滥竽充数的现象，"一听则愚智不分，责下则人臣不参"。另一个类别是"必罚明威"和"信赏尽能"，强调君主运用赏罚手段诱导或迫使臣下忠心以尽力。"必罚明威"是对犯罪者坚决惩罚以显示君主的威严，要求君主不能仁爱太多，不能威严不足，否则会损害君主的权威和以法治国，"爱多者则法不立，威寡者则下侵上。是以刑罚不必则禁令不行"。"信赏尽能"是对立功者一定要奖赏，以使臣下竭尽才能，要求君主信守承诺，该奖励的必须奖励，该奖多少就奖多少，"赏誉薄而谩者下不用也，赏誉厚而信者下轻死"（《内储说上》）。

还有一个类别是"疑诏诡使""挟智而问"和"倒言反事"，强调君主要测试臣下是否忠诚，以防奸、察奸和去奸。"疑诏诡使"，是用可疑的命令诡诈地使用臣下，以考察他们是否忠诚。具体化为"数见久待而不任，奸则鹿散。使人问他则不鬻私"。意思是，君主屡次召见一些臣子来让他们长久地等待在身边而不任用他们做事，奸邪之人就会感到害怕而像鹿一样逃散。派人去办事而又通过另外的事来询问，臣下就不敢弄虚作假了。"挟智而问"，是拿已经知道的情况来询问臣下，以测试他们言论的真假，帮助君主既了解到原先不知道的情况，又弄清楚原先不清楚的事情，"挟智而问，则不智者至；深智一物，众隐皆变"。更重要的是，通过"挟智而问"，可以把握臣下的忠诚度，"韩昭侯握爪，而佯亡一爪，求之甚急。左右因割其爪而效之。昭侯以此察左右之不诚"。意思是，韩昭侯握住自己的手，假装掉了一片指甲，找得很急切。他身边的人因而割下自己的手指甲献给韩昭侯。韩昭侯用这种方法来考察身边的近臣对自己是否忠诚。"倒言反事"，意指说与本意相反的话和做与实情相反的事来刺探臣下的阴谋，"以尝所疑则奸情得"。譬如卫嗣公，为了知道边境集市的真实情况，故意派人扮作商客经过集市，受到关市官员的故意刁难，行贿后才被放行。事后，卫嗣公告知关吏，关吏不仅害怕，而且认为卫嗣公明察秋毫，"嗣公为关吏曰：'某时有客过而所，与汝金，而汝因遣之。'关市乃大恐，而以嗣公为明察"（《内储说上》）。

五、势以胜众

在韩非的政治理论中，法、术、势是一个有机整体，互相联系，不可分割。其中势是法与术的前提，法与术是势的运用，君主只有处势，才能抱法和行术；一旦失势，则既不可能抱法，也不可能行术。从这个意义上说，势比法与术更重要。"贤人而诎于不肖者，则权轻位卑也；不肖而能服于贤者，则权重位尊也。

尧为匹夫，不能治三人；而桀为天子，能乱天下；吾以此知势位之足恃，而贤智之不足慕也。"(《难势》)任何君主都是国家与权势的统一，国家是权势存在的根据，没有国家，就没有权势；权势是君主存在的依据，没有权势，也成不了君主。任何君主不仅要有国家，而且要有权势，"国者，君之车也；势者，君之马也"。君主不处势，就如同放弃了车与马，"夫不处势以禁诛擅爱之臣，而必德厚以与天下齐行以争民，是皆不乘君之车，不因马之利，释车而下走者也"(《外储说右上》)。意思是，不运用权势来限制和处罚那些擅自施行私恩的臣子，而用深厚的恩惠，和一般人用同样的做法去争取民众，这样的做法都像是不利用君主的车子，不依仗马的便利，丢掉车子而下车走路一样。

韩非强调势的重要性，是因为"势者，胜众之资也"(《八经》)。如同龙蛇因为有云雾之势，才能成为飞龙和腾蛇；力道不足的弩因为有风之势，才能把箭射到高处，"夫弩弱而矢高者，激于风也"(《难势》)。短木因为立于高山之势，才能俯视山河，"故立尺材于高山之上，下临千仞之溪，材非长也，位高也"。千斤重物因为有舟船之势，才能浮在水面运行，"千钧得船则浮，锱铢失船则沉，非千钧轻而锱铢重也，有势之与无势也"。人世间更是如此，"夫有材而无势，虽贤不能制不肖"(《功名》)。意思是，只有才能而没有位势，即使是贤德之人也不能制服无德无才之人。尧是一位圣王，如果没有权势，在进行教化时，就没有人会听从，一旦南面而王，就能令行禁止，"尧教于隶属而民不听，至于南面而王天下，令则行，禁则止。由此观之，贤智未足以服众，而势位足以诎贤者也"(《难势》)。孔子是天下圣人，鲁哀公是一个不高明的君主，由于没有权势，孔子只能臣服于哀公，"民者固服于势，势诚易以服人，故仲尼反为臣而哀公顾为君"。孔子不是因为仁义而臣服于哀公，"仲尼非怀其义，服其势也。故以义则仲尼不服于哀公，乘势则哀公臣仲尼"。韩非由此批判儒家的仁义治国论，"今学者之说人主也，不乘必胜之势，而务行仁义，则可以王，是求人主之必及仲尼，而以世之凡民皆如列徒，此必不得之数也"（《五蠹》）。意思是，现在的学者劝说君主，不是让君主依仗必胜的权势，而是让君主致力于行义就可以称王天下，要求君主必须做到像孔丘那样，又把世上的普遍民众都当成孔丘的门徒，这必定是行不通的办法。

韩非将势分为自然之势与人设之势。所谓自然之势，是指生下来就获得的权势，类似于继承权。自然之势是固定的，而继承者有贤与不肖之分，贤人得势，则势治而国家平安；不肖者继承，则势乱而国家动荡。继承者贤与不肖，非人力所能控制，只能听凭于命运，"夫尧、舜生而在上位，虽有十桀、纣不能乱者，则势治也；桀、纣亦生而在上位，虽有十尧、舜而亦不能治者，则势乱也。故曰：'势治者则不可乱，而势乱者则不可治也。'此自然之势也，非人之所得设也"。韩非一般不关注自然之势，而重视人设之势，"吾所为言势者，言人之所设也"。人设之势是坚持势治，反对贤治，"若吾所言，谓人之所得势也而已矣，贤何事焉？"势治与贤治矛盾而不相容，"夫贤之为道不可禁，而势之为道也无不禁，以不可禁之贤与无不禁之势，此矛盾之说也。夫贤势之不相容亦明矣"（《难势》）。意思是，按照贤治的原则，贤人是不受约束的；而按照势治的原则，无论什么人都要受约束，无约束的贤治与有约束的势治，就构成了矛盾。贤治与势治不能相容是明明白白的。

人设之势寄望于具有中等才能的君主，而不是聪慧圣明的贤人。韩非认为，像尧舜这样的圣明君主和桀纣这样的昏君暴君，历史上都是很少见的，大多数是既不杰出也不低劣的君主，"且夫尧、舜、桀、纣千世而一出，是比肩随踵而生也。世之治者不绝于中，吾所以为言势者，中也"。中等才能的君主只要握有权势，守住法度，就能治理好国家，"中者，上不及尧、舜，而下

亦不为桀、纣。抱法处势则治，背法去势则乱"。如果废势背法
而等待贤治，那就会经常有乱世而少有治世，"今废势背法而待
尧、舜，尧、舜至乃治，是千世乱而一治也"。反之，坚持势治，
就是多有治世而少有乱世，"抱法处势而待桀、纣，桀、纣至乃
乱，是千世治而一乱也"。势治与贤治两者完全不可同日而语，
治理结果就像骑着好马分道而驰，两者相距越来越远，"且夫治
千而乱一，与治一而乱千也，是犹乘骥駬而分驰也，相去亦远
矣"。只有贤治，而无势治，尧舜也无能为力，"无庆赏之劝，刑
罚之威，释势委法，尧、舜户说而人辩之，不能治三家"。恰如
善于造车的奚仲没有工具和规矩，"夫弃隐栝之法，去度量之数，
使奚仲为车，不能成一轮"。意思是，如果放弃了矫正曲木的工
具，丢掉了测量长短的尺度，让奚仲来造车，那么连一个轮子也
做不成。韩非强调："夫势之足用亦明矣，而曰'必待贤'，则亦
不然矣。"(《难势》)

　　韩非力主君主专制集权，树立独一无二的权威，占据至高
无上的权势。韩非一方面从形而上之道论证君主必须专制集权，
认为道是万物的根本，"夫道者，弘大而无形；德者，核理而普
至。至于群生，斟酌用之，万物皆盛，而不与其宁"。道产生万
物，"道者，下周于事，因稽而命，与时生死。参名异事，通一
同情"。意思是，道普遍存在于万事万物之中，它根据对事物的
考核而给予它们不同的名称，让它们随着时间的推移而产生和
死亡。考察万事万物的名称各有不同，而以道观之则没有实质区
别。然而，道与万物不同，独一无二而又支配一切，道的独一无
二必然要求君主专制，君主专制集权就是体现道的本质规定，"故
曰：道不同于万物，德不同于阴阳，衡不同于轻重，绳不同于出
入，和不同于燥湿，君不同于群臣。——凡此六者，道之出也。
道无双，故曰一。是故明君贵独道之容"。另一方面是运用比喻
说明君主必须专制集权，就像一个鸟窝不能有两只雄鸟，否则就

会争斗不已，"一栖两雄，其斗嗷嗷"；一个家庭不能有两个人同时尊贵，否则家务就难以作出决断，"一家二贵，事乃无功"；夫妻二人不能同时主持家务，否则儿子就会无所适从，"夫妻执政，子无适从"（《扬权》）。

君主专制集权，绝不能把权势借给臣下使用，"权势不可以借人。上失其一，臣以为百。故臣得借则力多，力多则内外为用，内外为用则人主壅"。韩非认为，权势是君主的深潭，臣下是深潭里的鱼。鱼一旦离开深潭就不会回来，君主失去权势就很难收回，"势重者，人主之渊也；臣者，势重之鱼也。鱼失于渊而不可复得也，人主失其势重于臣而不可复收也"（《内储说下》）。韩非指出，任何权力都不能借给臣下使用，听政权、用财权、号令权、教化权、用人权等都必须牢牢掌握在君主手中；否则，就会威胁君主的地位和权势，"臣闭其主，则主失位；臣制财利，则主失德；臣擅行令，则主失制；臣得行义，则主失明；臣得树人，则主失党。此人主所独擅也，非人臣之所以得操也"（《主道》）。意思是，臣下闭塞君主的耳目，君主就失去了俯视天下的地位；臣下控制了国家的财利，君主就失去了以利收买人心的恩德；臣下擅自发号施令，君主就失去了对号令的控制；臣下能施行仁义教化获取名声，君主就失去了他的圣明；臣下能够拉帮结伙、培植党羽，君主就真的变成了孤家寡人。这些权力生来就是君主独自行使的，不是臣下所能操纵的。韩非强调，尤为重要的是，君主不能把赏罚之权借给臣下使用。赏罚之权是国家最为锐利的武器，是治国最为重要的手段，只能君主独自掌握，任何人不得染指，"赏罚者，利器也。君操之以制臣，臣得之以拥主。故君先见所赏，则臣鬻之以为德；君先见所罚，则臣鬻之以为威。故曰：'国之利器，不可以示人。'"（《内储说下》）

君主的权势不仅不能借给臣下使用，而且不能与臣下共同使用。共同使用权势，就会分散权力，不能做到令行禁止，"赏罚共则禁令不行"。韩非举例加以说明，一为造父是驾驭能手，原因在于他独掌马缰绳和马鞭的权力，"造父御四马，驰骤周旋而恣欲于马。恣欲于马者，擅辔策之制也"。不过，造父有时也不能控制马的行为，"马惊于出彘而造父不能禁制者，非辔策之严不足也，威分于出彘也"。意思是，马突然被窜出来的猪所惊吓，使造父不能控制，其原因并不是马缰绳和马鞭的威力不足，而是被窜出的猪分散了这种威力。二为王子於期也是驾驭能手，他能根据马的喜好，专门用草料和水来控制马匹，"王子於期为驸驾，辔策不用而择欲于马，擅刍水之利也"。不过，王子於期有时也不能控制马匹的行为，"马过于圃池而驸驾败者，非刍水之利不足也，德分于圃池也"。意思是，马经过草圃和水池时，王子於期就控制不住它，原因不在于草料和水的好处不够，而在于好处被草圃和水池分散了。三为王良、造父共同驾驭一辆马车，前者掌握着马笼头的左边，后者掌握着马笼头的右边，那肯定不能行远，原因在于共同享用驾马的权力，"故王良、造父，天下之善御者也，然而使王良操左革而叱咤之，使造父操右革而鞭笞之，马不能行十里，共故也"。四为田连、成窍都是操琴的能手，如果让二人共弹一张琴，田连在琴首弹拨，成窍在琴尾按捺，那肯定不能成曲，原因在于共同享用弹琴的权力，"田连、成窍，天下善鼓琴者也，然而田连鼓上、成窍摩下而不能成曲，亦共故也"。韩非由此引出结论：君臣绝对不能共享权势。"夫以王良、造父之巧，共辔而御，不能使马，人主安能与其臣共权以为治？以田连、成窍之巧，共琴而不能成曲，人主又安能与其臣共势以成功乎？"（《外储说右下》）

君主专制集权，必须经常削弱臣下的权力。韩非认为，君主自身危险和国家灭亡，就在于臣下显贵和握有权势，对此不能不给予重视，"人主之所以身危国亡者，大臣太贵，左右太威也。所谓贵者，无法而擅行，操国柄而便私者也。所谓威者，擅权势而轻重者也。此二者，不可不察也"。君主主要依靠权势制服天下和征服诸侯，恰似马依靠筋力而行远路，"夫马之所以能任重引车致远道者，以筋力也。万乘之主，千乘之君，所以制天下而征诸侯者，以其威势也。威势者，人主之筋力也"。如果臣下得威擅势，那么君主就会失去国家，"今大臣得威，左右擅势，是人主失力；人主失力而能有国者，千无一人"（《人主》）。意思是，当今大臣取得了权威，左右侍从形成了势力，君主就失去了力量。君主失去了力量，还能拥有国家的，一千人中也没有一个。韩非要求君主要不断削弱臣下的权势，就像经常削剪树木，不要让它枝叶繁茂一样，"为人君者，数披其木，毋使木枝扶疏"。因为"木枝扶疏，将塞公闾，私门将实，公庭将虚，主将壅围"。意思是，臣下的枝叶茂密，将会把朝廷堵塞起来，私家就会充实富裕，朝廷就会门可罗雀，君主就将被壅蔽围困。要经常削剪树木，不要让臣下的势力扩充以逼迫君主的权势，"数披其木，无使木枝外拒；木枝外拒，将逼主处"。经常削剪树木，不要让臣下的势力大过君主的权势，以致本末倒置，"数披其木，毋使枝大本小；枝大本小，将不胜春风；不胜春风，枝将害心"。经常削剪树木，有利于维护君主权势，更好地运用君主的权势，"木数披，党与乃离。掘其根本，木乃不神。填其汹渊，毋使水清。探其怀，夺之威。主上用之，若电若雷"（《扬权》）。意思是，树木经常被削剪，枝叶一样聚集的朋党就离散了。将树根和树干都掘起来，大树就没有神气了。将奸党势力雄厚的深潭填起来，不要让水奔腾咆哮。探测臣下心中的阴谋，剥夺他们的权势。君主使用自己的权势，就像雷电一样迅疾果断。

韩非之法为秦始皇统一中国提供了思想武器，为传统社会的君主专制与中央集权提供了理论基础，无论褒贬，都无法回避和不容忽视。然而，韩非的法治与现代法治有着本质的差异，绝不能混淆。差异在于逻辑起点不同，韩非的法治以君主为逻辑起点，目的是为了更好地维护君主的专制统治；即便有积极意义，也仅限于君主为了富国强兵而一统天下时使用的手段。现代法治则以公民权利为逻辑起点，目的是维护公民权利，限制国家权力。差异在于精神实质不同，韩非的法治以权力否定权利，是君主用来驾驭群臣和统治民众的工具；现代法治以权利制约权力，是民众用来维护自身权利、限制国家权力的重要制度保障。差异在于人文内涵不同，韩非的法治缺乏人文意识，不尊重人的生命，以重刑为特点，目的是防范人民，维护君主专制的统治秩序；现代法治尊重人的生命，体现人文精神，目的是防止国家权力侵犯公民权利。差异在于理论基础不同，韩非的法治崇拜权力，歌颂权力，不担心权力的负面作用，只担心权力影响的缩小和权力作用的减弱。现代法治则认为权力是不可靠的，始终对权力抱有警惕，不是担心权力受约束，而是担心权力不受约束；不是担心权力影响会缩小和权力作用被削弱，而是担心权力具有的天然扩张性和自我膨胀能力。由于韩非的法治与现代法治有着这些差异，"法不阿贵""奉法者强"等思想就湮没在专制集权之中，失去了应有的光辉。对于韩非之法的历史作用和现实意义，不能评价过高、赞誉过盛。尤其在现代社会，无论如何都不能混淆韩非的法治与现代法治的内容，以利于更好地建设法治国家和现代社会，避免走入误区、引向歧途。

第十章　墨子之兼

墨子（约前468—前376）是墨家学派的创始人，是中国古代伟大的思想家。墨子出身平民，是中国历史上唯一"草根"出身的思想家，最为关心三大社会难题，即"饥者不得食，寒者不得衣，劳者不得息"（《墨子·非乐上》，本章凡引用《墨子》一书，只注篇名），进而以兼爱为核心，以节用、尚贤为支点，建构了墨家思想大厦。先秦时期，墨家与儒家并称为显学，"世之显学，儒、墨也。儒之所至，孔丘也。墨之所至，墨翟也"（《韩非子·显学》）。孟子评价："杨朱、墨翟之言盈天下。天下之言不归杨，则归墨。"（《孟子·滕文公下》）离奇的是，秦汉之时，墨学即销声匿迹，在漫长的传统社会里几乎没有什么影响，清末孙诒让指出："犷秦隐儒，墨学亦微。至西汉，儒复兴，而墨竟绝。"（《墨子间诂》）

一、墨子其人

比较而言，无论籍贯还是生年，在先秦思想家中，墨子其人更是云遮雾罩，《史记》记载只是在《孟子荀卿列传》中一笔带过，"盖墨翟，宋之大夫，善守御，为节用。或曰并孔子时，或曰在其后"。以致有的学者认为，司马迁粗枝大叶，"既有失先后，又有失轻重"①。《汉书·艺文志》沿袭《史记》的记载，但明确了墨子的时代及其书的篇数，"《墨子》七十一篇。名翟，为宋大夫，在孔子后"。汉高诱最早提出墨子的籍贯，"墨子，名翟，鲁人"（《吕氏春秋注》）。墨子生年主要依据《墨子》一书的史迹，孙诒让认为"生于周定王（前468—前441年在位）时"。钱穆细究《贵义》《公输》诸篇，考订墨子生于公元前479年，或略晚两年的公元前477年左右为要。②无论哪一种推断，都说明墨子在孔子之后，与孔子没有交集。墨子早年是向孔子的弟子游学，渐次发现儒家缺陷，于是产生了重大思想转折，从学习儒术转变为创立墨家学派，由学儒、尊儒转为反儒、非儒，"墨子学儒者之业，受孔子之术，以为其礼烦扰而不说，厚葬靡财而贫民，久服伤生而害事，故背周道而用夏政"（《淮南子·要略》）。

　　《墨子》一书的篇目及佚失情况相对清楚，各方争议不大。《墨子》原有七十一篇，由于流失亡佚，现为五十三篇。清毕沅有着简约而清晰的梳理，"《墨子》七十一篇，见《汉艺文志》。隋以来为十五卷，目一卷，见《隋经籍志》。宋亡九篇，为六十一篇，见《中兴馆阁书目》，实六十三篇，后又亡十篇，为五十三篇，即今本也，本存《道藏》中"（《墨子注叙》）。《墨子》内容广泛，涉及哲学、逻辑学、政治学、伦理学、军事学、工程学、几何学、力学、光学等。先秦的科学技术成就大都依赖《墨子》得以保存和流传。墨子成熟的思想为十论，按《墨子》的顺序是尚贤、尚同、兼爱、非攻、节用、节葬、天志、明鬼、非乐、非命。争议最大的是《墨子》的作者及其真伪问题，一般认为，《墨子》一书由墨子自著和弟子记述墨子言论两部分组成；

---

① 杨义著：《墨子还原》，中华书局2011年版，第6页。
② 参见钱穆：《墨子的生卒年代》，载《古史辨》（四），上海古籍出版社1982年版，第272—278页。

也有不少学者指出，《墨子》一书非墨子所著。有的认为全书皆为墨子门人乃至后人著录纂集而成，"书中多称子墨子，则门人之言，非所自著"（《四库全书总目》）。有的认为夹有伪作，"墨子自己并不曾著书。现有的《墨子》这书是汉人所纂集的，其中有些是墨家弟子的著录，有些还不是墨家的东西"①。

胡适对《墨子》一书的真伪提出了自己的看法，他在《中国哲学史大纲》中将《墨子》现存五十三篇分为五组。第一组自《亲士》到《三辩》，计七篇，"皆后人假造的"，尤其是"前三篇全无墨家口气，后四篇乃根据墨家的余论所作的"。第二组自《尚贤》到《非儒》，计二十四篇，"大抵皆墨者演墨子的学说所作的"。第三组自《经上》到《小取》，计六篇，"是《庄子·天下篇》所说的'别墨'做的。这六篇中的学问，决不是墨子时代所能发生的"，应为"惠施、公孙龙时代的'别墨'做的"。第四组自《耕柱》到《公输》，计五篇，"乃是墨家后人把墨子一生的言行辑聚来做的，就同儒家的《论语》一般"。第五组自《备城门》到《杂守》，计十一篇，"都是墨家守城备敌的方法，于哲学没甚么关系"。胡适强调第四组可能最重要，明确"研究墨学的，可先读第二组和第四组，后读三组，其余二组，可以不必细读"。②

对于胡适的分组，学界基本认同，但对于第一组的真伪却有着不同看法。梁启超认为前七篇之《亲士》《修身》《所染》"非墨家言，纯出伪托，可不读"，《法仪》《七患》《辞过》《三辩》"是墨家记墨学概要，当先读"③。杨义经过考证认为："《亲士》《修身》为与孔门七十子后学交游时所著，《所染》为近儒、脱

---

① 《郭沫若全集·历史篇》（第一卷），人民出版社1982年版，第463页。
② 胡适著：《中国哲学史大纲》，中华书局2015年版，第129—130页。
③ 梁启超著：《墨子学案》，山东文艺出版社2018年版，第9页。

儒之间所著,《法仪》《七患》《辞过》为脱儒后探索自身体系所著,后四篇已为墨门后学标明'子墨子言'或'曰',并做了若干修改。《三辩》虽与此六篇并列于《墨子》书前面,却是其弟子记述墨子言行之作,不应计入前六篇自著之列。"①杨义坚持过程原则,认为墨子学术的形成是一个过程,经过由儒而墨的重大转折,进而对《墨子》真伪提出了新的观点,"过程性原则,为我们从内在的生命过程上辨识《墨子》诸篇的真伪,提供了新的审视眼光。我们不能先验地设定'墨子只能如此'的框架,超出框架者,就不加辨析地断定为伪托。过程往往比框架更丰富,更有生命气息。一旦明白墨子学说的发生经历过S型曲折,存在过一个近儒脱儒的学术蜕变的生命过程,就不难发现,《墨子》书之流布,佚失者多(由《汉志》七十一篇,佚为今本五十三篇),而假托者少"②。实际上,今人研读墨子,只能以今本五十三篇为依凭,而不必过多地关注作者是谁及其真伪问题。

墨子思想不是凭空产生的,而是有着丰富的源泉。历代学者根据墨家苦行僧式的生活方式推断,墨家最初的源头在于尧舜,司马迁指出:"墨者亦尚尧舜道,言其德行曰:'堂高三尺,土阶三等,茅茨不翦,采椽不刮。食土簋,啜土刑,粝粱之食,藜藿之羹。夏日葛衣,冬日鹿裘。'"(《史记·太史公自序》)司马迁不仅道出了墨家的思想渊源,而且简明扼要地描述了墨家节俭的生活方式。最重要的源头在于夏禹。墨子学儒而非儒,主要是不认同周朝的繁文缛节,却崇尚夏禹的生活准则,以苦为乐,自甘受苦。在墨子看来,夏禹的生活准则和行为方式更符合自己的思想主张,因而夏禹是墨家的榜样。庄子明确指出,墨学源于夏禹,"墨子称道曰:'昔禹之湮洪水,决江河而通四夷九州也,名

① 杨义著:《墨子还原》,中华书局 2011 年版,第 22—23 页。
② 杨义著:《墨子还原》,中华书局 2011 年版,第 19 页。

山三百，支川三千，小者无数。禹亲操橐耜而九杂天下之川，腓
无胈，胫无毛，沐甚雨，栉疾风，置万国。禹大圣也，而形劳天
下也如此。'使后世之墨者，多以裘褐为衣，以跂蹻为服，日夜
不休，以自苦为极，曰：'不能如此，非禹之道也，不足谓墨。'"
（《庄子·天下》）最明显的源头在于尹佚和清庙之守。尹佚为西
周初年的太史，专门负责记录国君及国家的大事，其名言为"天
子无戏言"。班固所列的墨家著述中，以尹佚为首，说明墨学源
于尹佚，"《尹佚》二篇。周臣，在成、康时也"。班固又指出，
墨学源于清庙之守，"墨家者流，盖出于清庙之守。茅屋采椽，
是以贵俭；养三老五更，是以兼爱；选士大射，是以上贤；宗祀
严父，是以右鬼；顺四时而行，是以非命；以孝视天下，是以上
同；此其所长也。及蔽者为之，见俭之利，因以非礼，推兼爱
之意，而不知别亲疏"（《汉书·艺文志》）。清庙一词出自《诗
经·周颂》，原为祭祀周文王，后引申扩展为乐歌，追思、缅怀
先圣功绩，进而通指王室太庙，因其庄严肃穆，为王运启兴之象
征，事关国脉延续，遂为社稷重地。郑玄笺注："清庙者，祭有清
明之德者之宫也。"（《毛诗笺》）章太炎认为，墨家源于尹佚和清
庙之守是一回事，"墨家祖尹佚，《洛诰》曰：'蒸祭文王、武王，
逸祝册。'逸固清庙之守也"（《诸子略说》）。

　　研读墨子，离不开儒学。墨子为鲁人，自然受到鲁国文化的
熏陶。某种意义上说，鲁国文化也就是儒家文化。鲁国是周公之
邦，诗、书、礼、乐资源丰沛，"周礼尽在鲁矣，吾乃今知周公
之德与周之所以王也"（《左传·昭公二年》）。孔子的家乡在鲁
国，鲁国是儒家文化的重镇，即使在战国乱世，继承周礼的儒家
文化在鲁国仍然有着旺盛的生命力，"天下并争于战国，儒术既
绌焉，然齐鲁之间，学者独不废也"（《史记·儒林列传》）。而
且，墨子早年与孔子后学交游，在《墨子》中也能找到佐证。儒
者程子质疑墨子："非儒，何故称于孔子也？"墨子回答："是亦

当而不可易者也。今鸟闻热旱之忧则高，鱼闻热旱之忧则下，当此，虽禹汤为之谋，必不能易矣。鸟鱼可谓愚矣，禹汤犹云因焉。今翟曾无称于孔子乎？"（《公孟》）意思是，这也是正当而不能改变的。现在鸟儿听说要有炎热和干旱的灾难就飞向高处，鱼儿听说要有炎热和干旱的灾难就游向水下。在这个时候，即使让大禹和商汤为他谋划，也一定不能改变。鸟和鱼可以说是愚蠢的，可是大禹和商汤还是要依顺他们的做法。现在我怎么不能称赞孔子呢？更重要的是，儒墨同源，都称道尧舜和大禹。韩非认为，儒墨对尧舜只是理解的角度不同，"孔子、墨子俱道尧舜，而取舍不同，皆自谓真尧舜"。韩非感叹道，尧舜不可能复生了，谁能确定正统呢？"尧舜不复生，将谁使定儒墨之诚乎？"（《韩非子·显学》）孙诒让认为，孔子和墨子所学的内容是相同的，"孔墨皆修先圣之术，通六艺之论"（《墨子间诂》）。而且，儒墨于许多概念是通用的。韩愈认为墨子的尚同、尚贤、明鬼皆与孔子相通，故"孔子必用墨子，墨子必用孔子，不相用，不足为孔墨"（《读墨子》）；儒墨之辩乃是后学之争。

墨子与孔子同源，却没有合流，而是走向了分途，形成了对立。墨与儒的分途与对立，是多种因素综合作用的结果，其中出身不同是一个重要因素。孔子出身贵族，偏于理想，出于对礼崩乐坏社会的忧惧，更向往和谐正常的社会秩序，便致力于恢复周代的礼乐制度。墨子出身低贱，曾做过木工，重在现实。木工属于"士农工商"的第三等级，地位较低，更关心平民百姓的生活状态，更向往大禹那样与民同甘苦的君王。墨子对于贱人地位不仅不感到可耻，而且还感到荣光。楚献惠王的大臣穆贺认为墨子是贱人，君王就难以采纳他有益的建言，"子之言则成善矣，而君王，天下之大王也，毋乃曰'贱人之所为'而不用乎？"墨子先是以良药为喻加以反驳，"唯其可行。譬若药然，草之本，天子食之以顺其疾，岂曰'一草之本'而不食哉？"意思是，只要可行，就好比是良药，本来只是一棵草，天子服用了它却可以调治疾病，难道会说不过是一棵草而不吃它吗？接着以农夫为喻，说明不因农夫是贱人，就不享用他交的租税，"今农夫入其税于大人，大人为酒醴粢盛，以祭上帝鬼神，岂曰'贱人之所为'而不享哉？"继而以伊尹为喻，说明商汤不因伊尹是贱人而嫌弃他，商汤要去见伊尹，有人认为"伊尹，天下之贱人也"，不应该去见。商汤却指出伊尹对于国家而言就如良医善药，不让他去见伊尹，就是不想让国家繁荣昌盛，"非女所知也。今有药此，食之则耳加聪，目加明，则吾必说而强食之。今夫伊尹之于我国也，譬之良医善药也。而子不欲我见伊尹，是子不欲吾善也"（《贵义》）。墨子在与穆贺的对话中，实际是自比伊尹，认为自己有治国安邦的才能。

于是，墨子率领一班手足胼胝的苦行者，公开向温文尔雅的儒家挑战，最显著的标志是批判"士君子"。在《墨子》一书中，士君子是儒家学人的代名词，出现了41次，其中27次是专门批判儒家。《尚贤下》认为士君子只明白小道理，不明白大道理，"今天下之士君子，居处言语皆尚贤，逮至其临众发政而治民，莫知尚贤而使能，我以此知天下之士君子明于小而不明于大也"。《节葬下》批评士君子主张厚葬久丧，"今天下之士君子，将犹多皆疑惑厚葬久丧之为中是非利害也"。墨子指出，如果厚葬久丧，必然杀人陪葬，导致百姓贫穷，国家混乱，"天子杀殉，众者数百，寡者数十；将军大夫杀殉，众者数十，寡者数人"。《天志下》强调士君子欲遵循道义，就应顺从上天的旨意，"今天下之士君子之欲为义者，则不可不顺天之意矣"。然而，士君子却不顺从上天的旨意，不仁不义，不忠不惠，不慈不孝，"是故子墨子置立天之，以为仪法。吾以此知天下之士君子之去义远也"。意思是，所以墨子确立了天的意志，把它作为准则，我因此知道天下的士君子离开道义很远了。

墨子全面批判了儒家的思想主张，他认为"儒之道足以丧天下者，四政焉"。第一政是儒家不信鬼神，"儒以天为不明，以鬼为不神，天鬼不说，此足以丧天下"。第二政是儒家主张厚葬，"厚葬久丧，重为棺椁，多为衣衾，送死若徙，三年哭泣，扶后起，杖后行，耳无闻，目无见，此足以丧天下"。第三政是儒家重视礼乐歌舞，"弦歌鼓舞，习为声乐，此足以丧天下"。第四政是儒家信天命，"以命为有，贫富寿夭、治乱安危有极矣，不可损益也。为上者行之，必不听治矣；为下者行之，必不从事矣，此足以丧天下"（《公孟》）。意思是，儒家认为命是有的，贫穷富贵长寿夭折，治理混乱安定危难，都是有定数的，不可以减少或增加。在上位的人这样做，一定不能处理政务；在下面的人这样做，一定不能从事生产，这就足以丧失天下。

墨家思想和学派可谓其兴也勃焉，其亡也速也，个中缘由令人深思。先秦时期，墨学与儒学一起成为显学，对峙论辩，显赫三百余年，为道家、法家等所不及。当时，墨子拥有大量弟子，墨家赢得了无数信徒，荀子指出："礼乐灭息，圣人隐伏，墨术行。"（《荀子·成相》）然而，秦汉之际，尤其是汉武帝之后，墨学中绝，几近销声匿迹，在此后的中国历史上也没有任何影响和作用。墨学中绝的原因是多重的，也是古今学者一直探讨的课题。古代学者对此已有论述，在孟子看来，墨学不符合血缘宗法制度的需要，"杨氏为我，是无君也；墨氏兼爱，是无父也。无父无君，是禽兽也"（《孟子·滕文公下》）。在庄子看来，墨子之学使人悲苦，违背人性，"不类万物之情"；难以学成，"恐其不可以为圣人之道，反天下之心，天下不堪"（《庄子·天下》）。在王充看来，墨学忽视了"人情欲厚恶薄，神心犹然"，使人们难以遵从他们的主张，"且案儒道传而墨法废者，儒之道义可为，而墨之法议难从也"；墨学"废而不传，盖有以也"（《论衡·案书》）。

今之学者则作了更多的探讨，有的认为墨学代表小生产者的利益和愿望，而小生产者不是先进生产力和生产关系的代表，"墨学今天之所以应该给予足够的重视，主要是因为他反映了春秋战国时代开始觉醒的小生产者的要求和愿望，以及他们的局限。但是历史的发展表明，小生产者这一阶层不是新的生产关系的体现者，他们没有条件取代世袭贵族走上政治舞台。墨子和他学派的命运，也和他们所代表的阶层的命运一样，在当时和后世不得不陷于悲剧性的结局"[①]。有的认为是由于自身的原因而中绝，"在我看来，墨学的失传倒是由于自己瓦解。第一是由于墨家后学多数逃入了儒家、道家而失掉了墨子的精神，第二是由于墨家后学过分接近了王公大人而失掉了人民大众的基础"[②]。有的认为要从主客观两个方面探讨墨学中绝的原因，"在主观方面，要注意墨家'兼爱'的空想性，毕竟墨家'兼爱'是其思想的核心；在客观方面，要注意'墨学中绝'的具体时间即西汉中后期的社会背景的影响，尤其是不要忽视汉武帝罢黜百家、独尊儒术的影响，这样才能更好地把握这个问题，因为这两个问题才是墨学衰微的最主要原因"[③]。

二、尊天事鬼

宗教是人类的文化现象，先秦时期没有产生真正意义上的宗教，却有着厚重的宗教积淀，大多以天、鬼、神的面目呈现于世人眼前。墨子明确肯定天、鬼、神的存在，强调要尊天事鬼，"夫知者，必尊天事鬼，爱人节用，合焉为知矣"（《公孟》）。天作为

---

① 任继愈著：《墨子与墨家》，商务印书馆 1998 年版，第 113 页。
② 郭沫若著：《青铜时代》，科学出版社 1957 年版，第 172 页。
③ 薛柏成著：《墨家思想新探》，黑龙江人民出版社 2006 年版，第 17 页。

至上神，形成于殷商时期，"惟天监下民，典厥义。降年有永有不永，非天夭民，民中绝命。民有不若德，不听罪"（《尚书·高宗肜日》）。意思是，上天监视下民，赞美他们合宜行事。上天赐给人的年寿有长有短，并不是上天使人夭折，而是有些人自己断绝自己的性命。有些人有不好的品德，有不顺从天意的罪过。殷商时期，鬼神的概念也已出现，"殷人尊神，率民以事神，先鬼而后礼"（《礼记·表记》）。天鬼神的产生源于对先民祖先的崇拜和对大自然神秘力量的畏惧。与天鬼神相联系的是祭祀活动，周朝设有大宗伯一职专司祭祀，"大宗伯之职，掌建邦之天神、人鬼、地示之礼，以佐王建保邦国"（《周礼·春官》）。孔子对祭祀活动十分重视，"子之所慎：齐、战、疾"（《论语·述而》）。意思是，孔子关注和小心谨慎的事情有三件，这就是祭祀、战争和疾病，其中祭祀放在了第一位。

先秦时期，人们对于天鬼神的态度一直发生着变化，总体趋势是宗教信仰和天鬼神的权威逐步被削弱，理性思辨和人的作用不断升华，具体化为原始的鬼神崇拜、殷商的重天敬鬼和西周的以德配天。春秋战国时期，人占据了主导地位，天鬼神处于辅助位置。诸子百家有的怀疑天鬼神，有的否定天鬼神。老子明确以道的观念取代天鬼神，"有物混成，先天地生。寂兮寥兮，独立不改，周行而不殆，可以为天下母。吾不知其名，字之曰道，强为之名曰大"（《老子·第二十五章》）。孔子则以非常理性的态度对待天鬼神，一方面是回避，"子不语怪、力、乱、神"（《论语·述而》）。当有人问及鬼神问题时，孔子不给予正面回答，"季路问事鬼神。子曰：'未能事人，焉能事鬼？''敢问死？'曰：'未知生，焉知死？'"（《论语·先进》）另一方面是不否定，"务民之义，敬鬼神而远之，可谓知矣"（《论语·雍也》）。孔子重视祭祀，强调的是祭祀主体而不是对象，"祭如在，祭神如神在"（《论语·八佾》）。祭祀主体必须以适当的礼仪，带着虔诚的心灵，崇敬已经成为鬼神的祖先，却不必在意鬼神对于人世间的作用和影响。令人吊诡的是，墨子作为"草根"出身的思想家，却具有鲜明的宗教色彩，主张尊天事鬼，认为天是万物的最高主宰，鬼神能够赏善罚恶。梁启超也感到不解，"'天志''明鬼''非命'三义，组成墨子的宗教。墨子学说，件件都是和时代潮流反抗，宗教思想亦其一也。说天说鬼，原是古代祝史的遗教。春秋战国时，民智渐开；老子、孔子出，大阐明自然法；这类迷信，已经减去大半了。像墨子这样极端主张实际主义的人，倒反从这方面建设他学术的基础，不能不算奇怪"①。

尊天事鬼是墨子思想的重要组成部分，不仅为其思想提供了理论支撑，而且保障其思想的推广施行。在《墨子》一书中，很多篇章都讨论了尊天事鬼的思想，而重点是尊天，假天行道。所谓天志，就是上天的意志。在墨子看来，天是人格神，具有意志和力量。天志包括天欲，即天有欲望，"天欲义而恶不义。然则率天下之百姓以从事于义，则我乃为天之所欲也。我为天之所欲，天亦为我所欲"（《天志上》）。意思是，上天希望仁义而厌恶不仁义。那么率领天下的百姓来从事仁义的事业，我就是在做上天所希望的事情。我做上天所希望的事情，上天也会做我所希望的事情。天志包括天德，在天与我互欲所欲中，要有利于天、鬼、人，"观其事，上利乎天，中利乎鬼，下利乎人。三利无所不利，是谓天德"。天志还包括天贼，在天与我互欲所欲中，要避免三不利，"观其事，上不利乎天，中不利乎鬼，下不利乎人。三不利无所利，是谓天贼"（《天志中》）。

天志的内容是仁义。墨子对此作了详细论证，他认为要推行仁义，就必须知道仁义从何而来，"今天下之君子之欲为仁义者，则不可不察义之所从出"。仁义不可能来自愚蠢且低贱的人，只

---

① 梁启超著：《墨子学案》，山东文艺出版社 2018 年版，第 30 页。

可能来自富贵且有智慧的人，"义不从愚且贱者出，必自贵且知者出"。之所以如此，是因为"义者，善政也。何以知义之为善政也？曰：天下有义则治，无义则乱，是以知义之为善政也"。善政就是富贵而有智慧的人去管理愚蠢而低贱的人，"夫愚且贱者，不得为政乎贵且知者，然后得为政乎愚且贱者，此吾所以知义之不从愚且贱者出，而必自贵且知者出也"。那么，谁是贵者，谁是智者，墨子明确回答是天，所以仁义源自天，"天为贵、天为知而已矣。然则义果自天出矣"。天出仁义，是"欲人之有力相营，有道相教，有财相分也；又欲上之强听治也，下之强从事也。上强听治，则国家治矣；下强从事，则财用足矣"。意思是，希望有力气的人去帮助别人，有道术的人互相教授，有财物的分给别人；又希望在上位者勤勉地处理政务，在下面的人努力工作。在上位者勤勉地处理政务，国家就能得到治理；下面的人努力工作，财富就会充足。反之，就是天之不欲，"不欲大国之攻小国也，大家之乱小家也，强之暴寡，诈之谋愚，贵之傲贱，此天之所不欲也"（《天志中》）。

天志的作用是赏善罚恶。墨子认为，赏善罚恶的标准是顺天还是逆天，顺天者得赏，逆天者受罚，"爱人利人，顺天之意，得天之赏者有矣；憎人贼人，反天之意，得天之罚者亦有矣"。顺天还是逆天的关键在于是否爱民。墨子强调上天爱民深厚，对于滥杀无辜者，必然给予惩罚，"曰：杀不辜者，天予不祥。不辜者谁也？曰：人也。予之不祥者谁也？曰：天也。若天不爱民之厚，夫胡说人杀不辜而天予之不祥哉？此吾之所以知天之爱民之厚也"。意思是，杀了无辜的人，天会给予不祥。无辜是谁啊？是人。给予不祥者是谁啊？是上天。如果天不是深深地爱着人，怎么能说杀了无辜的人，而上天就会给予他不祥呢？这就是我知道上天深深地爱着人的原因。墨子进一步用历史事实说明上天奖赏顺天爱民者，"夫爱人利人，顺天之意，得天之赏者谁也？

曰：若昔三代圣王，尧舜禹汤文武者是也。尧舜禹汤文武焉所从事？曰：从事兼，不从事别。兼者，处大国不攻小国，处大家不乱小家，强不劫弱，众不暴寡，诈不谋愚，贵不傲贱"。否则，上天就要给予惩罚，"夫憎人贼人，反天之意，得天之罚者谁也？曰：若昔者三代暴王桀纣幽厉者是也。桀纣幽厉焉所从事？曰：从事别，不从事兼。别者，处大国则攻小国，处大家则乱小家，强劫弱，众暴寡，诈谋愚，贵傲贱"。墨子指出，上天的赏善罚恶还要通过文字记录下来，传之后世以识别圣王还是暴君，"不止此而已，又书其事于竹帛，镂之金石，琢之盘盂，传遗后世子孙"（《天志中》）。

天志无远弗届，谁也逃脱不了它的审视。墨子通过家、国、天的关系，层层推进，深入论证，强调天无所不在，笼罩着万物，无人能逃出它的视野，因而是不能得罪的。如果在家里得罪了家长，可以到邻居家去躲避，"若处家得罪于家长，犹有邻家所避逃之。然且亲戚、兄弟所知识，共相儆戒，皆曰：'不可不戒矣！不可不慎矣！恶有处家而得罪于家长而可为也！'"如果在朝廷得罪了国君，可以到邻国去躲避，"非独处家者为然，虽处国亦然。处国得罪于国君，犹有邻国所避逃之。然且亲戚、兄弟所知识，共相儆戒，皆曰：'不可不戒矣！不可不慎矣！谁亦有处国得罪于国君而可为也。'"如果得罪了上天，那就没有任何地方可以躲避了，"语言有之曰：'焉而晏日，焉而得罪，将恶避逃之？'曰：无所避逃之。夫天不可为林谷幽闲无人，明必见之"（《天志上》）。意思是，有古语说，在这光天化日之下，有所得罪，将要逃到哪里去呢？回答是没有地方可以逃避。对于上天来说，没有深山深谷没有人的地方，都可以清晰地看到。

天与鬼神有区别，而联系更多。墨子经常是天鬼神连用，"尚贤者，天、鬼、百姓之利，而政事之本也"（《尚贤下》）。在墨子看来，天志作为最高主宰，鬼神作为天志的践行者，两者相辅相成，共同作用于社会。鬼神与天最大的契合点在于能够赏善罚恶，"尝若鬼神之能赏贤如罚暴也，盖本施之国家，施之万民，实所以治国家、利万民之道也"。鬼神能够明察秋毫，发现官吏的不良行为，"是以吏治官府之不洁廉，男女之为无别者，鬼神见之"；发现民众的不法行为，"民之为淫暴寇乱盗贼，以兵刃毒药水火退无罪人乎道路，夺人车马衣裘以自利者，有鬼神见之"。意思是，人们去做寇乱盗窃之事，施用刀、毒药、水火，在道路上抢劫无辜的人，夺走别人的车马衣服以使自己获得利益，也有鬼神能看到。正因为鬼神明察秋毫，所以官员不敢不廉洁，民众不敢违法，"是以吏治官府不敢不洁廉，见善不敢不赏，见暴不敢不罪。民之为淫暴寇乱盗贼，以兵刃毒药水火退无罪人乎道路，夺车马衣裘以自利者，由此止"（《明鬼下》）。

鬼神也像天一样，赏善罚恶，无远弗届。任何人都躲避不了鬼神的审视，"故鬼神之明，不可为幽闲广泽、山林深谷，鬼神之明必知之"。任何力量也阻挡不了鬼神的惩罚，"鬼神之罚，不可为富贵众强、勇力强武、坚甲利兵，鬼神之罚必胜之"。墨子举例说明鬼神的力量是无穷且不可战胜的，即使像夏桀那样贵为天子，富有天下，拥有军队和各种有利条件，只要他犯了天条，也逃脱不了鬼神的惩罚，"故昔夏王桀贵为天子，富有天下，有勇力之人推哆、大戏，生列兕虎，指画杀人。人民之众兆亿，侯盈厥泽陵，然不能以此圉鬼神之诛"。墨子告诫人们，不要怀疑鬼神的存在，鬼神是天下和平、国家安宁的保障，"今若使天下之人，偕若信鬼神之能赏贤而罚暴也，则夫天下岂乱哉"（《明鬼下》）。墨子出身于"草根"，没有可以动用的政治资本，只能诉诸鬼神的监督，动用民间鬼神信仰以支持其政见，鼓舞追随者的信心。诚如有的学者所言："墨子不但尊天以倡天志，而且还明确肯定鬼神存在的真实性，从而把天和鬼神紧密结合在一起，共同组成一个尺度、标准设定和监督实现的系统。"①

三、兼以易别

　　《吕氏春秋·不二》认为"墨子贵兼",非常传神地道出了墨子思想的精神实质。"兼"是一个会意字,《说文解字》释为"并也,从又持秝。兼持二禾,秉持一禾"。兼原意为一只手拿着两颗谷穗;引申义为普遍、平等。兼在墨子思想中占据着主导地位,墨子认为,兼与别是相对立的,兼是爱人利人,别是恶人贼人,"分名乎天下恶人而贼人者,兼与? 别与? 即必曰别也"。墨子指出,别是天下各种祸害的根源,"即之交别者,果生天下之大害者与? 是故别非也"。墨子主张"兼以易别",兼既是君王之道,又是王公贵族和平民百姓安身立命的根本,"故兼者,圣王之道也,王公大人之所以安也,万民衣食之所以足也"。由此衍生出墨家的其他思想观念,"故君子莫若审兼而务行之,为人君必惠,为人臣必忠,为人父必慈,为人子必孝,为人兄必友,为人弟必悌。故君子莫若欲为惠君、忠臣、慈父、孝子、友兄、悌弟,当若兼之不可不行也。此圣王之道而万民之大利也"(《兼爱下》)。其中,最为著名且最具影响力的思想便是"兼爱"。兼爱尽传墨学神韵,犹如一根红线,串起了墨子十论,使之形成墨家关于社会政治经济思想的完整体系。梁启超认为,天志乃墨家学说"全体之源泉";兼爱为"墨子之根本观念","墨学所标纲领,虽有十条,其实只从一个根本观念出来,就是兼爱"②。

　　兼爱是墨子的救世良方。春秋战国时期,国与国相攻,人与人相残,社会动乱不已,老百姓生活在水深火热之中。在墨子看

---

① 王长华著:《春秋战国士人与政治》,上海人民出版社1997年版,第53页。

② 梁启超著:《墨子学案》,山东文艺出版社2018年版,第10页。

来，为了拯救乱世，首先必须找到乱世的根源。只有找到根源，才能治理乱世，"圣人以治天下为事者也，必知乱之所自起，焉能治之；不知乱之所自起，则不能治"。这就像医生治病一样，只有找到病根，才能治疗病情，"譬之如医之攻人之疾者然，必知疾之所自起，焉能攻之；不知疾之所自起，则弗能攻"。墨子认为，春秋战国乱世的根源在于人与人之间不相爱，"当察乱何自起？起不相爱"。不相爱是普遍现象，弥漫在社会各个领域，在家庭和朝廷方面，是不孝不慈，"父自爱也不爱子，故亏子而自利；兄自爱也不爱弟，故亏弟而自利；君自爱也不爱臣，故亏臣而自利。是何也？皆起不相爱"。在社会秩序方面，是偷盗抢窃盛行，"盗爱其室，不爱其异室，故窃异室以利其室；贼爱其身，不爱人，故贼人以利其身。此何也？皆起不相爱"。意思是，小偷爱自己的家而不爱别人的家，所以偷窃别人的家来使自己的家得利；强盗爱惜自己而不爱惜别人，所以抢别人来使自己得利。这是为什么呢？都是因为人与人之间不相爱而引起的。在家与家、诸侯与诸侯之间，是乱家攻国，"大夫各爱其家，不爱异家，故乱异家以利其家；诸侯各爱其国，不爱异国，故攻异国以利其国，天下之乱物具此而已矣。察此何自起，皆起不相爱"（《兼爱上》）。

墨子为此提出兼爱的治国方略，认为只要兼相爱，社会就能由乱变治，"故天下兼相爱则治，交相恶则乱"。只要兼爱，就不会发生不孝不慈的情况，"若使天下兼相爱，爱人若爱其身，犹有不孝者乎？视父兄与君若其身，恶施不孝？犹有不慈者乎？视弟子与臣若其身，恶施不慈？故不孝不慈亡有"。只要兼爱，就不会发生偷盗抢窃的情况，"故视人之室若其室，谁窃？视人身若其身，谁贼？故盗贼亡有"。只要兼爱，就不会发生乱家攻国的情况，"视人家若其家，谁乱？视人国若其国，谁攻？故大夫之相乱家、诸侯之相攻国者亡有"。墨子充满信心地描绘了一幅兼爱治国的美好前景，"若使天下兼相爱，国与国不相攻，家与家不相乱，盗贼无有，君臣父子皆能孝慈，若此则天下治"。墨子劝诫君主，"故圣人以治天下为事者，恶得不禁恶而劝爱？"墨子勉励自己，"不可以不劝爱人者，此也"（《兼爱上》）。

　　兼爱无差等，即不分血缘亲疏和等级贵贱，给予每个人的都是无差别之爱；不分你我，不分远近，给予一切人同等的爱护和帮助。这是墨子对儒家之仁爱的批判和超越，也是墨子自立门户的主要标志。儒家之仁爱是有差等之爱，既有先后秩序，又有主次之分，以家庭孝道为出发点，由己推人，由近及远，渐次扩大到其他人，"弟子入则孝，出则弟，谨而信，泛爱众，而亲仁"（《论语·学而》）。墨子明确指出："儒者曰：'亲亲有术，尊贤有等。'言亲疏尊卑之异也"。墨子以儒家的《丧服经》为例，批评仁爱内部存在着矛盾，不能自圆其说，"其《礼》曰：'丧父母三年，妻、后子三年，伯父叔父弟兄庶子其，戚族人五月'"。墨子认为，如果以亲疏来确定服丧时间的长短，那是可以把妻子、长子与父母同等对待的，"若以亲疏为岁月之数，则亲者多而疏者少矣，是妻、后子与父同也"。如果以尊贵为标准，那《丧服礼》把妻子和长子看作和父母一样尊贵，而把伯父、宗兄看作和庶子一样，就是有悖常理的，"若以尊卑为岁月数，则是尊其妻子与父母同，而亲伯父宗兄而卑子也，逆孰大焉？"（《非儒下》）儒者巫马子说他的爱是有差等的，"我与子异，我不能兼爱。我爱邹人于越人，爱鲁人于邹人，爱我乡人于鲁人，爱我家人于乡人，爱我亲于我家人，爱我身于吾亲，以为近我也"。巫马子还以疼痛作比喻，"击我则疾，击彼则不疾于我，我何故疾者之不拂，而不疾者之拂？"意思是，打我就痛，打别人我就不痛，我为什么不除去自己的疼痛，反而去解除与自己无关的人的疼痛呢？墨子对此给予了严厉批评，认为这是胡说八道，"子墨子曰：'子之言恶利也？若无所利而不言，是荡口也。'"（《耕柱》）

墨子由此明确提出了爱无差等的观念。爱无差等就是把别人的国、家、身当作自己的国、家、身一样看待，同等地爱护，"子墨子言：视人之国若视其国，视人之家若视其家，视人之身若视其身"（《兼爱中》）。墨子以孝为例，论述了爱无差等的思想，"子墨子曰：姑尝本原之孝子之为亲度者"。每个孝子都希望别人爱他的双亲，"吾不识孝子之为亲度者，亦欲人爱利其亲与？意欲人之恶贼其亲与？以说观之，即欲人之爱利其亲也"。意思是，我不知道孝子为双亲做打算，是为了让人爱他的双亲，给双亲利益呢，还是希望别人憎恨和残害他的双亲呢？从常理来看，是希望别人爱他的双亲，给他双亲利益。怎样使别人爱自己的双亲呢？墨子倡导爱无差等，必须先爱别人的父母，别人才能爱自己的父母，爱别人父母是使自己的父母得到爱的前提，"若我先从事乎爱利人之亲，然后人报我以爱利吾亲乎？意我先从事乎恶人之亲，然后人报我以爱利吾亲乎？即必吾先从事乎爱利人之亲，然后人报我以爱利吾亲也"。墨子引用《诗经》加以论证，"无言而不雠，无德而不报。投我以桃，报之以李"（《兼爱下》）。意思是，没有哪一句话不会有相应的回答，没有哪一件善事不会得到相应的回报。你投给我一颗桃子，我就会还你一颗李子。更重要的是，墨子认为，爱无差等超越了时空限制，"爱众众世与爱寡世相若。兼爱之，有相若。爱尚世与爱后世，一若今之世人也"（《大取》）。

兼爱必须"交相利"。在墨子看来，兼相爱是道德理想，交相利是实践原则，两者相结合，才能成为治国准则，"子墨子言曰：以兼相爱、交相利之法易之"（《兼爱中》）。在道德实践中，爱就是利，利就是爱，两者不分彼此。兼相爱应以对对方有利为原则，交相利是实现兼相爱的路径。爱人的目的要靠利人来实现。墨子经常是仁义同在、爱利并提，"仁，仁爱也；义，利也。爱、利，此也；所爱、所利，彼也。爱、利不相为内、外，所爱、利亦不相为外、内"(《经说下》)。墨子认为,义、孝、忠等伦理道德规范都与利有关,都要使对方得到实际利益,《经上》指出:"义,利也";"孝,利亲也";"忠,以为利而强低也"。《经说上》分别作出进一步解释,"义,志以天下为芬,而能能利之,不必用"。意思是,义就是以全天下人的美满为志向,并且拥有为天下人谋福利的才能,使全天下人得益,而自己却不必得到任用。"孝,以亲为芬,而能能利亲,不必得。"意思是,尽力为双亲做好事,发挥能力使他们得益,而不必得到双亲的赞赏。"忠,不利弱子亥。"意思是,勉励君主去做对国家有利的事情,就像周公为幼主尽忠,甚至不怕承担"将要篡权"的恶名。墨子指出,交相利不是单向的,而是对等互报,双向进行的,"夫爱人者,人必从而爱之;利人者,人必从而利之;恶人者,人必从而恶之;害人者,人必从而害之"(《兼爱中》)。

兼爱必须"非攻"。春秋战国乱世,兼爱思想遇到的最大挑战是大国攻小国,并在频繁会盟会战中称霸和灭国。墨子因此提出非攻的主张,非攻是兼爱思想在处理国与国之间关系上的具体运用。有的学者给予了高度评价,"兼爱与非攻,在墨子学说中联璧交辉,一种学说有此联璧,已足不朽"[1]。所谓非攻,就是希望各诸侯国兼相爱、交相利,以此解决战争问题。墨子坚决反对战争,认为战争杀害上天之民,毁坏神的灵位,颠覆国家社稷,夺走牛羊祭品,这是上不利于天,"夫取天之人,以攻天之邑,此刺杀天民,剥振神之位,倾覆社稷,攘杀其牺牲,则此上不中天之利矣"。战争是中不利于鬼神,"夫杀之人,灭鬼神之主,废灭先王,贼虐万民,百姓离散,则此中不中鬼之利矣"。意思是,战争杀害上天的人民,灭绝祭祀鬼神的人,废弃先王的后裔,残害虐待广大的人民,使百姓流离失散,这就是在中间不符合鬼神

---

[1] 杨义著:《墨子还原》,中华书局 2011 年版,第 46 页。

的利益。战争不仅杀害老百姓，而且耗尽百姓的财产，危害民众生存的根基，这是下不利于民众，"夫杀之人，为利人也博矣。又计其费，此为周生之本，竭天下百姓之财用，不可胜数也，则此下不中人之利矣"（《非攻下》）。

墨子认为，战争既害己又害人。害己表现在各行各业不能从事本职工作，国家失去了法度，百姓失去了职业，"是上不暇听治，士不暇治其官府，农夫不暇稼穑，妇人不暇纺绩织纴，则是国家失卒，而百姓易务也"。害己表现在耗费国家巨额资产，"又与其车马之罢弊也，幔幕帷盖，三军之用，甲兵之备，五分而得其一，则犹为序疏矣"。害己还表现在百姓的伤亡，"又与其散亡道路，道路辽远，粮食不继傺，食饮之时，厮役以此饥寒冻馁疾病，而转死沟壑中者，不可胜计也"。意思是，又有在道路上流离走散逃亡的，因为道路遥远，粮食无法供应，饮食不能按时供应，使人饥饿寒冷生病而死于沟壑之中的，多得数不清。害人表现在对被入侵国家的巨大伤害，"入其国家边境，芟刈其禾稼，斩其树木，堕其城郭，以湮其沟池，攘杀其牲牷，燔溃其祖庙，劲杀其万民，覆其老弱，迁其重器，卒进而柱乎斗"。墨子认定，战争是最大的祸害，"此其为不利于人也，天下之害厚矣"（《非攻下》）。

同时，墨子区分正义与非正义战争。他称非正义战争为"攻"，正义战争为"诛"。当有人问大禹征服苗人，商汤讨伐夏桀，周武王攻打商纣王，为什么还被称为圣王呢？"子墨子曰：子未察吾言之类，未明其故者也。彼非所谓攻，谓诛也"。在墨子看来，禹征三苗，是因为三苗大乱，天怒人怨，"昔者三苗大乱，天命殛之，日妖宵出，雨血三朝，龙生于庙，犬哭乎市，夏冰，地坼及泉，五谷变化，民乃大振"。于是，上天命令大禹去征服三苗，"禹既已克有三苗，焉磨为山川，别物上下，乡制大极，而神民不违，天下乃静，则此禹之所以征有苗也"。汤伐桀，是因为"夏王桀，天有诰命，日月不时，寒暑杂至，五谷焦死，鬼呼国，鹤鸣十夕余"。意思是，夏王桀的时候，上天降下了严厉的命令，日月不定时，寒暑错乱，五谷枯萎，鬼在国中呼叫，鹤鸣叫了十几天。于是，商汤奉命讨伐夏桀，"汤奉桀众以克有夏，属诸侯于薄，荐章天命，通于四方，而天下诸侯莫敢不宾服，则此汤之所以诛桀也"。武王伐纣，是因为"商王纣，天不序其德，祀用失时，兼夜中十日，雨土于薄，九鼎迁止，妇妖宵出，有鬼宵吟，有女为男，天雨肉，棘生乎国道，王兄自纵也"。于是，周武王奉天命攻打商纣王，"王既已克殷，成帝之来，分主诸神，祀纣先王，通维四夷，而天下莫不宾。焉袭汤之绪，此即武王之所以诛纣也"（《非攻下》）。意思是，武王攻克了纣王之后，完成了上天的赐命，便命令诸侯分别主祭诸神，并祭祀纣的先王，政令通于四方，而天下没有敢不服从的。于是承继了汤的基业，这就是武王要诛杀纣王的原因。

四、尚同尚贤

先秦诸子最关心的是政治，最想贡献的是治国方略。墨子尽管出身"草根"，也不能免俗。他关心国家政治，尤其是给国家造成灾难的祸患，认为"国有七患"。第一是边境不守，"城郭沟池不可守，而治宫室，一患也"。第二是邻国不和，"边国至境，四邻莫救，二患也"。意思是，敌国攻到了边境，四周的邻国却没有来救援，这是第二种祸害。第三是滥用民力，"先尽民力无用之功，赏赐无能之人，民力尽于无用，财宝虚于待客，三患也"。第四是君主专断，"仕者持禄，游者爱佼，君修法讨臣，臣慑而不敢拂，四患也"。意思是，做官的人只求保住俸禄，游谈的人只图结交朋友，君主制定法令来讨伐臣下，臣下因为害怕而不敢对君王有丝毫违背，这是第四种祸害。第五是臣子不忠，

"君自以为圣智而不问事，自以为安强而无守备，四邻谋之不知戒，五患也"。第六是赏罚不明，"所信者不忠，所忠者不信，六患也"。第七是国库空虚，"畜种菽粟不足以食之，大臣不足以事之，赏赐不能喜，诛罚不能威，七患也"。墨子强调，国家有七种祸患，必然灭亡，"以七患居国，必无社稷；以七患守城，敌至国倾。七患之所当，国必有殃"（《七患》）。那么，怎样应对国家祸患呢？消除国家祸患，墨子提出了尚同和尚贤的方略。

尚同和尚贤是墨子政治思想的主要内容，目的是"兴天下之利，除天下之害"（《尚同中》）。尚贤强调选拔任用贤能之人来治理国家，尚同主张统一思想、统一意志。学界对于尚贤的思想没有分歧，而对于尚同有着不同看法，认为尚同不仅无助于天下之治，而且容易导致专制独裁。对于尚同与尚贤的关系，更存在不同看法，有的认为尚贤是根本，尚同是延伸，主张将尚同纳入尚贤之中，以淡化尚同的集权色彩；有的认为尚同是墨子政治思想的根本，尚贤不过是尚同的补充和限制而已；有的认为将尚同与尚贤分别对待，两者都是针对社会现实的不同方面所发的议论，没有本末之分，也没有主次关系。事实上，尚同与尚贤既有联系又有差异，从内容而言，两者差异十分明显，属于不同范畴。尚同所讨论的是国家的组织形式，属于政治制度范畴，解决的是政治路线问题；尚贤所讨论的是选人用人，让德才兼备者担任国家重要职务，属于人事管理范畴，解决的是组织保障问题。从这个意义上说，尚同比尚贤更具基本的地位，尚同是尚贤的基础，尚贤是尚同的延伸拓展；尚同探讨如何统治和管理国家，尚贤探讨由谁进行统治和管理。两者的联系在于制度与人不可分割。对于政治而言，尚同与尚贤缺一不可。人是制度的制定者和执行者，一旦制度确定之后，反过来又能约束人的行为，塑造人的品格。诚如一位伟人所言："制度好可以使坏人无法任意横行，制度不好可以使好人无法充分做好事，甚至会走向反面。"①尚同与尚贤有机统一于墨子兼相爱、交相利的社会理想。

尚同探讨了国家起源问题。在墨子看来，国家的起源是因为上古时代，人各是其所是，非其所非，争执不已，不能统一思想认识，"古者民始生，未有刑政之时，盖其语人异义。是以一人则一义，二人则二义，十人则十义，其人兹众，其所谓义者亦兹众。是以人是其义，以非人之义，故交相非也"。由于意见纷纷，导致家庭内部不能和睦相处，"是以内者父子兄弟作怨恶，离散不能相和合"。整个社会更是纷争不断，陷于动乱，"天下之百姓，皆以水火毒药相亏害，至有余力不能以相劳，腐朽余财不以相分，隐匿良道不以相教，天下之乱，若禽兽然"。意思是，天下的百姓，都用水火毒药互相损害，以至于有多余的力量而不能互相帮助，宁愿让多余的财物腐烂也不拿来分给别人，隐藏良好的道理而不传授给别人，天下的混乱，就像禽兽一样。墨子认为，上古时代混乱的原因就在于没有国家和政权，"夫明虖天下之所以乱者，生于无政长"。于是，就要选择贤者来组成国家，首先是选定天子，"是故选天下之贤可者，立以为天子"。选了天子之后，不足以治理国家，又选择辅佐天子的官员，组成朝廷，"天子立，以其力为未足，又选天下之贤可者，置立之以为三公"。建立朝廷之后，还不足以治理国家。因为地方太大，情况不同，朝廷难以治理，又把地方划分为若干个诸侯国，"天子三公既以立，以天下为博大，远国异土之民，是非利害之辩，不可一二而明知，故画分万国，立诸侯国君"。建立诸侯国之后，国君又选贤任能，确立各级行政管理人员，"诸侯国君既已立，以其力为未足，又选择其国之贤可者，置立之以为正长"（《尚同上》）。

---

① 邓小平：《党和国家领导制度的改革》，《邓小平文选》（第二卷），人民出版社 1994 年版，第 333 页。

比较墨子与西方社会契约论者对于国家起源的认识，是一件有意义的事情。两者的相同之处在于，都认为在国家起源之前，存在着一个自然状态的社会。自然社会原先是平和安静的，后来却发生纷争和动乱，原因如英国思想家霍布斯所言，"人与人是狼的关系"。相同之处还在于，认为国家的目的是为了保护人民的利益，"公共权力可以保护他们不受外人侵略以及彼此伤害，从而使他们获得安全，可以靠自己的劳力和大地的生产品养育自己，并且过着满意的生活"①。然而，两者的差别更大，墨子没有具体探讨国家是如何起源的，最后归结为上天选择了天子，建立了国家，"是故天下之欲同天下之义也，是故选择贤者立为天子"（《尚同下》）。而社会契约论者认为，为了社会的安全、幸福和繁荣，人们互相协议，签订契约，自愿放弃一部分自然权利，交由专门的人按照社会一致同意或授权的代表一致同意的规则来行使，"这就是立法和行政权力的原始权利和这两者之所以产生的缘由，政府和社会本身的起源也在于此"②。以上的比较是简略的，似乎可以说明，正是由于差别，导致了中西方国家权力的不同走向，中国传统社会走向了专制和集权，西方社会则在中世纪之后走向了民主与法治。这个问题至今仍值得人们思索和研究。

尚同强调社会秩序和国家的同一。在墨子看来，国家建立之后，必须尚同，即统一思想和意志。只有统一思想和意志，才能平治天下，"察天下之所以治者，何也？天子唯能壹同天下之义，是以天下治也"。为了统一思想和意志，需要建立相应的制度，"正长既已具，天子发政于天下之百姓"。这个制度就是向上报告制度，"闻善而不善，皆以告其上。上之所是必皆是之，所非必

---

① 北京大学哲学系外国哲学史教研室编译：《十六—十八世纪西欧各国哲学》，商务印书馆1962年版，第97—98页。

② 〔英〕洛克著，瞿菊农、叶启芳译：《政府论》（下篇），商务印书馆1964年版，第78页。

皆非之。上有过则规谏之，下有善则傍荐之。上同而不下比者，此上之所赏而下之所誉也"。否则，就是"此上之所罚而百姓所毁也"。尚同的路径是逐级上同，先从乡治开始，把思想和意志同一于乡长，"乡长之所是，必皆是之；乡长之所非，必皆非之。去若不善言，学乡长之善言；去若不善行，学乡长之善行"。接着是诸侯国，同一于国君，"国君之所是，必皆是之；国君之所非，必皆非之。去若不善言，学国君之善言；去若不善行，学国君之善行"。最后是天下国家，同一于天子，"天子之所是，皆是之；天子之所非，皆非之。去若不善言，学天子之善言；去若不善行，学天子之善行"。墨子之所以要同一于里长、乡长和国君，是因为他们是仁者，"里长者，里之仁人也"；"乡长者，乡之仁人也"；"国君者，国之仁人也"。墨子指出，为了尚同，必须制定刑法，"古者圣王为五刑，请以治其民。譬若丝缕之有纪，罔罟之有纲，所连收天下之百姓不尚同其上者也"。如果不能尚同，上天也会给予惩罚，"今若天飘风苦雨，溱溱而至者，此天之所以罚百姓之不上同于天者也"（《尚同上》）。意思是，现在如果天上的暴风骤雨，连绵不断地到来，这就是上天用来惩罚百姓不服从上天的办法。

尚同于天还是天子，是一个大问题。就内容而言，墨子多次提到尚同于天子，而全面分析其思想，无论内容还是根源都可认为不是尚同于天子，而是尚同于天。尚同于天子，则可能发展为专制独裁政治。在墨子看来，天是有意志的，"天欲其生而恶其死，欲其富而恶其贫，欲其治而恶其乱，此我所以知天欲义而恶不义也"。天最大的意志是义，"天下有义则生，无义则死；有义则富，无义则贫；有义则治，无义则乱"（《天志上》）。而建立国家就是为了统一天下之义，防止人各其所义是义。所谓天下之义，实质是兼相爱、交相利，墨子依凭于天，将自己的政治主张升华为一种神圣的理想。尚同最终同于墨子的政治理想。

就来源而言，墨子认为，义不可能出于一般人和一般地方，而是出于上天。不仅义源自上天，而且主导和推行义的天子也产生于天意，天子是由天选定的贤良圣知辩慧之人，让他成为天子，平治天下，"然则禹汤文武其得赏何以也？子墨子言曰：其事上尊天，中事鬼神，下爱人。故天意曰：'此之我所爱，兼而爱之；我所利，兼而利之。爱人者此为博焉，利人者此为厚焉。'故使贵为天子，富有天下，业万世子孙，传称其善，方施天下，至今称之，谓之圣王"（《天志上》）。因此，墨子的尚同于天子，实质是尚同于天，与专制独裁还是有区别的。

尚同解决了怎样行政的问题，然后是由谁来行政的问题，这就是尚贤。尚贤从属于尚同的政治理想，尚同观照着尚贤的原则和方法。在墨子看来，尚贤是要选贤任能，治国必须起用贤人，"故古圣王以审以尚贤使能为政，而取法于天"（《尚贤中》）。贤人具有真本事和良好品质，是国家的宝贝，"贤良之士厚乎德行，辩乎言谈，博乎道术者乎！此固国家之珍，而社稷之佐也"。意思是，贤良之士德行深厚，言谈辞令精辟，通晓治理国家的方法，是国家的珍宝、社稷的辅佐。墨子认为，现在的统治者都想治理好国家，却不能治理好国家，原因在于没有选贤任能，"今者王公大人为政于国家者，皆欲国家之富，人民之众，刑政之治。然而不得富而得贫，不得众而得寡，不得治而得乱，则是本失其所欲，得其所恶。是其故何也？子墨子言曰：是在王公大人为政于国家者，不能以尚贤事能为政也"。所以最重要的事情就是选贤任能，只有选贤任能，才能治理好天下国家，"故得士则谋不困，体不劳，名立而功成，美章而恶不生，则由得士也"。意思是，所以拥有贤能的人就能有计谋而不致困难，身体不致劳顿，声名立而功业成，美好彰显而丑恶不生，都是由于得到贤能之士的辅佐。墨子指出，无论国家安定与否，任何时候都要选贤任能，"得意贤士不可不举，不得意贤士不可不

举"。墨子强调，选贤任能是历史经验的总结和政务的根本，"尚
欲祖述尧舜禹汤之道，将不可以不尚贤。夫尚贤者，政之本也"
（《尚贤上》）。

尚贤必须唯才是举。"虽天亦不辩贫富、贵贱、远迩、亲疏，
贤者举而尚之，不肖者抑而废之"。墨子举例加以说明，舜务农
做工，是一般老百姓，尧却选拔他来治理天下，"古者舜耕历山，
陶河濒，渔雷泽，尧得之服泽之阳，举以为天子，与接天下之
政，治天下之民"。伊尹是奴隶，曾做过厨子，商汤任命他为宰
相，管理国家政务，"伊挚，有莘氏女之私臣，亲为庖人，汤得
之，举以为己相，与接天下之政，治天下之民"。傅说是个建筑
工人，商武丁让他为相国，管理国家大事，"傅说被褐带索，庸
筑乎傅岩，武丁得之，举以为三公，与接天下之政，治天下之
民"。意思是，傅说穿着粗布的衣服，系着绳子，在傅岩下筑墙，
武丁得到了他，推举他作宰相，让他掌管天下的政治，管理天下
的百姓。统治者唯才是举，目的是要造福百姓，"王公大人明乎
以尚贤使能为政，是以民无饥而不得食，寒而不得衣，劳而不得
息，乱而不得治者"（《尚贤中》）。同时，选贤任能必须赋予贤
人以爵位、俸禄和权力，"故古者圣王之为政，列德而尚贤，虽
在农与工肆之人，有能则举之，高予之爵，重予之禄，任之以
事，断予之令"。具体是"以德就列，以官服事，以劳殿赏，量
功而分禄"。意思是，按照品德高低而依次序出任官职，依据职
责范围来行事，按照功劳决定赏赐，衡量功绩分发俸禄。否则，
"爵位不高，则民弗敬；蓄禄不厚，则民不信；政令不断，则民
不畏"。墨子认为，高官厚爵不仅是选贤任能的重要内容，而且
也是促进人才不断涌现的有效举措，"亦必且富之、贵之、敬之、
誉之，然后国之良士亦将可得而众也"（《尚贤上》）。

除了尚同和尚贤，墨子政治思想还有一项重要内容，就是节
用。墨子认为，节用为节约用度，是"圣王之道"；其本质是实

用，"去无用之费"。节用可以使财富成倍地增加，"圣人为政一国，一国可倍也；大之为政天下，天下可倍也。其倍之，非外取地也，因其国家去其无用之费，足以倍之"。节用可以给老百姓带来利益，"圣王为政，其发令兴事，使民用财也。无不加用而为者，是故用财不费，民德不劳，其兴利多矣"（《节用上》）。意思是，圣明的君王治理政务，他发布命令做事，役使百姓、使用财物，不做不能增加利益的事情，所以财物用度不浪费，百姓不觉得劳苦，他所产生的利益就多了。

墨子以古代圣王为例，提出了具体的节用措施。在器皿方面，"凡足以奉给民用，则止。诸加费不加于民利者，圣王弗为"。在饮食方面，"古者圣王制为饮食之法，曰：'足以充虚继气，强股肱，耳目聪明，则止。'不极五味之调、芬香之和，不致远国珍怪异物"。意思是，古代圣明的君王制定饮食的法则，说能够充实肠胃，增补血气，强健四肢，让耳朵眼睛聪明，就停止了。不追求五味调和，气味芳香，不追求遥远国家的珍奇异品。在衣服方面，冬天可以暖身，夏天能够凉快，"古者圣王制为衣服之法，曰：'冬服绀緅之衣，轻且暖；夏服絺绤之衣，轻且清，则止。'"在舟车方面，只求安全便利，不要无用的装饰，"车为服重致远，乘之则安，引之则利，安以不伤人，利以速至，此车之利也。古者圣王为大川广谷之不可济，于是利为舟楫，足以将之则止。虽上者三公诸侯至舟楫不易，津人不饰，此舟之利也"。在丧葬方面，"古者圣王制为节葬之法，曰：'衣三领，足以朽肉；棺三寸，足以朽骸。堀穴深不通于泉，流不发泄，则止。'死者既葬，生者毋久丧用哀"。在宫室方面，"其旁可以圉风寒，上可以圉雪霜雨露，其中蠲洁，可以祭祀，宫墙足以为男女之别，则止"（《节用中》）。如果说节用是墨子对待生存的原则，那么节葬就是他对待死亡的态度，用以反对儒家的厚葬久丧，"以厚葬久丧者为政，国家必贫，人民必寡，刑政必乱"（《节葬下》)。节用和节葬是墨子政治思想的重要组成部分，充分展示了墨学来自民间的立场和"草根"社会的本能体验。

五、辩明是非

在先秦思想家中，墨子的独树一帜之处在于对逻辑学的贡献和对科学技术的重视。逻辑学在中国古代称为辩学或名学。《墨子》一书的《经上、下》《经说上、下》和《大取》《小取》六篇，后人称之为《墨经》或《墨辩》，它们系统总结了辩论的技巧，又记载了大量科学技术知识。此外，《墨子》一书还详细介绍了许多御敌攻城器械的制造方法和使用细节。

先秦时期，诸子百家分别提出自己的思想主张，相互之间进行着激烈的辩论，但大多对辩论保持着暧昧的态度。孔子主张"君子矜而不争，群而不党"（《论语·卫灵公》）。老子认为喜欢辩论的人不够善良，"善者不辩，辩者不善"（《老子·第八十一章》）。庄子齐万物，一是非，认为辩论没有意义，"圣人议而不辩。故分也者，有不分也；辩也者，有不辩也。曰：何也？圣人怀之，众人辩之以相示也。故曰：辩也者，有不见也。夫大道不称，大辩不言"（《庄子·齐物论》）。孟子以好辩著称于世，却不喜欢别人赞其好辩，"公都子曰：'外人皆称夫子好辩，敢问何也？'孟子曰：'予岂好辩哉？予不得已也。'"（《孟子·滕文公下》）而墨子却肯定辩论，赞赏辩论，明确主张辩论，认为贤良之士必须具有辩论的才能，"辩乎言谈"（《尚贤上》）。一方面，辩论是表达天意，崇尚真理，"观其言谈，顺天之意，谓之善言谈；反天之意，谓之不善言谈"（《天志中》）；赞扬别人的优点，"誉，明美也"（《经上》），进而鼓励人们向善为善，仁人以其取舍是非之理相告，"无故从有故也，弗知从有知也；无辞必服，见善必迁"（《非儒下》）。意思是，仁人把他们取舍是非的道理告诉对方，没有道理的服从有道理的，无知的服从有知的，理屈词穷就一定服从，见到善的言行就跟随遵行。另一方面，辩论是批判揭露错误，以正视听，"诽，明恶也"（《经上》）。先秦时期，许多人认为"多诽者不可"，墨家则反驳说，要以真理为依据，不要以多诽少诽为标准。无理必诽也，虽多也对；有理就不可诽，虽少也错，"以理之可诽，虽多诽，其诽是也；其理不可非，虽少诽，非也"（《经说下》）。

墨家之辩是我国逻辑学的肇始，内容十分丰富。首先是指明辩论的目的。《小取》开宗明义指出："夫辩者，将以明是非之分，审治乱之纪；明同异之处，察名实之理；处利害，决嫌疑。"在墨子看来，辩论不是单纯的口舌之争，而是有着三个层次的目的，第一层次是明是非和审治乱。明是非属于认识论范畴，意指弄清楚何为是何为非，"辩也者，或谓之是，或谓之非，当者胜也"（《经说下》）。审治乱属于政治范畴，意指辩明是非，关系国家的治乱存亡，不是为了磨练嘴皮子，"今天下之君子之为文学出言谈也，非将勤劳其惟舌，而利其唇吻也，中实将欲其国家邑里万民刑政者也"（《非命下》）。第二层次是明同异和察名实，属于逻辑范畴。明同异是要分辨不同概念之间的差异，保持思维的确定性。譬如同与异，"异，二、不体、不合、不类。同，异而俱于之一也。同、异交得，放有无"（《经上》）。意思是，异就是有不同的二者，非一体，不苟合，不类似。同就是将相异的事物合而为一。领悟了同和异，也就知晓了有和无。察名实，是先秦思想共同关心的逻辑问题，孔子提出正名学说，主张由名定实，主要从政治角度论述正名的重要性，"名不正则言不顺，言不顺则事不成，事不成则礼乐不兴，礼乐不兴则刑罚不中，刑罚不中则民无所措手足"（《论语·子路》）。墨子则反其道而行之，提出正名的途径是以名举实，即根据感觉经验的真实凭据，或实际效用的功能凭据，来审核当时人们使用的一些名词概念，更多地从逻辑和认识论的角度加以论证，"焉摹略万物之然，论求群言之比。以名举实，以辞抒意，以说出故"（《小取》）。第三层次是处利害和决嫌疑，强调辩论的出发点和归宿是解决实际问题。处利害是要兴利除弊，"利，所得而喜也"；"害，所得而恶也"（《经上》）。决嫌疑则是要解决疑难问题。辩论的三个层次是一个整体，不可分割，根本目的还是明是去非，以利于国家治理和天下安定。

墨家之辩指明了逻辑规律，包括同一律、矛盾律和充足理由律。所谓同一律，意指在同一思维过程中，每一思想的自身具有同一性。墨子运用同一律分析叶公子高问政于孔子的事例，"叶公子高问政于仲尼曰：'善为政者若之何？'仲尼对曰：'善为政者，远者近之，而旧者新之。'"在墨子看来，叶公子高问的是为政之道，即怎样来治国理政。孔子答非所问，不拿对方所不知的告知，却以对方所知道的告知，违背了辩论的中心议题要始终保持同一的要求，"叶公子高岂不知善为政者之远者近也，而旧者新是哉？问所以为之若之何也，不以人之所不智告人，以所智告之"。结论是"叶公子高未得其问也，仲尼亦未得其所以对也"（《耕柱》）。矛盾律是同一思维过程中，互相否定的思想不能同时为真。当时，儒者认为君子只有说古代的话，穿古人的衣服，才能算仁人，"儒者曰：'君子必古言服，然后仁。'"墨子运用矛盾律批驳这一命题内含着自相矛盾，"所谓古之言服者，皆尝新矣。而古人言之，服之，则非君子也。然则必服非君子之服，言非君子之言，而后仁乎？"（《非儒下》）意思是，所谓古代的言论和衣服，都曾经是新的。而古代人那么说那么穿，就不是君子了。既然这样，那一定要穿不是君子穿的衣服，说不是君子说的话，然后才是仁人了吗？充足理由律是指任何一个真实思想，必然存在着与之相对应的思想。"子墨子问于儒者曰：'何故为乐？'曰：'乐以为乐也。'"儒家提出了"为乐"学说，墨子问其立说之根据，儒者答以"乐以为乐"。墨子认为儒者是空谈，并没有给"为乐"提供充足的依据，"子墨子曰：'子未我应也。'"（《公孟》）

墨子之辩指明了逻辑分析方法，包括演绎推理、归纳推理和类比推理。演绎推理既有假言推理又有二难推理。假言推理举例，"昔者，武王之攻殷诛纣也，使诸侯分其祭，曰：'使亲者受内祀，疏者受外祀。'故武王必以鬼神为有，是故攻殷伐纣，使诸侯分其祭；若鬼神无有，则武王何祭分哉？"（《明鬼下》）在这段话中，墨子运用了两个推论，一个是充分条件假言推理的肯定前件式，即如若祭祀，则必以鬼神为有；武王攻殷诛纣，使诸侯分其祭。故武王必以鬼神为有。另一个是充分条件假言推理的否定后件式，即如若祭祀，则必以鬼神为有；若鬼神无有，则武王何祭分哉？二难推理举例，"子墨子有疾，跌鼻进而问曰：'先生以鬼神为明，能为祸福，为善者赏之，为不善者罚之。今先生圣人也，何故有疾？意者，先生之言有不善乎？鬼神不明知乎？'"（《公孟》）在这段话中，跌鼻用二难推理向墨子发难，即如果先生之言善，则不应得病；如果鬼神有灵，则先生亦不应得病，现在先生得病了，所以，或者先生之言不善，或者鬼神不灵。墨子则以"人之所得于病者多方"加以辩解。归纳推理有求同法、求异法和共变法。譬如求同法，意指被研究现象出现的若干场合中，如果仅有唯一的一个情况是各个场合共同共有的，那么，这个唯一的共同情况就是被研究对象的原因或结果。在《兼爱》中，墨子指出父子、兄弟、君臣以及人与人、国与国之间的乱象虽然不同，却有一个共同点，就是"不相爱"，进而推论天下之乱"皆起不相爱"。类比推理的特点是根据两个或两类对象在一系列属性相同或相似，而且已知其中的一个对象还具有其他特定属性，由此推出另一个对象也具有同样的其他特定属性的结论。"曰：然则众贤之术将奈何哉？子墨子言曰：譬若欲众其国之善射御之士者，必将富之、贵之、敬之、誉之，然后国之善射御之士，将可得而众也。况又有贤良之士，厚乎德行，辩乎言谈，博乎道术者乎，此固国家之珍，而社稷之佐也。亦必且富之、贵之、敬之、誉之，然后国之良士亦将可得而众也。"（《尚贤上》）在这段话中，墨子明显运用了类比推理，即国之善射御之士：富之、贵之、敬之、誉之，将可得而众也；国之良士如果富之、贵之、敬之、誉之，那么，国之良士亦将可得而众也。

　　论及逻辑推理，不能不涉及"三表法"。在墨子看来，要进行辩论和逻辑推理，须先立"三表"的标准，"必立仪。言而毋仪，譬犹运钧之上而立朝夕者也，是非利害之辩，不可得而明知也。故言必有三表"。意思是，辩论必定要先确立法则。言论没有标准，就像在转动的陶轮上安放测定时间早晚的仪器，是不可能弄明白是非利害之区别的。所以言论一定要有三条标准。墨子认为，言论的三条标准是"有本之者，有原之者，有用之者。于何本之？上本之于古者圣王之事。于何原之？下原察百姓耳目之实。于何用之？废以为刑政，观其中国家百姓人民之利。此所谓言有三表也"。墨子的三表法，既有政治内容，又有逻辑意义，而且是政治内容大于逻辑意义。所谓本之，是根据前人的经验，主要是"观于圣王之事：古者桀之所乱，汤受而治之；纣之所乱，武王受而治之"。原之是根据老百姓耳闻目见的经验，墨子以商汤和周文王为例，说明他们造福百姓，受到百姓欢迎，"是以天鬼富之，诸侯与之，百姓亲之，贤士归之，未殁其世，而王天下，政诸侯"。用之是要看政治的实际效果，"是故古之圣王发宪出令，设以为赏罚以劝贤，是以入则孝慈于亲戚，出则弟长于乡里，坐处有度，出入有节，男女有辨。是故使治官府，则不盗窃，守城则不崩叛，君有难则死，出亡则送。此上之所赏，而百姓之所誉也"（《非命上》）。然而，如果提炼升华三表法，其基本结构是本、原和用，其中本是大前提，原是小前提，用是结论，从而组成了普遍又抽象的逻辑程式。相比于古希腊亚里士多德形式逻辑三段论①，墨子三表法的逻辑意义毫不逊色，它们是同一层次、同一类型的逻辑结构和程式，不属于各个专门领域的逻辑。德国逻辑学家肖尔兹说："亚里士多德并没有局限在简单地列举他认为是可靠的推理规划，而是头一次对逻辑作出了某种公理化。"②公理化就是使逻辑的形式与内容相分离，而不管思维的各种特殊对象。墨子"本、原、用"的三表法没有包括思维的特殊对象，具备了形式逻辑公理化程式的条件。这是墨子对中国逻辑学发展的重要贡献，先秦思想家中没有任何人可以替代。

墨子异于先秦诸子，不仅在于逻辑学的贡献，而且在科学技术方面取得了硕果。墨子是一位能工巧匠，又有逻辑学知识，进而在生产实践和工艺制造过程中积累总结出丰富的科学技术知识，这是任何一位先秦诸子都无法望其项背的。在几何学方面，墨子出身木匠，把绳墨之学抽象化或数理化，确立了平、同、中、厚四个要点，作为施用规矩的法则。《经上》说"平，同高也"，是指制作几案，如要案面平展，就须两端支柱同高；"同，长以正相尽也"，如要它们同高，就须截取长短归于正；"中，同长也"，如要几案方正，须找出中心，使四角、四边同长；"厚，有所大也"，如要几案有厚度，既要考虑案面平展，又要求准备的材料足够大。在力学方面，墨子提出力是改变物体运动的原因，"力，刑之所以奋也"（《经上》）。刑为形，指有形体可见的物体；奋是指物体由静止状态变为运动状态，或由匀速直线运动转为变速直线运动或曲线运动状态。这和牛顿第一定律的认识水平非常接近，即"任何物体都保持静止或匀速直线状态，直到外

---

① 如果所有的 B 是 A，并且所有的 B 是 C，那么所有的 C 是 A。

② 〔德〕亨利希·肖尔兹著，张家龙、吴可译：《简明逻辑史》，商务印书馆1977 年版，第 10 页。

力作用迫使它改变这种状态为止"。在光学方面，墨子涉猎了光学中的阴影、小孔成像以及球面镜成像等问题，"临鉴而立，景到。多而若少，说在寡区"(《经下》)。这是各种球面反射镜的总论，揭示了凹面与凸面反射镜的共同特点及其各自特点。临鉴而立，意指人正立在一个球面反射镜面前。景到即影倒，是指凹面反射镜构成的物体倒立像。多而若少，意指凸面反射镜中物体大而所成的像则缩小。无论物体放在凸面反射镜前面的什么位置，都会在镜中成正立而缩小的像；而凹面镜前的物体，则有时在镜中成放大的像，有时成缩小的像。说在寡区，是后期墨家所认为的凹面、凸面反射镜成像特点的原因。此外，《经下》"天而必正，说在得"，意指杠杆原理；"负而不挠，说在胜"，意指负重不挠曲的力学之重心问题；"契与枝板，说在薄"，意指机械学原理；"倚者不可正，说在剃"，讲的是构设楼梯或攻城云梯的机械斜面原理。[①]

遗憾的是，由于历史合力的作用，中国文化发展的主流锁定在人伦关系的路径，而没有进入人与自然关系的轨道，墨家的逻辑学和科学技术知识被视为"雕虫小技""奇技淫巧"，为君子所不齿，这既是墨家在秦汉之际衰绝的重要原因，更是中华民族科学技术发展逐渐滞后的主要原因。历史不能假设，却能给予人们以警示。

读罢《墨子》，挥之不去的疑问仍然是墨学中绝的问题。先秦时期，墨学可谓"显也甚"，与儒家并称于世。墨子被弟子称为"圣人"，孔墨之徒弥众，"弟子弥丰，充满天下"(《吕氏春秋·当染》)。然而，墨学又是"绝也急"，秦汉之际，墨学衰绝，从显学转为绝学，不过是百年间的事情。如果说"墨离为三"，

① 参见谭成甫著：《墨辩发微》，武汉大学出版社2006年版，第206—270页。

内部分裂导致了灭绝，那么，儒学的分裂更严重，孔子之后"儒分为八"，儒家没有衰绝，反而发展为主导社会的意识形态。如果说"罢黜百家，独尊儒术"，官方的打压造成了墨学衰绝，那么，道家思想也受到了官方打压，却没有湮灭，始终在传统文化的发展中居于重要地位，占有一席之地。而且，道家还和儒家形成了互补，为双方的思想构成了一道无形的防线和缓冲地带，当双方内部出现不和谐、产生怀疑论者时，对方的存在为怀疑论者提供了消耗自己学识和精力的场所，儒者可以变为道家，道者可以变为儒家。墨家灭绝的真正原因或许在人才。国以才立，政以才治，业以才兴。没有人才，什么事也做不成，更做不好。这一道理同样适用于思想学术的兴起和文化流派的传承。儒家在孔子之后有孟子、荀子，道家在老子之后有庄子，孟子、荀子和庄子出类拔萃，即使没有孔子和老子，他们自己也能自立门派，成一家之言。他们既继承孔子、老子，又超越孔子、老子，进而建构了儒家和道家文化传统，促成了儒家和道家思想在历史长河中波澜起伏、绵延不绝。墨家虽有许多弟子、再传弟子和三传弟子，却没有一人是众望所归，可以托命推动墨学的发展。墨学的衰绝就是必然的，而不是什么奇怪的事情。因而墨学衰绝最大的启示就是人才难得；无论思想家、学问家，还是政治家、企业家，都要重视人才的培养、选拔和使用，确保事业后继有人、薪火相传。

主要参考书目

1.〔汉〕司马迁撰:《史记》,中华书局1999年版。

2.章太炎讲演,曹聚仁整理:《国学概论》,中华书局2016年版。

3.钱穆著:《国学概论》,商务印书馆1997年版。

4.胡适著:《中国哲学史大纲》,中华书局2015年版。

5.张岱年著:《中国哲学大纲》,中国社会科学出版社1982年版。

6.冯友兰著:《中国哲学简史》,新世界出版社2004年版。

7.任继愈主编:《中国哲学史》,人民出版社1979年版。

8.袁行霈、严文明、张传玺、楼宇烈主编:《中华文明史》,北京大学出版社2006年版。

9.冯达文著:《中国古典哲学略述》,广东人民出版社2009年版。

10.徐远和、李甦平、周贵华、孙晶主编:《东方哲学史(上古卷)》,人民出版社2010年版。

11.杨伯峻译注:《论语译注》,中华书局2009年版。

12.杨朝明主编:《论语诠解》,山东友谊出版社2013年版。

13.杨伯峻译注:《孟子译注》,中华书局2008年版。

14.万丽华、兰旭译注:《孟子》,中华书局2006年版。

15. 安小兰译注:《荀子》,中华书局2016年版。

16. 王博著:《中国儒学史》(先秦卷),北京大学出版社2011年版。

17.〔魏〕王弼注,楼宇烈校释:《老子道德经注》,中华书局2011年版。

18. 陈鼓应注译:《老子今注今译》,商务印书馆2003年版。

19. 杨义著:《老子还原》,中华书局2011年版。

20. 曹础基著:《庄子浅注》,中华书局2007年版。

21. 靖林著:《〈庄子〉释义》,新华出版社2016年版。

22. 杨义著:《庄子还原》,中华书局2011年版。

23. 高华平、王齐洲、张三夕译注:《韩非子》,中华书局2015年版。

24. 杨义著:《韩非子还原》,中华书局2011年版。

25. 方勇译注:《墨子》,中华书局2015年版。

26. 杨义著:《墨子还原》,中华书局2011年版。

27. 夏海著:《论语与人生》,北京大学出版社2007年版。

28. 夏海著:《老子与哲学》,生活·读书·新知三联书店2016年版。

29. 夏海著:《孟子与政治》,中华书局2019年版。

30. 夏海著:《品读国学经典》,生活·读书·新知三联书店2014年版。

31. 夏海著:《国学要义》,中华书局2018年版。

32.〔德〕夏瑞春编,陈爱政等译:《德国思想家论中国》,江苏人民出版社1995年版。

33.〔古希腊〕亚里士多德著,吴寿彭译:《形而上学》,商务印书馆1959年版。

34.〔德〕黑格尔著,贺麟、王太庆译:《哲学史讲演录(第一卷)》,商务印书馆1959年版。

35.〔德〕黑格尔著，王道时译：《历史哲学》，生活·读书·新知三联书店1956年版。

36.〔德〕卡尔·雅斯贝斯著，魏楚雄、俞新天译：《历史的起源与目标》，华夏出版社1989年版。

37.〔德〕卡尔·雅斯贝斯著，李雪涛等译：《大哲学家》，社会科学文献出版社2010年版。

38.〔德〕卡尔·雅斯贝斯著，王德峰译：《时代的精神状态》，上海译文出版社1997年版。

39.〔德〕马丁·海德格尔著，陈嘉映、王庆节合译：《存在与时间》，生活·读书·新知三联书店2006年版。

后 记

搁笔之时，正值三九寒天，心里却是暖融融的。原因在于《国学溯源》书稿的完成，更在于研究和写作的过程中得到了许多人和各方面的关照与帮助，感激之情油然而生。人世间尽管熙熙攘攘，但还是充满着善意与真情。

感谢西北大学及其哲学学院，感谢王亚杰书记和张学广院长、李波教授。他们诚邀设立工作室，重点研究国学和传统文化，这是写作这部书稿的重要推动力。他们还邀请我做《国学与文化自信》讲座，并组织师生座谈，这无疑帮助我完善了思路，加快了写作进程。

感谢杭州师范大学及其国学院，感谢陈春雷书记和沈忠华教授，使我有机会开设"先秦儒家"和"先秦道家"课程，既能给学生讲授国学知识，又有利于我的研究和写作。

感谢复旦大学哲学学院何俊教授的帮助和支持。我们有着深厚的友情，每有新的书稿，我都要请他指谬，他都会中肯地提出意见和建议。

感谢《孔学堂》杂志。他们帮助刊载书稿的部分内容，2016年第二期刊载《老子》之道研究"；2019年第一期刊载"孟子思想之研究"，从而展示了我的阶段性研究成果，激发了我的写作热情。

感谢中华书局。中华书局是出版界的翘楚；在中华书局出书，是我的荣幸。在出版过程中，徐俊总经理给予了关心指导；李静女士协调各方，保证了出版顺利；责编吴麒麟先生认真负责，倾注了大量心血，谨致以衷心的谢意。

说到出版，还要感谢党建读物出版社的王英利先生和中国税务出版社的张铁勋、王静波先生，他们一直关心我的书稿写作和出版工作，提供了许多有益的帮助。感谢郝英明先生，他对书稿进行了认真的校对，并添加了注释；感谢张漪先生，他是我研究和写作的得力助手，不仅帮助打印了书稿，而且做了不少校对工作。

感谢我的夫人和家人，她们营造了温馨的家庭环境，有亲情有温暖，有厚爱有理解，使我能够静心地研究，安心地写作。夫人是大学教授，具有良好的学术素养，对书稿指点多多，见解独到，很受启发。

《左传》曰："太上有立德，其次有立功，其次有立言。虽久不废，此之谓不朽。"这是人生追求的最高境界。既然是追求，就在于过程，而不在于结果。对于每个人而言，立德是一辈子的事情，人生的任何阶段都不能放松懈怠。放松懈怠，就是对人生的不负责任。立功、立言却可以因人而异，也不必在乎结果。要而言之，立功是中青年的追求，而立言则可以成为老年人的生活选择。我已过耳顺之年，并将立言作为今后人生的心灵安顿，就是要致力于国学研究，传承和弘扬中华优秀传统文化，为坚守和呵护中华民族的精神家园贡献绵薄之力。

2020年1月中旬定稿于京城